W0062537

Saša Stanišić

Fallensteller

Erzählungen

btb

DIE GROSSE ILLUSION AM
SÄGE-, HOLZ- UND HOBELWERK
KLINGENREITER IMPORT EXPORT

Als Ferdinand Klingenreiter das Publikum, liebe Freunde, Familie, liebe Kinder, um Ruhe für seine Große Illusion bat, lachten einige, die meisten redeten weiter. Die Mädels vom Stadelmann unterbrachen ihre jauchzende Jagd und wandten sich zur Bühne. Die jüngere – Michaela oder Martina oder sonst ein Name, der für einen Jungen reserviert gewesen war und ein a angehängt bekam – rief schrill und munter durch den Saal: »Mami, wer ist der Opa?«

Klingenreiter winkte ihr zu, so süß wie die aussah, die Zöpfe, das Dirndl, worauf sie erschrocken zur Stadelmännin rannte und deren Arm umarmte. »Das ist doch Freddie, mein Schatz«, erklärte die Mutter, »Freddie … der Famose. Er zaubert uns gleich was.«

Freddie, der Fantastische, wäre korrekt gewesen, aber Klingenreiter machte sich nichts daraus, es war ja sein erster Auftritt überhaupt, wie sollte sich da jemand seinen Bühnennamen schon gemerkt haben?

Insgesamt war es doch etwas leiser geworden im Gemeindesaal, man hörte die Kaffeemaschine glucksen.

Klingenreiter sah zu dem Tisch, an dem Felix saß. Oder vielmehr lag, so tief war der Junge in den Stuhl gesunken, die Hände in den Taschen, der Kopf in der Kapuze, ein Auge unter der Frisur. Was Felix von seinem Körper unsichtbar machen konnte, machte er unsichtbar. Das andere Auge starrte auf die Cola oder auf die Salzstangen im Plastikbecher auf der Plastiktischdecke. Dem Blick des Großonkels begegnete es nicht.

Im Kopf woanders, der Junge. Oder einfach lieber nicht hier.

Ferdinand Klingenreiter machte das nichts aus. Auch in seinem Kopf hatten die Gedanken zeitlebens selten dort Vergnügen gehabt, wo er sie gebraucht hätte, na und? Sind Kirschen und Träume pflücken gegangen, statt Schulaufgaben zu lösen. Merkten sich weder Formeln noch Verse, und sehr schwer nur, wie man die Maschinen richtig bediente. Oder doch, einige Verse schon, welche, die seine Käthe schrieb.

Zaubertricks lernte er dafür mit jener Leichtigkeit, die so groß nur im Nutzlosen stecken konnte.

Im Kopf woanders, im Körper irgendwie auch. Klingenreiter konnte sich immer schon in einer Weise unauffällig verhalten, dass man seine Gegenwart vergaß. Felix hätte ihm dieses Talent neiden können. Diesen Zauber. Brachte aber nicht nur Vorteile. Klingenreiters Eltern hatten in seiner Anwesenheit so heftig gestritten, als wäre er gar nicht da. Das Geschrei ging oft noch weiter, nachdem er sich zu Wort gemeldet hatte. Das waren die einzigen Momente, in denen Klingenreiter sich seinen Bruder nah gewünscht hatte. Wenn Franz da war, ruckelte niemand am Haussegen.

Erst spät, vielleicht überhaupt erst nach Franzens Tod im letzten Jahr, kam es Klingenreiter in den Sinn, dass sein Talent keines zur Unauffälligkeit gewesen war. Es war seinen Eltern, Franz, überhaupt den Leuten schlicht egal, ob er anwesend war oder nicht. Womöglich ist aber auch das ein Talent, Leuten egal sein.

Vielleicht Käthe nicht. Nein, Käthe gewiss nicht, Käthe war er nicht egal gewesen, sie hatte in seiner Anwesenheit immer fröhlich gezwitschert, und man könnte natürlich jetzt sagen, ob mit oder ohne ihn, die Käthe habe so oder so viel gezwitschert, aber das stimmt nicht, Käthe stellte ihrem Mann gelegentlich auch eine Frage, und obwohl sie das vielleicht nur getan hat, um sicherzugehen, dass er zuhörte – indem sie Klingenreiter eine Frage stellte, nahm sie Klingenreiter wahr.

Die Tür sprang auf und in den Saal marschierten Thomas und die Familie, also alle außer Felix. Lisa, die Zwillinge, der kleine Max, ein Fässchen mit Fäustchen im Mund neben dem großen Fass, das sein Vater war.

Einige drehten die Köpfe, ein paar standen auf, um Thomas zu begrüßen, so soll es sein, der Chef trifft ein. Klingenreiter nickte seinem Neffen zu, der eine entschuldigende Geste Richtung Bühne machte und sich zu Felix an den Tisch setzte, was der mit einem Schluck Cola ignorierte.

Der Thomas machte das gut mit dem Sägewerk, das heißt, er war informiert und unnachgiebig. Holte jetzt sogar, am Sonntagnachmittag, einen Stapel Papiere aus seiner Tasche, gewiss für die Arbeit. Klingenreiter wollte fortfahren, da machte sein Neffe eine fragende, kreisende Geste über dem Stapel und zeigte in den Saal, er schien Klingenreiter etwas mitteilen zu wollen, und Klingenreiter zuckte wie zur Erlaubnis mit den Schultern.

Daraufhin ließ Thomas den Stapel herumgehen, »jeder nur eins«, und fast jeder nahm sich ein Blatt oder eine Broschüre, oder was das war, waren ja fast nur Werksarbeiter mit den Familien da. Es raschelte jetzt an jedem Tisch, alle lasen sich das durch. Ganz hinten beim Ausgang saß ein einzelner Mann, der alte Stangl war das, er lehnte den Stapel ab.

Klingenreiter wartete, was sollte er auch tun? Neben ihm seine Kiste. Zwei gelbe Blitze, ein rotes Fragezeichen. Eiche.

Der Stangl, der war ja auch ein Streitgrund gewesen für die Eltern. Dieser Name, in großer Lautstärke ausgesprochen, gehörte zu Klingenreiters frühesten Erinnerungen. Zog sich über Jahre hin, bis Vater ihn irgendwann verjagt hat.

Mutter hatte Stangl gemocht, das war Fakt. Sie duzten sich sogar, aber für mehr war doch das Sägewerk zu klein! Wäre etwas vorgefallen zwischen den beiden, ein Absaugebläse hätte es erfahren und ein Spaltkeil verraten.

Der Stangl müsste näher an hundert als an neunzig sein. Ist aus dem Tal extra heraufgekommen. Mit dem Bus. Hat Klingenreiter sofort gesucht, um ihn zu begrüßen. Das reicht doch, damit alles gut ist, zwischenmenschlich, jemanden suchen, um ihn zu begrüßen. Sonst einen Freund hatte der Stangl hier aber nicht.

Thomas holte sich jetzt einen Kaffee. Klingenreiter wollte darüber fast den Kopf schütteln, aber wie sähe das aus, ein kopfschüttelnder Magier?

Der Gang, der Nacken und immer der Ehrgeiz. Thomas war wie Franz. Wegen zu viel Ehrgeiz hatten Vater und Franz überhaupt ihren einzigen großen Streit gehabt.

Das war, als Franz vom Studium zurückgekommen war mit Ideen. Franz wollte erneuern, wollte investieren, den Laden ›entwurmen‹. Gabelstapler, Blockzüge, mechanische Sortieranlagen.

Davon hat Vater nichts wissen wollen. Nicht, weil er nicht

einverstanden gewesen wäre. Ihm gefiel nicht, dass Franz Sätze mit »An deiner Stelle würde ich« anfing. Ihm gefiel der Druck nicht. Schöne und gute Ideen sind schön und gut, aber Vater wollte Franz eine Lektion in Ideenwirtschaft erteilen, und Lektion eins hieß: Ideen gut verpacken.

Am Ende hat man modernisiert, ein wenig rationalisiert auch, aber eben erst als Vater selbst sich die Zeit angeschaut und gesagt hat, reif ist die jetzt.

Die einzigen Ideen, die Klingenreiter hatte, betrafen die Kantine und das Programm bei der Weihnachtsfeier. Ferdinand Klingenreiter liebte das Sägewerk, und er liebte die Unterhaltung, und es hat ihm nichts ausgemacht, ein Leben lang beim eigenen Bruder angestellt zu sein, mochten die Leute doch reden.

Zu einer Sache nur hat er sich geäußert, zu der Sache mit den Holzfässern. Klingenreiter war dagegen, die Herstellung von Fässern aufzugeben, wie Franz es vorgeschlagen hatte, vor allem aus nostalgischen Gründen. All das Bier, das in Klingenreiter-Fässern gelagert wurde! Und in Zukunft weiter gelagert werden könnte! Er wurde laut gegen Franz und Vater, als ginge es um wer weiß was Wichtiges.

Nostalgische Gründe waren in der Familie nie gewichtige Gründe gewesen. Die Nostalgie ist eine Komplizin von Spinnern, keine von Gewinnern. Die Fassproduktion wurde eingestellt, keine Minute zu früh. Der Rückgang des Produktionswerts in den folgenden Jahren fiel gigantisch aus, überall gab es nur noch Aluminium und Kunststoff und anderes herzloses Zeug, und immer mehr Leute tranken Bier aus Flaschen und Dosen, furchtbar.

Käthe, und was Käthe zu ihm sagte:

›Du Kindskopf, du.‹

›Wo bist du wieder, Freddie, du, bleib doch mal bei mir.‹

›Mein Freddie, du.‹

Das hatte er sich gut gemerkt. Viel von dem, was seine Käthe gesagt hat. Seine Gedanken mahnten ihn manchmal mit Käthes Stimme, gängelten ihn, nahmen ihm Entscheidungen ab, denn im Entscheiden war er erbärmlich. Es gab auch mal Tacheles von den Gedanken, leider viel zu selten.

Seine Hände zitterten. Er ballte sie zu Fäusten. Ferdinand Klingenreiter hatte nie viel zu sagen gehabt, und jetzt zitterte er auf der Bühne, während die Leute darauf warteten, dass er etwas sagte. Dabei wusste er und spürte er, dass immer noch allen egal war, was das war, was er sagen würde, Hauptsache, er nahm seine Medizin und ging in der Nacht nicht noch mal auf der Landstraße spazieren.

Vielleicht Felix, vielleicht war es Felix nicht egal.

Seine Kiste lauerte unerschütterlich an seiner Seite. Die beiden Blitze wie Augen. Vielleicht war den Leuten Magie nicht egal.

Klingenreiter räusperte sich, um die sogar jetzt, während er auf einer Bühne stand, davonjagenden Gedanken zurückzurufen, die Boxen räusperten sich schrill mit. Jetzt hatte er ihre Aufmerksamkeit.

»Meine Damen und Herren, liebe Freunde, liebe Kinder.« Klingenreiters Lächeln wurde breiter. Gleich würde er aussprechen, was er ein Leben lang vor einem Publikum hatte aussprechen wollen, und alles, was über vierzig Seelen war, konnte freilich Publikum genannt werden, plus der Kirchenchor hinter der Bühne. Zwei Stunden vor Beginn des offiziellen Programms, für eine Zaubereinlage, nicht schlecht, Herr Specht, dachte Klingenreiter.

Wieder suchte er den Blick seines Großneffen, und diesmal

erwischte er einen Zipfel blauer Pupille, doch Felix senkte den Kopf. Klingenreiter nahm es ihm nicht übel, er wusste nun, der Junge war dabei, der Junge passte auf, wollte bloß beim Aufpassen nicht erwischt werden.

»Was Sie sogleich zu sehen bekommen, wird Ihre Meinung über die Magie für immer verändern. Damit Sie es aber sehen, brauche ich einen Freiwilligen.« Klingenreiter öffnete einladend die Arme, sein Hemd glitzerte, die Kaffeemaschine piepte. Niemand rührte sich.

Die große Illusionistin Halima hatte am Höhepunkt ihrer Show etwas ganz anderes, etwas Freches gesagt, das traute sich Klingenreiter nicht: »Magie ist nicht das, was ich mache. Magie ist, was ihr nicht seht, dass ich mache.« Halima, mit schwarzer Mähne und langen Armen, die auf und ab schlugen, während sie über die Bühne sprang, tanzte, flog.

Auch hatte Halima dramatische Musik zur Untermalung ihrer Tricks und Illusionen, Klingenreiter hatte bloß die Kaffeemaschine. Der Kirchenchor hätte eigentlich zur Verfügung gestanden, die hatten vor seiner Nummer für den Abend geprobt, hat Klingenreiter ausnehmend gut gefallen, zuerst *What if God was One of Us*, dann das sehr traurige *Wir sind nur Gast auf Erden*, und der sehr fröhliche Abgang *Always Look on the Bright Side of Life*, alles sehr passabel, Fichtner hatte kaum eingreifen müssen.

Mit Fichtner hatte Klingenreiter sich aber auf kein Lied zur Begleitung der Illusion einigen können. Klingenreiter hätte gern gehabt, dass der Chor bloß summte, und zwar *The Final Countdown*, erste Wahl, oder dieses eine, das jeder kennt, aus *Carmina Burana*, zweite Wahl. Summen kam für den Chorleiter aber nicht in Frage.

»Natürlich nicht, Mann, Freddie.« Auch Felix hatte dazu eine Meinung gehabt.

Die offizielle Ausrede von Fichtner lautete, die Bühne sei zu klein für den Chor und Klingenreiter und Klingenreiters Kiste, die mit Klingenreiters ausgebreiteten Armen noch immer auf ihren Einsatz wartete.

Für Halimas Zaubershow hatte Klingenreiter zwei VIP-Plätze reserviert, für sich und für Felix in der zweiten Reihe. Vor genau einem Monat war das, kurz nach Felix' vierzehntem Geburtstag, das Ticket Klingenreiters Geschenk an den Jungen, aber auch Klingenreiters Geschenk an Klingenreiter, seine erste große Zauber-Show. Für jemanden, der von Kindesbeinen an für die Magie schwärmte, der *Harry Potter* mit 65 gelesen hatte und das Haus nie ohne ein Kartenspiel in der Tasche verließ, war es wirklich an der Zeit gewesen.

Auch auf den Besuch der Landeshauptstadt mit Felix hatte Klingenreiter sich gefreut. Er hatte ein türkisches Restaurant für das Abendessen ausgesucht, die Idee dahinter war, dass es zu Hause keinen Türken gab. Dem Jungen schien es egal zu sein, er fragte, ob er Cola bestellen dürfe.

»Du musst doch nicht nach Erlaubnis fragen.« Klingenreiter lachte.

Felix sagte »okay« und bestellte ein Bier.

Klingenreiter riss die Augen übertrieben auf, Felix grinste gelangweilt.

Vierzehn Jahre, das war doch schon einiges, dachte Klingenreiter und bestellte ein Helles und ein extra Glas und goss etwas für Felix ab, und der rührte es nicht an, trank seine Cola, und Klingenreiter trank auch nur die Hälfte wegen der Medizin.

»Was machst du eigentlich sonst gern?« Er konnte sich nichts außer irgendwas am Computer vorstellen.

»Warum ich?«, fragte Felix.

Klingenreiter verstand nicht.

»Warum hast du nicht die Zwillinge mitgenommen? Die hatten auch Geburtstag. Oder Max? Der ist vier, der steht sicher auf so was.«

Klingenreiter lächelte und hasste es, dass er lächelte. Dass er immer aus den Ecken lächeln musste, in die er gedrängt wurde. An der gefliesten Wand hing ein Wandteppich, der Tresen war aus Glas und Metall. Klingenreiter suchte Holz und fand keines. Der Junge wirkte entspannt, wie es Sieger sind. Als wäre er froh, dass ihnen die einfachste Unterhaltung nicht gelang.

Mit Thomas und der Familie waren es achtundvierzig Leute im Gemeindesaal. Inzwischen waren sie alle still, ein Freiwilliger für Klingenreiter war aber immer noch nicht gefunden.

Klingenreiters Arme wogen schwer in der angedeuteten Umarmung. Vielleicht schwiegen die Leute, weil sein eigenes Schweigen zu groß geworden war. Weil es unangenehm ist, wenn einer auf der Bühne steht und nichts sagt. Vielleicht hatte er sich aber auch wieder eingenässt, und das Schweigen war ein betretenes.

Felix leckte das Salz von einer Salzstange.

An der Wand gegenüber hing das ewige Spruchband: »Das Wort ward Fleisch.«

Neben ihm seine Kiste. Die Blitze wie Vorwürfe, das Fragezeichen ein hämisches Grinsen.

Er hatte die Kiste selber entworfen. Fast fünfzig Jahre in einem Sägewerk angestellt, und mit siebenundsiebzig die erste eigene Anfertigung, vom Entwurf bis zur Herstellung.

Gut, Holger Schwarzmann hatte ihm für den Feinschnitt seine nicht zitternden Hände geliehen und Theo Schwarzmann für das Stecksystem die Muskelkraft. Den Zuschnitt

13

hat er aber selbst hinbekommen. Als es um die Maschen und Finessen ging, um das Wesentliche jedes Zauberutensils, musste er den Schwarzmann Junior mehrmals überstimmen, das hat den ganz aus dem Konzept gebracht, dass der alte Klingenreiter ihm widersprach, dabei hatte Klingenreiter sich noch zurückgehalten, weil ihm klar war, dass man von jemandem, der sein Leben lang Kisten für den Transport von Kartoffeln hergestellt hat, nicht erwarten konnte, dass ihm auf Anhieb eine Kiste für eine Große Illusion gelang, eine Kiste für die Kunst.

Die Schnittflächen mussten sauber sein, makellos, und der Schwarzmann ging mit einer Stichsäge ran, direkt aus der Hand in den Freischnitt rein! Es zählte doch jeder Millimeter! Also hat Klingenreiter ihm die kleine Japansäge gegeben, die er Franz vor Jahren geschenkt hatte. Dort, wo der war, ob Himmel oder Hölle, brauchte es keine Sägen mehr.

Hon Dozuki Deluxe hieß die Säge. Rattangriff. Tolles, auch schönes Gerät, das kann man von unseren Sägen nicht behaupten, dass die je schön waren.

Ja, und dann kam Felix vorbei, das war eigentlich das Beste, dass der Junge gefragt hat, was es mit der Kiste auf sich hatte.

»Ist für eine magische Illusion«, antwortete Klingenreiter.

»Wie?«

»Ich übe Verschwinden.«

»Ist es ein Trick?«

»Kommt drauf an, ob man der ist, der verschwindet, oder der, der zusieht.«

Felix spuckte seitlich aus.

»Ich würde die Kiste anmalen.«

»Das hatte ich vor.«

14

»Nein, ich meine, *ich* würde sie anmalen. Wenn ich darf.«

Natürlich durfte er. Klingenreiter konnte seine Freude kaum verbergen, und Käthe fragte sich in seinen Gedanken, warum man Freude überhaupt je verbarg.

Noch am selben Abend trafen sie sich in der Fertigungshalle. Klingenreiter hatte Farben besorgt, Pinsel, Licht. Auch Musik und Vesper, das wollte der Junge gar nicht, er wollte seine Ruhe und seine Cola.

Vier Stunden blieben sie in der sonst menschenleeren Halle. Nach vier Stunden riecht man das Holz nicht mehr, nicht das Anti-Schimmel-Mittel.

Dieser Abend wäre Klingenreiters Antwort gewesen auf Felix' Frage, warum er ausgerechnet ihn mitgenommen hatte. Großonkel und Großneffe bemalen eine Kiste für ein Zauberstück, in der 900 m² großen Fertigungshalle des Familiensägewerks, umgeben von Holztafeln, Holzrahmen, Holzbalken, Holzmaschinen, umgeben von den zu Spänegeistern und Holzstaub gewordenen toten Klingenreitern, die ehrgeizig, nach Art der Familie, um sie herumspuken.

»Freddie? Darf ich mal kurz …?« Das war Thomas. Er winkte mit den Papieren und machte sich auf den Weg zur Bühne, ohne die Antwort abzuwarten. Klingenreiter fühlte sich inzwischen ganz wohl dort oben. Auch seine Arme wurden leichter, je näher Thomas kam. Mit den Papieren in der Hand und so forsch wie er sich in Richtung Bühne drückte, wollte er bestimmt eine Ansage machen.

Jetzt? Klingenreiter stieg eine Hitze ins Gesicht, aber die Worte kamen freundlich heraus: »Meine Damen und Herren, wir haben unseren Freiwilligen! Bitte um Applaus für Thomas Klingenreiter!«

Thomas verstand nicht, der Applaus übersetzte es ihm.

Sofort streckte er die Arme vor, als schöbe er etwas Schweres von sich, und wich zurück.

»Bist ein Feigling?« Klingenreiter wusste nicht, hatte er das gedacht oder auch gesagt? Es war ihm ganz und gar egal. Er sah zu Felix. Der hatte sich aufgesetzt und sich das Haar aus der Stirn gestrichen.

Anderthalb Stunden lang hatte Halima, die First Lady der Magie, auf der Bühne alles gegeben. Fünfundvierzig Minuten lang gab Felix nicht zu erkennen, wie er das fand. Er war in seinem Sitz versunken, die Hände in den Taschen. Erst vor der Pause wurde der Junge sozusagen sichtbar und setzte sich wie jemand mit einer Wirbelsäule hin.

Halimas Gäste, ein Paar aus der Ukraine, tanzten eine irrwitzige Kleiderwechsel-Nummer, eine Telefonzelle als einzige Requisite. Der Mann betrat gleich zu Beginn die Telefonzelle in einer Unterhose mit Mickymäusen drauf, einen Atemzug später verließ er sie im Anzug. So ging es weiter, minutenlang, tanzen und umziehen.

»*Quickchange*«, flüsterte Klingenreiter. »Brauchst vor allem einen guten Schneider.«

Felix schien nicht zuzuhören, Felix beugte sich vor.

Die Nummer ging unter großem Applaus zu Ende, der Junge applaudierte mit, Klingenreiter applaudierte dem Jungen.

In der Pause standen sie bei Brezel und Cola im Foyer, und Klingenreiter beobachtete, wie Felix zwei Mädchen in seinem Alter beobachtete.

»Ich zeichne Klamotten«, sagte Felix, den Blick noch immer auf den Mädchen.

»Wie bitte?«

»Das wolltest du doch wissen. Was ich gern mache.«

»Ja! Ja, wollte ich. Das ist gut. Ich finde das gut«, sagte Klingenreiter und kam sich dämlich vor.

»Mir egal, wie du das findest. Muss niemandem gefallen. Mir gefällt es.«

Zum zweiten Akt wurde das Licht gedimmt, die warmen Töne verschwanden, Glockengeläut erklang. Halima betrat die Bühne ganz in Schwarz. Der Saal war stockfinster. Der Geruch von Kirche am Sonntag lag in der Luft.

Halima tanzte auf schwarzen Seilen, ließ die Seile verschwinden, tanzte in der Luft, langsam, wie trauernd. Sie stieg in einen Käfig und verließ den Käfig als Mann und Maus, Mann und Maus kletterten auf ein Bett, das in Flammen aufging, und als die Flammen gelöscht wurden, stieg Halima aus dem Rauch. Sie steckte sich ein Schwert in die Speiseröhre, bettete sich auf Speerspitzen und sagte ein Gedicht von Edgar Allan Poe in Gänze auf.

Wie jeder Mensch, dem etwas ernst ist, verausgabte sie sich, ihre Schminke zeigte Risse. Das Publikum klatschte selten Beifall und war doch in ihrem Bann. Sie wollte nicht überraschen, sie wollte die perfekte Illusion, ihre Miene war kalt, fast verkrampft.

Klingenreiter begriff alles. Warum diese Drehung, warum jene Position. Jeden Aufbau und jedes Finale konnte er sich mechanisch oder visuell oder handwerklich erklären. Er genoss aber nicht die Erklärung, sondern das Unerklärliche – Halima machte keine Fehler, gab sich keine Blöße, so dass jede von seinen Erklärungen letztlich eine Vermutung blieb.

Sie zitierte die großen Magier, deren Illusionen und Legenden Klingenreiter ein Leben lang begleitet hatten. Zu ihnen konnte er sich flüchten, wenn ihm das Büro, das Holz, die Familie zu viel wurden.

Halima zitierte Houdini und ging durch eine Wand, sang dazu zweistimmig in einer fremden Sprache.

Sie zitierte Hofzinser und verwandelte die Bühne in einen Salon, in dem Tee für die Zuschauer serviert wurde und Rabenvögel zwischen ihnen liefen wie livrierte Diener. Die Magierin als Gastgeberin; sie flüsterte ein Wort hier, strich dort über eine Schläfe, jetzt ein Kartenspiel in der Hand, jetzt ein Tuch, dann eine schwarze Taube. Als die Bühne wieder ihr allein gehörte, lagen auf dem Teewagen, auf dem Teppich: Uhren, Schmuck, Geldbeutel, Telefone. Das Publikum johlte.

Vor ihrer letzten, der größten Illusion, einem Befreiungsakt, suchte Halima nach einem Assistenten. Sie sah über Klingenreiter hinweg, deutete hinter ihn, schüttelte den Kopf, und jetzt begegneten sich ihre Blicke, er zeigte auf Felix und fühlte sich doch erkannt, sie hatte ihn ausgesucht aus hunderten.

Schon war er oben, verneigte sich vor der Magierin. Applaus brandete auf, ebbte ab, Halimas Helferinnen umschwirrten ihn wie schwarze Schmetterlinge, eine Klarinette träumte wach.

Schön wäre, dachte der alte Mann, so ein Tod.

Halima erklärte Klingenreiter, was man von ihm erwartete, er hörte nicht zu, er wusste doch, was er zu tun hatte, ihn interessierten ihre Finger, immer in Bewegung, welche Zeichen gab sie wem? Ihm?

Mittig auf der Bühne bleckte eine komplizierte Apparatur die Zähne aus Klingen und Flammen, ein Seil hing darüber. Die Schmetterlinge überreichten Klingenreiter eine Zwangsjacke, er sollte sie auf Funktionstüchtigkeit hin überprüfen, Halima beim Anziehen helfen, die Gurte festzurren, so fest er konnte.

Er griff in den Ärmel und entdeckte sofort die Schnur, mit der sich das Innenfutter lösen ließ, um mehr Platz zu haben.

Auch wusste er: Das brennende Seil, an dem Halima in der Jacke gleich hängen würde, hatte ein Inneres aus Stahl, war also durch Feuer gar nicht zu zerstören, ein Techniker würde es per Fernsteuerung durchtrennen, kurz nachdem Halima sich befreit hätte, sie schwebte in keiner Gefahr.

Was, wenn Klingenreiter sich umsähe und Felix den Trick erklärte? Und Klingenreiter sah sich um, die Zwangsjacke in den Händen, er stand mit dem Gesicht zum Parkett, und Thomas sagte: »Ich müsste mal eine Durchsage für die Jungs von der Frühschicht machen.«

Das mit dem Feigling hatte Klingenreiter sich leider nur vorgestellt gehabt. Und da sah er Felix auf sich zukommen. Er nimmt mir jetzt das Mikro weg, dachte er, er sagt jetzt, dass *ich* der Feigling bin, weil ich mich nicht wehre, nicht gegen die Unverfrorenheit seines Vaters, nicht gegen dieses Leben, ein Leben lang bestenfalls Clown gewesen.

Ferdinand Klingenreiter hatte mit der Zwangsjacke in den Händen das Sagen. Der Saal war dunkel und wartete auf ihn. »Die ist echt, das können Sie mir glauben«, ein Schmunzeln, »ich weiß es aus eigener Erfahrung.« Dort und dort lachte jemand. Er übergab die Jacke an die Schmetterlinge, Halima warf ihm eine Kusshand zu, ihre Finger sagten Dank, Klingenreiter trat ab. Am Bühnenaufgang wartete Felix, um ihm hinunterzuhelfen.

»Ich mach's.« Felix stellte sich neben seinen Großonkel.

Klingenreiter schluckte. »Meine Damen und Herren, noch ein Klingenreiter!« Er zwinkerte in den Gemeindesaal. »Der hier ist aber ein mutiger.«

Die Leute klatschten, Thomas zog sich an seinen Platz zurück, und Felix hauchte einen Mädchennamen ins Mikro, und ein paar Sekunden später quirlten vier Chorsängerinnen hinter dem Vorhang hervor, etwa so alt wie Felix, sie stellten sich auf den Bühnenrand und begannen auf sein Zeichen hin, das eine Stück aus *Carmina Burana* zu summen.

Freddie, der Fantastische, öffnete seine Kiste und zeigte dem Publikum, dass sie leer war. Er bat seinen Großneffen hinein. Er warf ein schwarzes Tuch über die Kiste und hob die Arme über den Kopf wie ein Dirigent, wie ein großer Illusionist.

BILLARD KASATSCHOK

Der Russe hat sich seiner Westen entledigt, das Hemd bis zum haarigen Bauch aufgeknöpft und macht sich auf den Weg durch den Salon. Er kommt auf mich zu, ein schwerer Mann, die Arme ausgebreitet, die Spitze seines Queues gefährlich knapp an den Deckenlampen, er will mich umhauen oder umarmen, ich bin gespannt.

Was für ein Russe, der sich die Zähne bleichen lässt! Was für ein Russe, der zu später Stunde russische Lyrik am Tresen deklamiert mit geschlossenen Augen! Und wie glänzen die Augen jetzt, wenn er zärtlich zwischen den Billardtischen marschiert! Was für ein Spieler! Was für ein Freak!

»Schreiber!«, ruft er mit verschwitzter Stimme, ein Zar, vom Salonvolk wieder und wieder bejubelt, weil er seine Schwächen nicht versteckt, wie miese Herrscher es tun. Sein Zepter ist das Queue aus Rosenholz. Könnte der Russe vor Scham erröten, wären seine Wangen rosenholzrot, aber der Russe lässt sich nicht beschämen, nicht wenn wir zusehen, und das ist seine größte Stärke.

Vor mir angekommen, schlägt er die Stiefel geräuschvoll zusammen und schleudert das Queue zu Boden, aber dorthin, wo Teppich liegt.

»Schreiber! Hast du das gesehen? Eine Tragödie!«

Ein Despot, der jemanden braucht, der ihm seine Lieder dichtet. Die Musik und die Stimme ist er sich selber, im Zweivierteltakt und im Moll der übertriebenen Emotionen eines übertreibenden Volkes, das er vielleicht vermisst, vielleicht verachtet.

Wie er vor mir tropft und keucht und jetzt auch noch die Ärmel über die Ellenbogen schlägt!

Er erinnert mich an die einzige Oper, die ich gesehen habe, ich weiß nicht mehr, wie sie hieß, das war lange bevor ich hierher kam, am Schluss stirbt einer an seiner Schusswunde, jedoch nicht sofort, er stirbt lange, so ein nicht sterben wollendes Sterben ist das, in dem noch vom Leben gesungen wird, fürch-ter-lich und schön, Abschied von der Geliebten, Abschied vom Bruder, von einer Blumenverkäuferin, von einem Pferd usw. Und gerade als man den Sterbenden ein wenig zu ignorieren beginnt, sich der fortgeschrittenen Uhrzeit gewahr werdend überlegt, was man am nächsten Tag alles zu erledigen hat, kommt der Tod! Aber nicht das Ende. Ein anderer beugt sich jetzt über ihn, sein Mörder, vermute ich, genau weiß ich es nicht, denn im Augenblick des Schusses gab es ein großes, leider auch tänzerisches Durcheinander, und der seilt noch eine Arie auf die blutige Brust, erst dann ist es vorbei. Denkste! Der Tote schlägt die Augen auf, er hat entweder nur tot gespielt, um sich den Gesang seines Kontrahenten in aller Ruhe anzuhören, oder er fährt ihm gleich als Zombie an den Hals und reißt ihm den Adamsapfel heraus. Aber nein. Der Noch-nicht-Tote legt wieder los, lalaaaa, verzeiht seinem Mörder, vielleicht aber auch nicht, wäre auch mal schön, nicht verzeihen. Schieß noch mal!, will ich dem anderen zurufen, aber ich bin in Begleitung einer Dame, welche die Oper

22

liebt, dabei ist sie sicher nicht älter als vierzig. Ich schweige also, und der angehende Mörder bietet dem Untoten eine reuige Umarmung an, und dann setzen die beiden, Gott im Himmel, zu einem Duett an, einem Loblied auf ihre einst groß gewesene Freundschaft, und als das vorbei ist, fällt der Vorhang, und alle klatschen begeistert, ich auch, und dann sagt meine Begleitung, wow, das war intensiv, wie wollen die das nach der Pause toppen?

Daran erinnert mich der umständliche, melodramatische, große Russe, Monarch, Tänzer, Troubadour, jemand, der auch dann noch Trost braucht, wenn er siegt.

»Schreiber!«, dröhnt der Russe auf mich nieder, dass ich zucke und nach vorne kippe, dem großen Mann in die Umarmung, mein Kinn an seiner Brusttasche, in der etwas Scharfes steckt: sein Herz.

»Schreiber«, klagt der Russe in mein Haar, er wird doch nicht nach all dem, was wir bei hunderten von Billardspielen erlebt haben, jetzt persönlich werden? Der Brustkorb, an dem ich hänge wie ein Orden, hebt und senkt sich. Warm riecht mein Zar. Nach Beichte.

»Schreiber, hör zu mir«, flüstert der Russe. Vielleicht sagt er auch: »Gehör zu mir«. So oder so habe ich keine Wahl. »Bereit?«

Er hebt mich an der Taille über Kopf wie eine Ballerina und tanzt mich durch den Salon, durch die Pointen der Queues, das Klickern der Kugeln, das Schnauben der Verlierer, und durch den eigenen Sieg nochmal.

»Ist das er vielleicht?« Fanny deutete mit dem Glas auf den jungen Mann, der mit Schwung die Tür aufriss und bestimmten Schrittes in das Foyer hereinkam, dort stehen blieb und seine Queuetasche absetzte. Blick gerade heraus, Kinn etwas gehoben, wie in Erwartung, dass der *Master of Ceremony* seinen Namen und seine Titulatur ansagte, bevor er den Salon betrat.

Ich nickte. Ich hatte Fanny von dem Jüngling berichtet, seinen Auftritt tags zuvor als »beflügelt« bezeichnet, selten habe ich während meiner langen Jahre im Salon einen derart flinken Spieler gesehen, er brauchte für ein Brett in manchen Partien weniger als drei Minuten und wusste sie alle zu schlagen: die Füchse, die Labertaschen, die Aggros. Selbst sprach er kaum ein Wort, vielleicht überhaupt keines?

Tatsächlich machte Karl sich eilig auf den Weg, ihn zu empfangen, zog dafür sogar die weißen Handschuhe aus, es war merkwürdig, die Haut an Karls Hand zu sehen, sie kam mir vor wie ein Fehler, fast ein wenig obszön.

Er nahm dem Ankömmling den Mantel ab, ein feiner Schnitt und Stoff, Tweed? Werde ich bei Gelegenheit überprüfen. Der Jüngling zupfte den enganliegenden Rollkragenpullover im satten englischen Grün zurecht, legte seinen Schal auf den Mantel über Karls Arm, nun folgte die Schiebermütze, er blies gegen den Schirm, bevor er sie Karl reichte, alles in einer flüssigen Bewegung, wie einstudiert.

Der zweite Teil des Auftritts: Er passierte den Snookertisch, die Snookertürken waren dran, hungrig und träge, sie würdigten ihn keines Blickes, also streifte er mit der Hand über die Fußbande, worauf beide dann doch den Kopf drehten, als würden sie die Witterung aufnehmen.

Fanny hob die Augenbraue, vor der ich sie dutzende Male gewarnt hatte; sie verriet ihr Gefallen an Dingen! Fanny imponierte vielleicht, dass jemand, der erst einen Tag unter uns war, so selbstbewusst auftrat, ohne epische Siege errun-

gen, ohne Anekdoten zum Besten gegeben zu haben, die spät-
nächtliche Runden unterhielten und wiederholt wurden, auch
wenn er nicht anwesend war.

Und weiter – jetzt die Hand in der Tasche, von Tisch zu
Tisch, verharrte nirgendwo so lang, dass man meinte, ihn interessierte die Partie ernstlich. Das dunkle Haar nach hinten
gekämmt, eine einzelne weiße Strähne, die an Glanz gewann,
je näher er kam. Karl schlich dicht dahinter, eine dunkle
Schleppe mit weißen Handschuhen.

»Was wissen wir über ihn?«

»Fanny, Fanny, Fanny.«

»Ich will ihn spielen, nicht ficken.«

Ein junger Mann, dessen Ankunft vor Tagen von Karl ange-
kündigt worden war, ein Fax aus der Hauptstadt, mehr wollte
der Markör nicht verraten. Geheimnisse sind im Salon eine
Währung.

Um sein Leben außerhalb unserer roten Wände rankte sich
noch kein Qualitätsgerücht, keine Aura von schicksalhaftem
Liebesunglück umgab ihn, kein Telefonat mit einem Anwalt
haben wir belauscht, niemand hat beobachtet, wie er die zitternden Hände zu verstecken suchte oder mit Nasenbluten
über dem Waschbecken hing.

Ein junger Mann, hier und dort ein Pickelchen, blass, ein
sehr blasser junger Mann. Nur als mein lärmender Russe ihm
ein Foul unterjubeln wollte gleich bei ihrer ersten Partie (er
habe eine Kugel mit dem Arm berührt), flammten Wangen
und Stirn auf. War kein Foul – sobald die Röte kam, nahm der
Russe alles zurück.

Er glaubte, der Jüngling hätte sich eine Blöße gegeben,
grinste nur so, diese leuchtenden Zähne! Doch der Jüngling
machte etwas ganz Fantastisches. So! So verdient man sich

hier einen Namen! Er ging auf ein Knie und band sich den Schuh neu, und als er sich wieder aufrichtete, steckte ein Lolli zwischen seinen Lippen! Hat man das schon mal gesehen?! Nahm Maß und löste den schwierigen Versuch (eine versteckte Volle) mit Bravour.

Karl begleitete den Jüngling zur Bar. Mit der schnippenden Stimme von Daumen und Mittelfinger bestellte der etwas Bernsteinfarbenes. Was auch immer es war, es zwang ihn, sich zu zwingen, das Gesicht nicht zu verziehen.

Fanny sah ihn unablässig an. Er schraubte sein Queue zusammen, ein helles Holz mit Unterteil aus Elfenbein. Die Snookertürken gesellten sich dazu, einer links, einer rechts. Natürlich! Konnten ja nicht so tun, als hätten sie nichts gesehen. Alle hatten ja gesehen, dass sie etwas gesehen haben.

Der kleinere legte eine Münze auf dem Tresen ab.

»Deine?«

Der Jüngling nickte.

»Sie wollen spielen?«

Der Jüngling nickte.

»Wir spielen nur Snooker.«

Der Jüngling zog eine enttäuschte Miene, und das kam nicht überraschend, dieses Gesicht, das plötzlich tat, als hätte der Körper Schmerzen. Die ganze Unterhaltung war zu erwarten gewesen, ihr Ausgang hatte schon festgestanden, bevor sie begann, ihr Ausgang hatte festgestanden, als der Jüngling die Fußbande des Tisches berührt hatte, an dem die Snookertürken, vom Unglück der täglichen Schinderei erschöpft, sich die Kugeln um die Ohren schlugen, und dass der Kleinere zuerst sprechen würde, auch das war klar gewesen, auch, dass der Größere, der Unbeherrschtere, sich einschalten würde, »ich nehme dich auch Pool«, und natürlich winkte der Jüngling ab, nein, das geht nicht, ihr seid doch Snookerspezis, aber natürlich ging es, schon spielten sie 10-Ball, und es hatte schon immer, vielleicht seit der ersten je gespielten Billardpartie, festgestanden, dass der große Türke achtzig Euro an den Jüngling verlieren würde.

Während der ersten Runde erhob Fanny sich, strich ihren Rock an den Oberschenkeln glatt und lief gemächlich zum Tisch. Der Jüngling beäugte ihr Herannahen wie ein Nager das Herannahen einer Würgeschlange. Tat also so, als ginge es ihn nichts an, vielleicht war die Anakonda ja nur zufällig in seine grobe Richtung unterwegs, um dann gleich den ersten Versuch nach ihrer Ankunft am Tisch danebenzusetzen, und mir wäre dieser tierische Vergleich gar nicht in den Sinn gekommen, hätte Fanny an dem Tag nicht ihren Rock mit dem Animalprint getragen.

Fanny war keine Anakonda. Sie gesellte sich zu Karl, der die Partie ebenfalls verfolgte, und tat so, als hätte sie bloß etwas mit ihm zu beratschlagen. Der Jüngling entspannte sich wieder und machte kurzen Prozess mit dem Türken.

Nach der Partie stürmte Karl sofort hinzu, stellte sich zwischen den Türken und den Jüngling – was wusste er, was wir nicht wussten? –, ließ sogar Fanny dafür stehen, was Fanny aber noch nie etwas ausgemacht hat.

Der Türke spendierte eine Runde rosenparfümierten Schnupftabak. Karl lehnte ab, der Jüngling zuerst auch, willigte dann doch ein, als Fanny zur Gruppe trat und dem Türken die Hand offen entgegenstreckte.

Der Türke erklärte, wie man vorzugehen habe, und wie immer begann er mit: »Jeder schnupft, wie er will. Ich am liebsten wie Ludwig der 18., von der Brust meiner Mädels.« Der

Jüngling, der Türke und Fanny schnupften Rosentabak, und Karl stand unentspannt daneben.

Und jetzt sprach der Neue doch:

»Spielen Sie auch?« Die Stimme eines stimmbrüchigen Teenagers.

»Mit dir ja«, sagte Fanny.

Die erste Partie zog sich. Gleich beim Break traf Fanny unsauber und öffnete den Pulk kaum. Der Jüngling wählte die Vollen, musste sich nach zwei Treffern dem Cluster widmen, doch dort, wo er den Stoß führen wollte, wartete Fannys Animalprint schon. Fanny zog den Lippenstift nach. Konnte das überhaupt gut ausgehen ohne einen Spiegel? Bei Profis schon.

Sie machte dem Jüngling Platz, wofür er sich nuschelnd entschuldigte. In der Folge traf er den Cluster zu zaghaft, ohne zu lochen oder auch nur seine Farben entscheidend zu entwickeln. Vor ihrem Stoß – sie würde scheitern – gab Fanny der Pomeranze einen Kuss. Sie sah den Jüngling an, der frische Lippenstift färbte ab.

Was für eine antike Provokation! Fanny! Der Neue kannte sie aber offenbar nicht, er starrte die Weiße an, die kleine rote Empfehlung von Fannys Lippen.

»Wie sollen wir dich nennen?«

Er räusperte sich. »Wie ich heiße?«

»Von mir aus.«

»Miro. Freunde nennen mich Miro.«

»Wo kommst du her?«

»Vielleicht bleibe ich. Zum Studium.«

»Wie alt bist du?« Diesmal lächelte Fanny aufmunternd, wie sie es täte, wenn ihrem Neffen ein Zaubertrick beim ersten Mal missglückte, und er es noch einmal versuchen wollte.

Sie, Karl, ich, wir hofften alle, er würde sein Alter nicht verraten.

Unser Lauern fiel ihm wohl auf. Er unterbrach seinen Stoß.

»Ist was?«

»Nichts«, seufzte Fanny, »warum?«

Er beugte sich wieder über den Tisch, nahm Maß. Ein winziges Loch, Motte vielleicht, in Schulterhöhe des Rollkragenpullovers.

Er antwortete nicht, hatte vielleicht vergessen, dass es die Frage gegeben hat, oder verstanden, dass er keinesfalls etwas sagen sollte, oder – die beste Möglichkeit – er wollte jetzt einfach seine Kugeln ausschießen.

Ein Junge, der vielleicht gern über Gravitationswellen forschen wollte.

»Sieben – linke Mitte, Drei – vorne rechts ... und, wenn ich mich nicht irre, die Zwei rechte Fußtasche.«

Ein Junge, der die blassen Lippen zusammenpresste.

Mit so einer Ansage!

Die Weiße kam druckvoll an.

Die Sieben schob die Zwei und die Drei auseinander und landete im Mittelloch.

Die Drei rollte über die lange Bande in die vordere rechte Tasche.

Für die Zwei reichte es nicht; die Richtung stimmte, aber sie kam zu langsam auf die angesagte Ecke zu – der Junge stieg auf die Fußspitzen und reckte den Hals, als zöge eine große Kraft ihn in den Himmel, als wüchse er und alterte, und als könnte er aus alldem etwas für seine Kugel ableiten, damit sie in der Tasche landete, und die Kugel landete in der Tasche.

Fanny nickte und entfernte sich, auch Karl wandte sich

wortlos ab, wurde gerufen, seine Dienste als Markör bei einem Punktespiel waren gefragt.

Der Jüngling blieb am Tisch zurück, die Weiße auf dem Tuch, der Lippenstift war abgetragen. Das Spiel hatte er gewonnen.

Der Bankier möchte gegen Branko spielen.

»Branko«, ruft er, da ist der Montenegriner noch im Foyer, Schneeflocken im schwarzen Haar. »Kommen Sie doch jetzt!« Er gestikuliert zum freien Tisch, Branko zeigt ihm den Vogel.

Fanny verdreht die Augen.

Karl hustet in die Faust.

Sie geraten schon beim Ausstoßen aneinander. Branko geht schwer in die Hocke und beäugt die Distanzen der beiden Kugeln zur Bande. Er zeigt, was er von der knappen Sache hält, mit Daumen und Zeigefinger eng beieinander.

Der Bankier ist sofort bei ihm. Er stützt die Hände auf die Knie, kneift ein Auge zusammen.

Spitz: »Ne! Nee! Ich. Knapp, aber ich.« Und will nach der Weißen greifen.

Branko packt sein Handgelenk. Er ist einen Kopf größer, und wir vermuten ein Kriegsverbrecher oder Drogenboss oder Familienvater von mehr als Fünf, jedenfalls jemand, der nicht nur aus Liebe zum Spiel ganze Tage im Salon verbringt; gegen so einen hat die Lauchstange aus Hannover physisch nur dann vielleicht eine Chance, wenn Branko nach Mitternacht besoffen vom Hocker fällt und sich dabei die Arme bricht und das Bewusstsein verliert.

Karl geht dazwischen, halbherzig. Die Lust, den beiden beim Streit zuzusehen, wird uns nie vergehen. Erst die Lust an der Streitlust anderer macht den Menschen zum Menschen.

»Karl. Bitte, sag du, bitte.«

Karl sieht sich die Abstände der beiden Kugeln an, und Fanny flüstert, »hoffentlich sagt der Penner jetzt nicht, die sind gleichauf«, und Karl sagt, »die sind gleichauf.«

Fanny stöckelt hin, auf Italienisch fluchend, schnappt sich Brankos Queue vom Boden und breakt einfach selbst.

Wie schön auch, nicht zu wissen, um was es eigentlich geht.

Fanny haut dem Branko das Queue vor die Brust, worauf der Bankier stöhnt, als habe sie ihn getroffen.

»So, du hast die Halben. Hör ich von dir oder von dir noch einen dummen Kommentar über dich oder dich, habt ihr beide ruckzuck den Stock im Hintern, capice?«

Branko nickt und küsst den Bankier von oben auf den Schädel.

»Hey!« Der Bankier reibt sich angewidert an der Stelle.

Fanny stemmt die Arme in die Seiten und ohrfeigt Branko mit ihrem Blick.

»Du hast gesagt: Kommentar.«

Fanny bekreuzigt sich.

Branko will stoßen.

Der Bankier zieht die Luft lautstark in die Nase. Branko sieht auf.

Der Bankier hebt entschuldigend die Schultern.

Branko will stoßen.

Der Bankier schnalzt mit der Zunge, ts.

Branko wirft die Kreide nach ihm, der Bankier duckt sich, die Kreide verschwindet unter der Sitzgruppe.

Der Bankier grinst.

Branko packt ihn in den Schwitzkasten.

Fanny lässt sich von mir Feuer geben, Fanny zwinkert mir zu.

Der Russe und Snake spielen. 8-Ball. Snake liegt schon zwei vorn. 400 Euro.

Auch den ersten Break der dritten Runde schießt er locker aus. Der Russe lässt Karl aufbauen und mustert seinen Gegner.

Snake ist nicht lange dabei, drei, vielleicht vier Monate. Musste sich sein Queue mit dem Spiel verdienen. Ich erinnere mich nicht, dass die beiden je gegeneinander angetreten sind. Der Russe geht niemandem aus dem Weg.

»Was ist mit deine Haut? Ist das Geburt?«

Snake will weitermachen.

»Hier nur Freunde. Du spielst und spielst, du isst Salzstange aus eine Schüssel wie ich, aber ich nicht weiß, was ist mit Snake Haut. Wie wir können sein Freunde?«

Snake seufzt. »Ich bin nicht hier, um Freundschaften zu schließen.«

Der Russe schiebt die Unterlippe vor und nickt. Die Antwort gefällt ihm. Snake hat einen neuen Freund gewonnen, gewinnt aber auch die dritte Runde, er ist jetzt sechshundert im Plus, und ob die Freundschaft noch Bestand hat, bezweifele ich. Der Russe drängt sofort auf die Revanche.

Das ist ungewöhnlich – der Russe macht nicht weiter, wenn er einen schlechten Tag erwischt. Spielt nicht maßlos. Trinkt leise, singt leise, schläft leise in Fannys Schoß ein, das ist alles.

Gegen Snake heute, das ist ein anderer Russe, ein nervöser Russe. Ein nervöser Russe, den das Spiel sonst beruhigt, also spielt er viel, weil, wo gibt es schon einen Russen, der gern nervös ist?

Gegen Snake ist er auch mit Queue in der Hand nervös. Wenn er nicht dran ist, und der Gegner eine nach der anderen versenkt, postiert er sich an der Bar mit dem Rücken zum Tisch, diskutiert, verlangt Antwort auf jede seiner Fragen, und wenn er eine bekommt, die ihm nicht gefällt, politisch sind das fast alle, atmet er tief ein und wird zu einem Märchen, das mit seiner Atemluft ganze Häuser einreißt.

»Warum dich nennen ›Snake‹? Du bist dick. Bist du giftig?«

»Willst du reden oder spielen?«

»Und!« Der Russe lacht, »ich will immer und!«

Snake kratzt sich unter der spitzen Nase.

Der Russe stößt zur vierten Runde an und verschießt gleich den Einsteiger. Der Russe flucht. Snake hat einen offenen Tisch und nutzt die Gelegenheit gnadenlos.

Der Russe holt jetzt eine Handvoll Geldscheine aus einer seiner Westen und wirft sie mir zu. Sie landen auf dem Tresen, auf meinem Schoß, auf dem Boden. Ich weiß nicht, was er mir sagen will.

»Karl!«, ruft er. »Karl, wo bist du?! Karl! Mistkerl!« Der Russe schwitzt.

Er möchte nicht selbst aufbauen, Karl ist aber nirgendwo zu sehen. Aus dem Augenwinkel späht der Russe nach dem Tisch, zeichnet mit dem Queue Ideen in die Luft.

Also baut Snake auf.

Der Russe schwitzt und zieht ab. Schwitzt und verliert wieder, lacht, gratuliert. Raucht jetzt. Vier–Null.

»Ein letztes?«

Sie spielen. Der Russe verliert und legt das Queue auf den Tisch und raucht und pickt sein Geld vom Tresen und vom Teppich auf, als sei seine große Hand ein kleiner Vogel.

Fanny ist da. Sie knöpft im Gehen den Mantel auf, neigt

den Kopf zum Gruß. Der Russe geht ihr entgegen, küsst ihre Hand. Die Pose steht den beiden, dem großen Mann, der zart und fein und devot tut, Fanny, der das egal ist und die ihn anstrahlt, als wäre es ihr nicht egal. Fehlt nur, dass sie anschließend ins Publikum sehen und sich verneigen.

Sie: »Wie läuft's?«

Er hilft ihr mit dem Mantel, aus dem Kälte steigt. Fanny ascht auf den Boden.

»Nicht bestens, meine Fannuschka, nicht bestens.« Er schiebt ihr einen Hocker hin. Snake lehnt nach wie vor am Tisch, als wisse er, dass der Russe zurückkommen wird.

»Fanny, meine Fannuschka. Ich glaube, dass die besten Leute sind im Leben die mittelmäßigen Leute. Wie du und ich, Fannuschka. Leute, die nicht glauben an Wunder.« Und geht zurück an den Tisch.

Es ist gegen Neun, fast alle sind jetzt da. Der Jüngling fehlt, wir wissen nicht, ob wir hoffen sollten, dass er sich wieder blicken lässt.

Branko liest im Stehen ein Buch mit dem Titel »Erwache aus dem Schlaf der Gewohnheit«.

Der Bankier bestellt einen Grappa und setzt sich zu mir. Aus seinen Poren riecht es nach langem Starren auf einen Bildschirm.

»Herr Schreiber! Was haben Sie heute gegessen?«

Er möchte immer wissen, was man gegessen hat. Verrät man es ihm, ekelt er sich sehr, dieser dürre Mann, dieser dürre Mann.

»Wie laufen die Geschäfte?«

»Ich habe Kunden. Ich habe sie«, sagt er. »Die wollen in China investieren. Ich sage, es geht dort nicht ewig alles gut! Seid vernünftig! Kein guter Spieler glaubt, immer nur gewinnen zu können. China selbst glaubt nicht, dass es immer nur gewinnen kann. Meine Frau möchte mich verlassen, aber sie bleibt, sie bleibt. Sie sagt, sie möchte nicht am Abend allein Fernsehen gucken, deswegen bleibt sie, und jetzt ist Abend, und ich bin aber hier.«

»Möchten Sie Ihre Frau verlassen?«

»Jesus Christus, Schreiber!«

Der Bankier trinkt derart langsam, man möchte, wenn er im Klosett ist, ein-zwei Schluck heimlich nehmen, damit das Glas sich nicht so plagt.

Er deutet zum Tisch. »Wer, wie viel?«

»Snake. Mille vorn.«

Der Bankier schnalzt mit der Zunge.

Karl kommt von der Toilette, der Russe stellt die Kreide mit der Oberseite nach unten auf die Bande und geht ihm entgegen, beschimpft ihn. Wo er gewesen sei. Dann sieht Karl die Kreide und beschimpft den Russen.

Snake baut auf, kratzt sich am Handrücken.

»Double or nothing«, sagt er.

Der Russe trägt seinen Aberglauben in drei Westen über-einander. Für etwas Glück hält man etwas Hitze aus. Ich weiß wenig über ihn. Ich weiß, wie gut er Billard spielt. Würde er mehr verraten, wäre er nicht besser. So ein guter Spieler ist der Russe nicht, dass ich jetzt hoffen könnte, er hätte die Schlange in eine Falle gelockt.

»Schreiber«, ruft er, »Schreiber!«

Er schlägt ein. Jetzt geht es um zweitausend. Das ist wenig und viel. Niemand weiß, ob das wenig ist oder viel. Niemand weiß, wie arm oder reich wir sind, wenn wir nicht den nächs-ten Ausschuss für uns entscheiden, so wie niemand weiß, ob wir den nächsten Ausschuss für uns entscheiden werden.

»Wir machen nicht für Kinder.« Ruft der Russe laut, damit alle es hören. »Fünftausend – wenn gewinnst du. Fünfhundert – wenn gewinne ich.« Er hält das Queue Snake vor die Brust wie ein Speer.

Snake kratzt sich am Hals.

Schiebt das Queue zur Seite weg.

»Ich konnte ihnen China nicht ausreden«, sagt leise der Bankier in sein Glas, »und meiner Frau kann ich mich nicht einreden oder mir meine Frau ausreden.«

Die Snookertürken harken herein mit Straßenspeisen, lassen die Tür offen. Einer hinten flucht, steht auf, macht die Tür zu.

Kurz drang Hupen von draußen in den Salon, ein Auto, eher sogar ein LKW, der hupte, eine Ehefrau hupte, ein Investor, Männer namens Heiko hupten, Chinesen, Liebende, Liebhaber, Pasteten, Staaten, der Dschungel hupte, Affen, Weinbauern, Bücher, Korkenzieher, Gravitationswellen, Raumschiffe hupten, Kinderarbeit hupte, Kindersoldaten hupten, Hände hupten, Betrüger und Ehrliche, Schwermetallindustrie hupte, Füchse, Paragraphen, Ellenbogen von Menschen, die uns mal in einem überfüllten Raum berührt haben, hupten, Kekse hupten, vielleicht ein LKW, vielleicht ein Auto.

Die Summe ist jetzt doch erheblich genug, dass alle anderen Tische pausieren. Die Spieler kommen in einem losen Halbkreis am Tresen zusammen, trinken, reden leise, das Eis klirrt in den Gläsern. Werner, der kleine Amerikaner, zeichnet das Selbstvergessen der Kontrahenten.

Der Russe schlägt als Erster und wie! Der vertraute Knall jagt die vertrauten Farben über das Tuch. Die Kugeln folgen der Logik ihrer Bahnen, werden von den Banden oder anderen Kugeln abgelenkt, schweifen ab wie wir selbst im Kasatschok unserer Gedanken, einer augenblicklichen Zerstreuung folgend – man war dorthin unterwegs, jetzt nicht mehr, jetzt ist man hier im Salon.

Der Russe hat seine Nervosität abgelegt, wie er seinen Pelzmantel ablegen wird, wenn er später nach Hause kommt, und so viel will ich jetzt behaupten: Alle hier haben ein Zuhause oder zumindest haben alle eine Antwort auf die Frage, die sich nach Mitternacht stellen wird, nachdem Karl uns mit den großen, hässlichen Lichtern an unsere Vergangenheit erinnert hat: wohin jetzt? Außer bald vielleicht der Bankier, falls das mit seiner Frau stimmt. Er wäre nicht der Erste, der in der Sitzgruppe die Nacht verbringt.

Der Russe sagt, ihm sei in diesem Scheißland noch im tiefsten Winter zu warm, aber er trägt ihn gleichwohl, seinen Mantel, erträgt ihn uns zuliebe.

Er gewinnt ohne Fehlstoß und ohne Snake auch nur eines Blickes zu würdigen. Er hat Glück, jeder kann es sehen, dass er Glück hat und dass er Glück braucht. Manchmal genügt das. Manchmal aber stimmt auch, was der Russe mir ins Ohr flüstern wird, während er mit mir zwischen den Tischen tanzt: »Jeder gute Händler hat ein Hinterzimmer.«

Vor dem Siegesstoß bestellte er zwei Schnäpse und prostete mir zu. Er wollte sichergehen, dass ich zusah. Wie er trank! Beide Gläschen zugleich an der Lippe.

Mit der versenkten Schwarzen hellt das Russengesicht sich kaum auf. Er gewinnt mit der Gnadenlosigkeit eines schon Totgeglaubten. Den Gegner umarmt er beiläufig, wie man jene umarmt, die dir nichts mehr schulden.

Lässt ihn stehen und kommt auf mich zu.

Mit großen Schritten.

Zum Tanz bereit.

DIE IMMENS SCHÖNEN TRAGISCHEN BLÖDEN GLÜCKSELIGEN DEUTSCHEN FLÜSSE

Wir wollen den Steg nicht nehmen, weil uns Stege daran erinnern, dass wir nicht übers Wasser laufen können. Also ziehen wir Schuhe und Socken aus, krempeln die Hosenbeine hoch und waten durch den schönen tragischen blöden glückseligen Fluss, und das erinnert uns daran, dass wir nicht übers Wasser laufen können.

Mo und ich wollen zu den christlichen Menschenrechtsaktivisten stoßen, die auf einem Rheinfloß in einer Rheinstadt ein Rheinfest feiern. Das Wasser steht uns bald unsymbolisch bis zum Hals. Die Menschenrechtsaktivisten sind auf uns aufmerksam geworden, sie zeigen, beraten sich. Versuchen vielleicht zu erkennen, ob es sich lohnt, für uns nass zu werden.

Da sieht man mal, was Liebe zu leisten vermag: Mo hat eigentlich panische Angst vor Fischen. Einmal haben wir die Evolution als Zeichentrickfilm gesehen, und als die Fische aus dem Wasser krochen und zu etwas anderem wurden, sprang Mo auf das Sofa, wie es afroamerikanische Haushälterinnen in nordamerikanischen Cartoons der vierziger Jahre beim Anblick einer Maus tun.

Und da sieht man also, was Liebe zu leisten vermag: Obwohl der Rhein mein Kinn und Mos Nase küsst, machen wir weiter und kommen an. Man hilft uns aufs Floß und begrüßt uns mit Handschlag, aber auch mit zusammengekniffenen Augen: ›Vielleicht seid ihr christliche Menschenrechtsaktivisten‹, argwöhnen die Augen, ›vielleicht seid ihr aber auch germanisch-mythologische Wesen aus den Tiefen des Rheins.‹

Es fragt niemand nach. Die anwesenden humanitären Bewertungssysteme strotzen vor Fingerspitzengefühl und sorgen erst mal für Handtücher und Tee, bevor dann vielleicht das erste Fragezeichen in der Identitätsreederei seetauglich gemacht wird.

Weil es irrsinnig schwer ist, nass und anonym zugleich zu sein, bricht Mo sein Schweigen und behauptet, sein Name sei Mohammed, und er sei Kosovare, was den Aktivisten keine Wahl lässt, als uns Eindringlinge nicht als Eindringlinge zu betrachten, sondern uns, nach Handtuch und Kräutermischung, nun auch mit trockenen Shorts, Polo-Hemden und einer Wertmarke für Suppe zu versorgen.

»So weit, so prima«, teilt Mo mir im ersten privaten Augenblick mit, beim Umziehen in der Toilette. »Um nicht weiter aufzufallen, machen wir ab jetzt die ernsten Augen, so wie wir es geübt haben.«

»Ernste Augen und dazu den heiteren, aber nicht zu heiteren Mund«, ergänze ich. Mo glaubt, das sei das Basisgesicht der Menschenrechtsaktivisten und überhaupt ein häufiges Gesicht von jedem, der Gutes im Schilde führt.

Ich halte mich für jemanden, der auch so mehrheitlich einen heiteren Mund macht, das wäre also grundsätzlich null Problem. Es gibt aber mit dem Ausgegangensein des Häppchenkäses einen erheblichen Hinderungsgrund für Heiterkeit. Die leeren Häppchenkäseteller und die arbeitslosen Zahnstocher mit den dunklen Spitzen, wo feuchte Lippen waren, verstimmen mich jäh.

Ich denke: ›Der Häppchenkäse hat Mo und mich nicht kennenlernen dürfen.‹

Zu allem Überfluss stimmen zwei Alleinunterhalter ein Lied über und vermutlich gegen die Sklaverei an. Hungrig und traurig kann ich niemanden mimen, der satt und mehrheitlich heiter ist.

Ich fühle mich beobachtet. Das hat mit dem geliehenen Polohemd zu tun, bzw. damit, dass ich es nicht angezogen habe, weil es mir zu sackig und zu cremegelb war, also trage ich nach wie vor mein nasses T-Shirt und glaube schon, dass Sylvester Stallone in einer seiner frühen Rollen den einen oder anderen Blick auf sich zieht.

Für das T-Shirt habe ich momentan keine Lösung, gegen den Hunger den Suppenbon, und um die Traurigkeit zu betäuben, wünsche ich mir einen Gesprächspartner, Labern ist das Opium des Volkes.

Ich stelle mich in der Food-Schlange an und lege mir einen ehrlichen Satz über meine Gefühle zurecht. Den Smalltalk möchte ich überspringen, also: ›Hallo‹, und dann gleich: ›Mir geht es nicht so gut.‹ Das müsste unter Aktivisten funktionieren, Aktivisten hegen einen Groll gegen Banalitäten, stelle ich mir vor, sonst wären sie nicht Aktivisten geworden.

Vor mir ein Rücken im Sakko, sitzt gut und grau, auf den Schultern etwas Schuppenschnee. Ich klopfe unterhalb der Schuppenschneegrenze an, und das Gesicht gehört einer Frau, das kurze Haar, die Schuppen, das Sakko, und obwohl ich weiß, dass man Frauen überall erwarten kann und dass jeder Mensch alles sein dürfen sollte, also auch mit Schuppen, bin ich überrascht, und ich lege zwar los mit meinem Satz,

bleibe aber mittendrin stecken, und nach ein paar Augenbli-
cken dreht die Frau sich wieder von mir weg. Sie ist dran mit
dem Bestellen, lässt mich stehen mit einem unvollendeten
Satz knapp außerhalb von meinem Mund.

Hier ist der unvollendete Satz, der nun über dem Rhein
schwebte: »Manchmal verliere ich angesichts völlig banaler
Dinge die Kontrolle über meinen Traurigkeitshaushalt. Ich
werde so sehr traurig, dass...«

Ich ahne, dass die Frau sich meiner wieder annehmen wird,
nachdem sie ihre Bestellung aufgegeben hat, in der höflichen
Zuhörkultur unserer Zeit wird man nicht einfach so vergessen. Ich möchte nun aber vergessen werden und mir das Ende
des Satzes für jemanden aufheben, dessen Mitleid mir nicht
sicher ist.

Ich mische mich unter die Gäste. Wer ist da? Einige schei-
nen Bauarbeiter oder Promis zu sein, da im Oktober noch
stark braungebräunt. Auch Politiker sind hier, bzw. ein paar
Männer, die einen Pin am Revers tragen, und ein paar Frauen,
die auf Zehenspitzen wippen, während sie einen Satz mit »So
einfach ist das nicht...« beginnen.

Man unterhält sich über Muslime und Milieuwandel durch
Muslime in deutschen Großstädten. Ich merke mir 60 bis
65 Prozent von dem, was sie sagen, damit ich es später Mus-
limen aus meinem erweiterten Freundeskreis erzählen kann.
Auf dem Floß kann ich auf oberflächlichen Anhieb keine
Muslime erkennen.

Damit mein unvollendeter Satz sich nicht so allein fühlt,
sammle ich unvollendete Sätze von den Anwesenden ein,
indem ich mich vor Satzende schnell entferne oder mir die
Ohren zuhalte. Es kommen ein paar gute zusammen:

»Und dann würde ich die Nazis vor die Wahl stellen:

Entweder sie lesen sich die Forschungsergebnisse durch, oder ...«

»Vor Ort wünsche ich mir oft, eine Kampfsportart zu beherrschen, statt sozialpädagogische ...«

»Die wichtigste Umerziehungsmaßnahme wäre ...«

»Neben Vertriebenen für ein Foto zu posieren, ist wie ...«

»Jeden Politiker, der gegen Familiennachzug argumentiert, müsste man sofort ohne seine Familie ...«

Es ist erstaunlich: Trotz der Bruchstücke macht jedes Gespräch Sinn und erscheint mir als das wichtigste gerade geführte Gespräch des Universums. So viel Relevantes überfordert mich aber auch, da stellt sich zum Glück Mo zu mir und reicht mir ein Weinglas mit einer dunkelroten Flüssigkeit, vermutlich Blut.

Er sagt: »Der Wein ist vom Rhein.«

Das wiederhole ich mehrmals lautlos, da ich aus dem Essay im Supermarkt-Journal weiß, dass Zucchini und Reime eine entspannende Wirkung haben. Mein Blick begegnet dem Blick eines Aktivisten im Spendensammeldienst. Er erwischt mich bei der Entspannung. Das Gefühl, bei der Entspannung erwischt zu werden auf einem Floß voll mit Menschenrechtsaktivisten, beschämt mich bis in die Wangen. Ich will mich bei Mo unterhaken, um Haltung zu bewahren, aber er ist schon weiter. Ich entdecke seinen flachen Hinterkopf in einer Gruppe von Leuten, die alle nicht ich sind. Er erzählt etwas, und die Gruppe nickt ernst.

Ich stelle mich in der Drinks-Schlange an, ein wenig beleidigt, weil eigentlich sollte Mo sich entweder mit der Menschenrechtsaktivistin unterhalten, wegen der wir hergekommen sind, oder mit mir, aber doch nicht mit irgendwelchen Zufällen mit Hochschulabschluss.

In der Drinks-Schlange lassen drei ältere Männer mit heute gewaschenem Haar einander ausreden. Ihr Gegenstand: Gefahren mobiler Datennutzung.

Einer trägt eine Fliege und äußert seine ›Heidenangst, Kontrolle über seine Daten zu verlieren‹. Der Zweite dreht direkt ab ins Ulkige, ihm mache der Verlust gar nichts aus, er habe zu dicke Finger für ein Smartphone und nutze zu Hause ein Faxgerät. Der Dritte sagt, er könne nicht mal *Google Maps* richtig bedienen, und die anderen beiden finden das gut.

Ich auch. Weil hier etwas *nicht* zu beherrschen als erstrebenswert begriffen wird. Die Einstellung ist in unserer auf Erfolg getrimmten Gesellschaft rar. Ich sehe jeden Tag an mir selbst, wie das ist, mehr Dinge wesentlich schlechter zu können als gut.

Normal ist jetzt oft noch einer dabei, der zu den Dreien sagt, ›bloß, weil das Problem euch nicht betrifft, muss es doch nicht ignoriert werden‹, aber diesmal fehlt der Stinkstiefel. Die Drei riechen simultan an ihren Geldscheinen, mit denen sie gleich die teuren Drinks erwerben werden.

Es ist nicht schlimm, dass die Drinks teuer sind, die Hälfte des Erlöses wird gespendet für einen »Brunnen« oder ein »Brummen« in Kosova – ich kann das von hier aus auf dem Poster schlecht erkennen, mein Verstand sagt mir: »Brunnen«, mein Herz hofft irgendwie auf »Brummen«.

Was aber muss ich jetzt tun, um zu den Dreien dazuzugehören und ebenfalls lauwarm mit Einverständnis übergossen zu werden? Ihnen vielleicht *Google Maps* erklären? Ist gar nicht so kompliziert. Andererseits: was bringt die ganze Weltorientierung? Ich finde es ja selbst übergriffig, wenn mir eine Alternativroute zu meinem Ziel angeboten wird, und dann steht man da und muss sich entscheiden, ob man zur Fußpflege lieber zwei Minuten länger laufen sollte, dafür aber nicht an einer Hauptstraße.

Um wahrgenommen zu werden, stelle ich mich zu dem Fliegenträger und gehe ein wenig in die Knie, sodass ich mit den Augen auf Höhe seiner Fliege bin. Alles, was mir in der sofort unbequemen und unnötigen Körperhaltung einfällt – da mir eine laue Brise über die Frisur streichelt –, ist dies: ›Das Wetter heute auf dem Rhein würde man gemeinhin als mildes Wetter beschreiben.‹

Vorhin kein Smalltalk wollen, nun dieses meteorologische Bonmot. Meine Einsamkeit wird sofort größer, mein Mut zur Gruppe kleiner. Zudem bin ich mir auf einmal auch unsicher, welche Grußformel die Etikette vorschreibt bei älteren Menschen in Cordhosen.

Jetzt stehe ich aber schon blöd da, die gucken auch alle drei, es gibt kein Zurück: Ich lasse das Sprechen spontan von der Leine des Denkens, worauf ein dreistimmiges »Hallo Guten Tag Grüß Gott« aus mir in die Runde spritzt. Was für ein Schock, aber auch Erfolg: Gebildete Menschen lassen alles stehen und liegen, wenn sie jemandem mit einem Haltungsschaden und einem Sprachfehler begegnen.

Das nächste Geschenk kriegt dann meine Ablenkbarkeit: Eine Rheinbrücke liegt mit ihren drei Bögen millimetergenau an den drei runden Köpfen. Die Herrschaften tragen die Brücke wie einen Hut! Und man muss sagen, sie sehen mit der Brücke fantastisch aus. Doch wie verbalisiert man so was, wie macht man dieses Kompliment? Die Brücke steht Ihnen ausgezeichnet, wo haben Sie die her?

Ja.

Ich komme nicht dazu. Jetzt reden die Drei. Sie sagen, dass sie Schriftsteller sind, ohne dass ich überhaupt wissen wollte, was sie sind. Das verwirrt mich – Schriftsteller unter Menschenrechtsaktivisten?

Es geht verwirrend weiter: »Gehören Sie hier dazu?«, fragt der mit dem *Google Maps*-Defizit.

Dazugehören, zu was? Zu den Aktivisten? Zur Gastro-Belegschaft? Zum Fluss?

Ich stelle mich wieder gerade hin.

Ob sie denn dazugehörten, gegenfrage ich die Schriftsteller. Sie lachen, als wäre meine Überforderung ein Scherz. Als wäre es das Einfachste auf der Welt, sich mit alten Männern zu unterhalten, die einander wohlgesonnen sind und dasselbe Berufsbild haben.

»Eher nicht«, sagt *Google Maps*. »Wir sind keine Mitglieder, wenn Sie das meinen, wir – wir lesen gleich.«

›Bei mildem Wetter‹, denke ich und frage mich, ob sie wohl dafür bezahlt werden. Wie Alleinunterhalter. Und ob sie die Hälfte der Bezahlung spenden. Und ob sie je in Kosova waren.

Ich sage: »Wie war der Häppchenkäse?«

Ich hoffe, die überraschende Offensive verschafft mir Zeit, um etwas auszuhecken, das mich ihnen sympathisch macht.

»Passabel«, sagt der mit dem Faxgerät. Die beiden anderen drehen sich – wohl aus Angeödetheit – profilwärts gen Ausschank. Läge auch mir eine Brücke auf dem Kopf, wäre das hundertprozent nicht geschehen.

Plötzlich fällt einer der Schriftsteller rücklings über Bord in den Rhein und ertrinkt ein bisschen. Die beiden anderen wägen seine Bedeutung für die Weltliteratur ab, und ob es sich also rentiert, ihn zu retten. Er kann aber schwimmen und rettet sich selbst, und ich stelle mir das eh nur vor, vielleicht ist das die Nähe zu Schriftstellern, die Fantasie dreht gleich mal am Rad. Eher ist es aber so, dass ich nicht weiß, worüber man sich mit Leuten unterhalten soll, die wahrscheinlich dafür bezahlt werden, irgendwo zu sein.

Als sie mit dem Bestellen dran sind, gehe ich wieder und bin all das, was ich nach der Ankunft auf dem Floß war, noch ein wenig mehr: trauriger, hungriger, einsamer, verwirrter. Hätte ich wenigstens nicht auch noch Sylvester Stallone an. Die Existenz von Sylvester Stallone erscheint mir auf einmal ganz unmöglich. Es ist unvorstellbar, dass es Sylvester Stallone jemals gegeben hat.

Um mich zu beruhigen, versuche ich mir Szenen meiner Kindheit vorzustellen, die für einen Psychologen anziehend sein könnten:

Als ich etwa sieben oder zehn oder fünf war, habe ich geglaubt, es gäbe einen Ort, an den all unsere Sätze fliegen, nachdem sie ausgesprochen wurden. Stirbt man, kommt man dahin und kann allen Gesprächen zuhören, die seit Anbeginn des Mundes geführt wurden. Auch meinen Selbstgesprächen und den Gesprächen meiner Mitschüler über mich, auch über Technik palavernden Schriftstellern und Schreien von Leuten, die beim Klettern auf einen Berg runterfallen und sterben (meinen Eltern z.B.), oder Menschenrechtsaktivisten, oder Mo, der jetzt endlich mit dem Grund unseres Aufenthalts auf dem Floß das Gespräch eröffnet hat.

Der Anblick bessert all meine Launen. Wir sind ja nur wegen Mos Verliebtheit hier. Mos Verliebtheit trägt ein grünes Kleid und hat unendlich viel mehr Haare als Mo und die meisten männlichen Aktivisten zusammen. Mo ist verliebt in eine Menschenrechtsaktivistin aus Köln namens Rebekka.

Rebekkas NGO ist im gleichen Gebäude wie das Umzugsunternehmen, in dem Mo einen Ruf als anständig und kräftig und eine Spur zu intellektuell hat. Mo beobachtet Rebekka seit Wochen, und bevor das Beobachten Gefahr lief, zu etwas zu werden, was Rebekka Angst machte, hat Mo ›Hallo‹ gesagt.

»Ich habe vor Rebekkas Schönheit, Lebensaufgabe, Ideen, Vergangenheit, Urlaubsvorstellungen und Einkaufsvorlieben Angst«, verriet mir Mo heute Morgen mit seiner kosovarisch gebeutelten Stimme, während wir uns für unseren Coup fertigmachten.

Aber da muss er jetzt durch! Das ist doch alles nur Projektion! Das schafft er. Mo, das schaffst du!

Ich starre Rebekka und Mo eine Weile an und kann nichts an Rebekka erkennen, woraus ich auf ihre mögliche Bereitschaft schließen könnte, das Floß mit Mo zu verlassen, freiwillig.

Die beiden Alleinunterhalter haben ihr Set beendet und stellen einander namentlich vor. Es rührt mich, wie freundlich sie das machen. Es ist so viel einfacher, jemanden zu mögen, als jemanden nicht zu mögen. Man muss es nur wollen.

Es gibt eine Zugabe. Die Alleinunterhalter spielen ein ethnisches Stück aus wahrscheinlich Kosova mit gleich vier Instrumenten, die aussehen wie Werkzeuge eines Tischlers/ Orthopäden. Sie verausgaben sich, und es klingt wirklich top, alle klatschen seriös und auch ein bisschen erstaunt, dass die Musiker unverletzt geblieben sind.

Die Sonneneinstrahlung macht mir zu schaffen. Ich setze mich an den Rand des Floßes und versuche mir vorzustellen, was wohl jemand, der mich am Rand des Floßes beobachtet, glaubt, worüber ich nachdenke. Um es ihm leichter zu machen, starre ich ins Wasser und denke über Fische nach.

Das Sympathische an Fischen ist ihre konstante Niederge-
schlagenheit. Es gibt den fröhlichen Fisch nicht. Der Fisch
schaut immer so, als bedauere er den einen Moment, wo quasi
seinesgleichen aus dem Wasser an Land krochen. Für Amphi-
bien ein unvergesslicher Glücksmoment, für die Fischgeblie-
benen ein Trauma. Ich sitze am Rand des Floßes, ergriffen von
Mitgefühl mit den Fischen.

Mo zeigt Rebekka etwas in der Ferne. Ich hoffe, es ist etwas
geographisch Intelligentes.

Ich stelle mir vor, wie das Floß in die Nordsee treibt, und
um zu überleben, müssen wir entscheiden, wen wir essen, und
es ist klar, dass diejenigen dran glauben müssen, die am wenigsten wertvoll sind nach bestimmten Kriterien wie gesell-
schaftliches Engagement, Brauchbarkeit für die Gemeinschaft
der Zukunft, überhaupt Zukunftsperspektive, also keine tödliche Krankheit zum Beispiel, wobei ich lieber niemanden
mit einer tödlichen Krankheit essen würde, und ich verstehe
das ganze blöde Verfahren nur so halb und schlage einfach
vor, die Schriftsteller zu essen, weil sie die Ältesten sind und
nicht mal *Google Maps* bedienen können, und die Schriftsteller haben das Verfahren wohl auch nicht verstanden, denn
sie schlagen die beiden fantastischen Alleinunterhalter vor, in
der Annahme, sie selbst seien die einzigen legitimen Alleinunterhalter, und am Ende setzen sich die christlichen Menschenrechtsaktivisten mit Argumenten durch, die auch Mo
und mich einsehen lassen, dass Mo und ich gegessen werden
sollten, ich biete sogar an, beim Anbraten von Mo zu helfen,
insgeheim hoffend, dass uns in der Zeit ein holländischer Tan-
ker findet, und ich überlebe.

Mo und Rebekka sitzen ebenfalls am Floßrand. Ihre Beine
baumeln im Fluss. Rebekka lässt Mo die Angst vor den Fischen

vergessen. So geht Verliebtheit, denke ich, wenn dich jemand nicht panisch werden lässt. Ihre Rücken, so nebeneinander, wie einfach! Mo und Rebekka lachen über einen Witz, den entweder Mo oder Rebekka gemacht hat.

Ein Menschenrechtsaktivist spricht mich an, er behauptet, er heiße Ole. Ole hat ein eckiges Kinn wie viele sportliche Männer, die ich nicht kenne. Die Attraktivitätsforschung in mir könnte sich vorstellen, ein Hemd kaufen zu gehen, während Oles kräftiger Kiefer Wörter zu Fragen mahlt, um sie mir zu stellen, in einem anderen Leben.

Wir unterhalten uns schon seit mehreren Sätzen, und ich habe mich noch nicht daneben benommen. Es geht hin und her wie im deutschen Großstadtkino. Ole fragt, was ich beruflich mache, und ich sage, ich habe geerbt und müsse beruflich nichts machen. Ungeachtet dessen, ob das stimmt, immer glauben alle im ersten Moment, es sei ein Witz. Ole nicht. Ole nickt anerkennend, von wegen: Respekt, dafür mussten ja Menschen sterben.

Ich frage Ole, was er beruflich macht, und Ole stellt mir seine NGO vor. Ethnische Spannungen in Kosova, Armutsflüchtlinge, Unterstützung für Menschen in Not. »Kleine Projekte«, sagt Ole.

So bescheiden wie er tut, ist gleich klar: Es handelt sich um die wichtigste NGO seit dem Urknall. Ich konzentriere mich so sehr darauf, alles, was Ole erzählt, zu begreifen, dass ich beginne, Dinge wahrzunehmen, die wahrscheinlich gar nicht real sind. Ein Käferchen öffnet eine kleine Tür an Oles Adamsapfellift, tritt heraus, macht die Tür wieder zu und klettert an Oles Hals hinauf in Oles Haar.

Das war's, es kommen keine anderen Dinge hinzu.

Das Käferchen bedeutet aber auch: Ich habe den Faden

verloren, und das trotz der irrwitzigen Wohlstrukturiertheit von Oles Ausführungen. Es geschieht in dem Moment, als er die politische Situation in Kosova skizziert (alle korrupt) und einen Ortsnamen so ausspricht, wie der Ortsname wohl vor Ort ausgesprochen wird, was – obwohl es sicher korrekt ist – grandios nach etwas aus *Herr der Ringe* klingt.

Das Käferchen putzt sich in Oles Haar die Flügelchen, und Ole ist bei Anekdoten über persönliche Schicksale von Kosovaren angekommen. Er zeigt mir ein Foto auf seinem Smartphone, wir befinden uns wohl in der Phase des Anfütterns von Geschichten durch Gesichter. Ich unternehme einen Wiedereinstieg ins Zuhören.

Vergeblich. Der traurige alte Mann auf dem Foto macht mich völlig fertig. Er steht ganz gerade und steif da, er ist jemand, der nicht oft und nicht gern fotografiert wird, aber jetzt mal kurz muss. Seine Augen sind klein und müde, und ich weiß auch nicht, hinter ihm so ein, so ein … Armutshaus ohne Fensterscheiben, aber mit Blumenvase auf dem Sims, und, mein Gott, auch noch eine Rostbeule von einem Fahrrad, die am Gemäuer lehnt, schrecklich, aber natürlich am schrecklichsten, dass man ihn angewiesen hat, ein Foto hochzuhalten, und auf dem Foto sind drei junge Männer Arm im Arm zu sehen, und Ole braucht kein Wort mehr zu sagen, das reicht doch, das reicht doch für die Vorstellung, dass sie – ja, ich vergrößere dafür sogar das Foto – die Augen des alten Mannes haben.

Als ich wieder zu Ole sehe, beendet er offenbar die Anekdote. Er schüttelt den Kopf und sagt: »Das sind so Momente der Ohnmacht, wenn man alle Optionen durchhat –«

Sein unvollendeter Satz fliegt zu den anderen unvollendeten Sätzen über dem Rhein. Ole sieht sich selbst noch einmal das Foto an, und ich würde ihn jetzt so gern umarmen, und eigentlich ist das Einzige, was mich daran hindert, mein nasses Sylvester-Stallone-T-Shirt. Du umarmst keinen traurigen christlichen Menschenrechtsaktivisten, der alle Optionen durchhat, mit einem nassen Sylvester-Stallone-T-Shirt.

Ole packt das Smartphone weg.

Ole hat überhaupt keine Hautverunreinigungen.

Es kommt mir vor, als habe er sich selbst zu sehr gerührt, um weiter sprechen zu können, und da auch mir nichts einfällt, geben wir uns die Hand und gehen je zwei, drei Schritte nach links, bzw. ich nach rechts, und stehen dann so da.

Einer der Schriftsteller liest laut vor aus einem Buch. Die Gespräche verstummen. Das ist bedauerlich, weil Mo und Rebekka sich doch gerade so ein bisschen fast intensiv zu unterhalten schienen. Ich besäße jetzt gerne die Furchtlosigkeit, nach vorne zu gehen und den Schriftsteller höflich zu bitten, ob er nicht etwas später vorlesen mag. Ich bin noch nie in meinem Leben irgendwo nach vorne gegangen und habe um etwas gebeten.

Mo stellt sich zu mir. Sofort glaube ich, dass er nach wie vor glaubt, dass Rebekka glaubt, dass er niemals genug sein wird für sie. Vor ein paar Tagen hat er mir die Statistik gezeigt, nach der sich Akademikerinnen mehrheitlich nach einem akademischen Partner sehnen. Rebekka hat einen Doktor in mindestens Orientalistik.

»Und?«

»Ja.«

»Und vom Gefühl?«

»Was soll ich sagen.«

»Und jetzt?«

»Sie fliegt nächste Woche nach Stockholm.«

»Nimmt sie dich mit?«

»Ich hab gesagt, ich bin zufällig auch da.«

»Ist doch ein Anfang.«

»Wir hätten lieber zum Go-Kart gehen sollen.«

Mos kosovarischer Augenaufschlag ist der eines niederge-schlagenen Fisches, aber vielleicht interpretiere ich über.

Der Fluss gibt nicht sein Bestes, denke ich. Deshalb nimmt er das Floß nicht mit. Auch ich gebe oft mein Bestes nicht. Ich mache das, was ansteht, Tag um Tag, und Tag um Tag reicht das. Es reicht, weil mich im Leben noch nichts emotio-nal oder physisch gewrackt hat und weil ich noch nie an die Falschen geraten bin und niemals richtig Pech hatte, außer das Pech, Eltern in einer Gletscherspalte zu verlieren. Da-für musste ich wegen des Erbes noch nie ein Bewerbungsfoto machen lassen.

Ich weiß, dass Mo bei Rebekka in der Kürze der Zeit sein Bestes gegeben hat. Vielleicht bin ich deswegen so miss-gestimmt, weil mal wieder auch das Beste nicht reicht. Ole hat ein Käferchen als Halstier und kennt sich in einer Sache exzellent aus, die nichts mit seiner Person oder seinem Haus-halt oder seinem Sportverein zu tun hat, und er hat ganz sicher sein Bestes gegeben in Kosova mit dem alten Mann auf dem Foto, und das hat auch nicht gereicht.

Ich habe so eine immense Wut auf ›unser Bestes geben‹, ich will etwas kaputtmachen, aber was macht man kaputt auf einem Floß mit christlichen Menschenrechtsaktivisten?!

Ich zerreiße den Suppenbon.

Und just da sagt Mo, er sei unendlich froh, dass es so was wie Aktivisten gibt. Überhaupt Leute, die auch mal nach der Arbeit. Auch mal am Wochenende.

»Mir wird«, sage ich, »niemals etwas gelingen, auf das eine wohltätige Organisation stolz sein wird.«

Mo sagt, ich sei *full of bullshit.*

Einige Köpfe drehen sich nach uns um, weil wir in einer Situation, in der aktiv zugehört wird, genau das Gegenteil tun. Und dann ist es ausgerechnet Ole, Ole, der sich uns mit dem Finger auf den Lippen leise wünscht.

Ich flüstere, ich sei froh, dass es Flüsse gibt.

Mo flüstert, er sei froh, dass es die Selbstlosigkeit gibt.

Ich füge unvollendete Sätze hinzu und *Rocky I.*

Mo sagt: »Rebekka.«

Die Liste beschließe ich mit ›Kleine Kekse serviert zum Kaffee‹, aber das geht natürlich in ›Rebekka‹ voll unter.

Ich frage Mo, ob er mit mir das Floß verlassen und durch Köln bummeln will, ich möchte mir ein Hemd kaufen.

Mo hört dem Schriftsteller einen Absatz lang zu.

Mos schöne Zuhöraugen.

»Alles liegt doch in einer gleichmäßig stumpfsinnigen Agonie, nicht wahr?«, liest der Schriftsteller und ist, wie vermutlich alle Schriftsteller, gleichzeitig im Recht und im Unrecht.

»Manchmal«, sage ich, »verliere ich angesichts völlig banaler Dinge die Kontrolle über meinen Traurigkeitshaushalt. Ich werde so sehr traurig, dass die einzige Kommunikation, zu der ich noch in der Lage bin, der Abbruch jeglicher Kommunikation ist.«

Wir ziehen unsere nassen Klamotten wieder an, und als wir im Wasser Richtung Ufer waten, sagt Mo: »Das ist deine Sache, das mit der Traurigkeit, weißt du? Das ist nur deine Sache. Auch wie du wieder rauskommst, falls du rauskommen willst.«

»Das weiß ich«, sage ich, dabei ist es egal, ob ich das weiß, und drüben die Brücke und hinter uns der Applaus und vor uns Köln und ein Samstag, und wie gut wäre es, wenn sich der Rhein jetzt und hier erheben und dem milden Wetter eine schallende Ohrfeige knallen würde?

DIE FABRIK

Mein Wagen dreht im Schneetreiben auf der Romanija eine Pirouette in den Graben, schon klopfen kleine Hände gegen die Scheiben, Männer in Wolfsfellen und Pumatrainingsanzügen, sie zerren mich heraus, dich kennen wir nicht, sagen sie und geleiten mich zu einem Gehöft unweit der Straße, jaja, der Wagen, sagen sie, morgen, mal sehen, sie kochen Wasser für den Tee auf offener Flamme, füttern mich mit *Mars*-Riegeln, und der Tee riecht nach Schaf.

Wir sind die Hirten, sagen sie, wir sind es.

Ich sage Dank, mir ist warm, nichts tut weh.

Der Hirten Augen groß, sie wollen nichts wissen.

Vielleicht ist er hier wegen der Fabrik, sagen sie.

Auf Durchreise bloß.

Wegen der Fabrik, sagen die Hirten, hinter den Tannen, dort. Sie zeigen zum Fenster, das Fenster ist beschlagen, und der kleinste Hirte steigt auf Zehenspitzen und reibt mit dem Ärmel über das Glas, und alles, was zu sehen wäre, verweht der Schneesturm.

Die Fabrik, sagen sie, hat sich geräuspert vor Zeiten.

Was heißt das, frage ich, wie räuspern sich Gebäude, ist das ein Witz?

Wir haben es gehört, sagen die Hirten, wir waren da. Im Windschatten der Mauern haben wir Karten gespielt. Sie machen dir gern vor, wie das Räuspern geklungen hat. Schroff und stahl, sagen sie, schroff und stahl, sie schnarren durch den Trichter ihrer Hände, und nichts kannst du dir dabei vorstellen.

Der Hirten Lebenslinien voll Erde und Schmutz.

Seitdem zögert die Fabrik, sagen die Hirten. Seitdem wartet die Hochebene, warten der Nebel und der Wind, warten der Schnee und wir, dass noch was kommt.

Sie sagen: Wir bringen dich zu ihr.

Zu wem?, frage ich.

Zu unserer Fabrik.

Lieber nicht, sage ich.

Die Hirten tunken *Mars* in den Tee. Beraten hinter vorgehaltener Hand. Der kleinste Hirte setzt sich auf meinen Schoß. Er singt leise und zupft an meinem Kragen. Ein Kinderlied ist es, eines von den alten, den brutalen, mit Schuld und Strafe, und als ich in den Refrain einstimme, bricht er ab und zeigt mir seine Eckzähne.

Die Hirten haben die Mützen aufgesetzt, schon stapfen wir durch den Schnee, die Hunde pflügen voraus, die Schafe trotten hinterher, das wärmende Gebimmel ihrer Glocken.

Wind, Wind, Wind, ich stemme mich schräg gegen seine Stirn aus Schnee, die Witterung scheint nur mir etwas auszumachen, die Hirten legen bloß die Hände an die Augen. Über das karge Hochland ginge immer Wind, lügen sie, darin seien die Atemzüge aller Serben und Bosniaken und Kroaten, die je auf der Romanija geseufzt, geliebt, getrauert hätten, verwoben in alle Ewigkeit.

Die sagen das nicht ganz so, die Hirten.

Im Wald ist es leichter, die Bäume kämmen den Wind

gegen den Strich, Tannen, schwarz und unverwundbar wie das Kinderlied. Ich frage die Hirten, ob es hier Minen gibt, und einer wirft mir einen Schneeball gegen die Brust, dass ich mein Herz spüre.

Der Hirten Bärte aus Tannennadeln.

Auf der Romanija hat sich ein Gebäude geräuspert und zögert seitdem, groß und rechteckig ist es, und steht am Waldrand, nackte Betonmauern hinter Drahtzaun, lose Bretter, zwei, drei aufgeplatzte Säcke mit Splitt, eine verrostete Säge, ein löchriger Eimer. Im Schutt schweigt ein Radio.

Der kleinste Hirte rennt über Schnee, als läge keiner, jauchzt, vielleicht vor Freude, vielleicht vor Angst, verschwindet im Gemäuer.

Der Hirten Augenbrauen aus Eiskristallen.

Einer kümmert sich um die Hunde, befreit ihre Pfoten mit Melkfett vom Eis.

Die Hirten erzählen: Wasser sollte hier abgefüllt und verladen werden. Der Sheriff habe in der Nähe zwei Quellen gefunden, habe daraufhin EU-Gelder beantragt und bekommen, für die Grundstücke, für die Brunnen, für die Abfüllanlage, und, und, und. Sheriff, weil er immer den Hut und die Jeans trug, Ami war der, sagen sie, Kroate, sagen sie.

Mit Lady, sagt einer, Busen.

Der Hirten Grinsen aus Karies.

Kurz nach dem Krieg war das. Bauauftrag ging an eine Firma aus der Region, der Sheriff stellte persönlich Handwerker aus den umliegenden Dörfern ein. Arbeitsplätze, Kapital, Wiederbelebung der Wirtschaft, zählen die Hirten im Chor auf, und während sie zählen und erzählen, schmilzt um uns der Schnee. Satzzeichen schneit es ins unwahrscheinliche Grün.

Und eines Morgens erscheint der Bauleiter nicht auf der Baustelle. Und die Handwerker kriegen keinen Lohn mehr. Und die Landwirte nicht die versprochene Miete für die Grundstücksnutzung. Die Baustoffhändler, die erst eine klägliche erste Rate gesehen hatten, keine weiteren Zahlungen. Anrufe nahm der Sheriff nicht mehr entgegen, bald war der Anschluss tot.

Die Hirten spucken, der Hirten Spucke schokoladenbraun.

Einige Wochen nach seinem Verschwinden kam die EU persönlich vorbei, um sich ein Bild zu machen. Die Hirten hatten die Fabrik für ihre Kartenspiele hergerichtet, die Schafe labten sich am Grünzeug, das hier so reichlich gedeiht, als hätte den Boden ein gütiger Gott gedüngt, wo ihr eigener Gott ihr Land mit Geröll versetzt hat. Sie empfingen die EU gebührend – ihre Schafe blockierten die Zufahrtsstraße über Stunden. Die EU lehnte *Mars* dankend ab und fuhr erschüttert zurück in die EU.

Vier von sechs Raten hatte der Sheriff erhalten, bevor die Auszahlung gestoppt wurde. Die Hirten zeigen die Höhe der Summe an, indem sie mit Zeigefinger und Daumen über das Kinn streicheln.

Der kleinste Hirte schält ein *Mars*, sein Gesicht zerfurcht wie die Rinde einer Tanne. Er winkt mich zu sich und führt mich durch kein Tor in die Fabrik. Wir betreten sirrendes Summen warmer Luft, Fliegen schwirren umher, die Hirten legen die Felle ab.

Wo ein Fußboden sein müsste, Erde. Kletterpflanzen, wo Rohre sich schlängeln sollten; eine Fabrik steht unfertig auf der Romanija und zögert. Für die Hirten und ihre Tiere ist sie ein Versteck vor dem Sturm, ein Plastiktisch, auf dem sie Rommé spielen, etwas Substanz, abgetragen für dieses und jenes Hirtenbauwerk.

Der Hirten Augen: Schau dich, Fremder, um.

Ins Gemäuer haben Zugvögel ihre Nester gestrickt. Eine Eidechse umzirkelt eine Eidechse. In der Mitte der Fabrik stapeln zwei Hirten Steine zu Türmen und kichern dabei wie Verliebte. Oder weinen sie? Ich frage nach, und sie sagen, die ersten Siedler, die von der Hochebene auf die Welt darunter blickten, waren Illyrer, Hirten wie wir, zäh und treu.

Die sagen das nicht ganz so, die Hirten. Sie wiegen die Köpfe auf dürren Hälsen.

Der kleinste Hirte klettert in meinen Nacken. Wir kennen, flüstert er, alle Quellen. Ein kräftiges Wasser musst du sein, dass du dich durch unseren Stein nach oben prügeln kannst, und ein schlaues dazu, dass wir dich nicht schon längst gefunden haben.

Er riecht so stark nach Schokolade, dass ich ihn heruntersetzen muss. Er nimmt meine Hand, führt mich zu den Romméspielern. Die fächern sich in Unterhemden mit den Spielkarten gegenseitig Luft zu.

Vielleicht haben die Hirten den Schnee geräumt. Aber woher die Hitze?

Vielleicht fabriziert die Fabrik Jahreszeiten.

Sachte bimmeln Schafsglöckchen im Wald.

Einer wässert in der Ecke Kartoffeln. Heute vor 73 Jahren, ruft er, ist mein Großvater mit der Ersten Proletarischen Brigade hier oben von den Deutschen umzingelt gewesen. Also ist die Brigade losmarschiert durch Schnee und Eis, über die Hochebene und weiter über den grausamen Igman bei Minus 30 Grad. Eine singende Partisanenkolonne, sagt der Hirte, und ein anderer fragt, woher er wisse, dass gesungen wurde.

Der Hirten Mobiltelefone mit selbstgebastelten Alu-Antennen und vollem Empfang, ich habe keinen.

Und der kleinste Hirte klettert singend auf eine Leiter, er singt lauter als zuvor, die Stimme einer alten Frau, mild und rau:

In einer kalten Winternacht hoch oben auf der Höh
das Bächlein ist gefroren, es liegt verdeckt im Schnee
Ein Hase sucht das Bächlein, er sucht es überall
Ist es denn verloren? Das wäre ja fatal.

Es weint der gute Hase um sein Bächlein sehr
er weint aus ganzem Herzen, zweifelt immer mehr:
Gab's das Bächlein je? Er fühlt sich so betrogen
Ist es mit den Vögeln gen Süden weggeflogen?

Der Hirten schnelle Hunde schlitzen einander die Kehlen auf im Spiel, ich muss ihnen ausweichen, auch den Hirten bin ich im Weg, es ist, als brauchten sie mich nicht mehr.

Der Hirten Zähne sommergelb.

Der kleinste Hirte sitzt auf der obersten Sprosse und stutzt Kletterrosen. Man hat mich aufgegeben. Ich spreche die Sprache der Hirten, aber ich verstehe nicht, was sie verstehen.

Ich habe gehört, auf dem Karstklotz namens Romanija, zwischen öden Kalkschollen und Hügelgräbern aus Klaubsteinen, Gräbern für illyrische Hirten und jugoslawische Partisanen, stehe eine Fabrik. Sie hat ein paar bescheidene Träume hergestellt. Die Hirten haben ihrem Räuspern gelauscht und hüten ihr Zögern.

MO KLAUT EIN SURREALISTISCHES GEMÄLDE EINER SYRISCHEN SURREALISTIN UND WILL ES SEINEM VATER VERKAUFEN, BZW. EGAL WEM

Der Pizzaalbaner mit Turmkochmütze lässt sich von Mo fotografisch nicht festhalten, protestiert erst: vornehm, sodann, als Mo mit der Kamera in sein Steinofenheiligtum eindringt: wüst, reißt sich seine verführerische Pizzaalbanermütze vom Schädel, will Mo gar den Apparat aus der Klaue hauen, oder tut bloß derart, indem er mit seinem Fuchtelarm: tuntig, gleichwohl nicht ungefährlich!, vor Mos Angesicht fuchtelt, sodass Mo weichen muss, auf den fettigen Fliesen ins Ausgleiten gerät und bei höchsten Komplikationen in der Manier einer dreizehnjährigen rumänischen Bodenturnerin sensationell mit einem knappen Auf-den-Beinen-Verbleiben den Fliesen den Kuss verweigert.

Männer mit Küchentuch über der Schulter eilen herbei und separieren des Pizzaalbaners Nervenkostüm und Mo, den aufdringlichen. Sofort kikerikien die Streithähne – *smile, smile, handshake* – es sei doch alles bloß ein Spaß gewesen.

»Can I now make photo?«, fragt Mo.

»No, my friend«, sagt der Pizzaalbaner.

Man muss schon sagen: Eine Klopperei mit dem Koch, bevor überhaupt »Mineralwasser mit zwei Gläsern, bitte« bestellt wurde – was für ein Auftakt zu einem Mittagsmahl. Wir sind seit einem Tag in Stockholm, und Mo hat schon gelogen, geraubt und sich beinah mit einem Gastronom geboxt. Natürlich bleiben wir trotzdem in der Pizzeria. Wer weicht, gesteht. Das weiß man aus anderen Kontexten der Gewalt, etwa Erfahrungen mit der polizeilichen, und eins ist Mo ganz sicher nicht, jemand, der aus seinen Fehlern keine Konsequenzen zieht.

Der Pizzaalbaner hat es nun aus verständlichen Gründen nicht mehr allzu eilig, unsere Nahrung herzustellen, das Vergehen der Zeit zerrupft alle Bierdeckel auf dem Tisch. Um uns mittagspäuseln schwedische Arbeitnehmer aus den umliegenden Amtsstuben.

Nach gefühlten drei Stunden tanzt ein Kellneralbaner mit unseren Pizzen wendig an. Er schwitzt freundlich. Die Bude ist voll, Zeit und Sauerstoff sind Mangelware. Am Hals etwas Mehl, ›ein Knutschfleck unserer Speise‹, denke ich lyrisch vor Hunger.

Verschwörungstheoretisch sind unsere Pizzen mit Albanerspucke gewürzt, munden dennoch auserlesen, was zentral an den Herzen liegt, die man den Artischocken entrissen hat, so Mo, der sofort nach dieser Diagnose schwört, nie wieder während der Nahrungsaufnahme Unterhaltungen über Nahrung zu forcieren.

Aufgrund seines Artischockenkommentars sei ihm bewusst geworden, dass Unterhaltungen über Nahrung während der Nahrungsaufnahme zu keinerlei persönlicher, gesellschaftlicher oder spiritueller Erkenntnis führen, sondern ausschließlich zu einer Ausdehnung der Spießigkeit aller an der Unterhaltung Beteiligten, und zwar in einer Größenordnung von einem Zentimeter bis einem Meter Ausdehnung, je nachdem, ob man

a) die Nahrung oder einzelne Zutaten mit einer schlichten verbalen Liebesbezeigung komplementiert (ein Zentimeter), oder

b) darüber hinaus auf die Köchin oder den Koch und ihr etwaiges Talent zum glasig Dünsten der Zwiebel o. Ä. anstößt (halber Meter).

So, wie Mo und ich gestern Abend in einer kleinen Galerie in Södermalm auf das Wohl der ausstellenden syrischen Surrealistin gern angestoßen hätten, wären wir nicht vor ihrem zentralen Werk, das zwischen Ruinen spielende Flugmarschkörper in Kinderkleidung zeigte, von einer diskutablen Verzagtheit ergriffen gewesen, die solcherlei Gesten verbot. Außerdem wurde bei der Vernissage kein Alkohol ausgeschenkt aus Islamrespekt.

In der Galerie hatten Mo und ich uns aufgrund von mehreren miesen und letztlich auch inkorrekten Annahmen eingefunden. Eine davon war, dass die Ausstellung einer aus ihrem Heimatland geflüchteten Malerin für eine christliche Menschenrechtsaktivistin namens Rebekka als Freizeitunternehmung in Frage kommen könnte.

Eine andere ließ uns glauben, dass wir schnell, kostenlos und kunsterzieherisch gewinnbringend an Speis und Trank gelangen würden.

›Schnell‹ war uns schon mal überhaupt nicht geglückt: Wir verließen die Galerie nach Mitternacht als Letzte. Ich hatte der Galerieassistentin, einer einsilbigen Estin, noch beim Aufräumen geholfen, was ich sehr anständig fand und sie sehr anstrengend.

Mo ging erst eine Stunde später und durch das Fenster. Ein

Sprung aus dem zweiten Stock, Fortuna war ihm gewogen, ließ ihn mit einem dicken Knöchel davonkommen.

Warum wir so lange in der Galerie geblieben waren? Aus dem einzigen guten Grund, irgendwo lange zu bleiben: wegen anrüchiger Pläne.

Die surrealistische syrische Malerin hieß Alima.

Alimas Ehemann hieß Rayhan.

Ehrlich gesagt haben Mo und ich die Namen vergessen, das sind symbolische arabische Namen aus dem Internet.

Rayhans Erzählung von Safi und Saida aber ist echt. Safi war acht, Saida zehn. Trotz des kurzen Schulwegs begleitete Rayhan seine Kinder täglich zur Schule. Seit die Russen Angriffe auf Aleppo flogen, war niemand mehr sicher, nirgendwo. Der Vater ging mit, nicht weil er seinen Kindern Sicherheit geben konnte, sondern um sie einfach an der Hand zu halten, links und rechts, und ihnen so ein wenig von der Angst zu nehmen.

Auf halber Strecke sah er Menschen rennen und in den Himmel blicken, also rannten auch er und die Kinder los, sie rannten der Explosion direkt in die Arme.

Das war die zitternde Erzählung eines Vaters davon, wie er auf dem Boden lag und zu seinen Kindern hinwollte, den blutenden, wimmernden, links und rechts, so, wie er sie an der Hand gehalten hatte, aber es gelang ihm nicht, und er verstand nicht, warum. Er musste sie doch in ein Krankenhaus bringen, überhaupt einfach weg, die Russen bombardierten einen Ort gern ein zweites Mal, nachdem die Rettungskräfte eingetroffen waren.

Nur Zentimeter hätten zur zuckenden Hand seines Sohnes gefehlt, dann eilten Leute heran, einer trug ein Bein auf dem Arm, ein anderer hob seine Saida auf, ihr Jäckchen war nicht einmal schmutzig, man konnte doch nicht tot sein in einem sauberen Jäckchen.

Ein syrischer Vater in einem Rollstuhl. Bevor er zu erzählen begann, hatte er eine Art syrische Pizza mit scharfem Paprikabelag an die Gäste verteilt, der Teller hatte in seinem Schoß gelegen, man musste sich vor ihm verbeugen, um ein Stück syrische Pizza mit scharfem Paprikabelag zu nehmen.

Alle nahmen eines, auch Mo und ich, und Rayhan legte unvermittelt los. Wir lauschten seinem leiernden Englisch und balancierten die noch warmen Krusten auf der Hand, unfähig, sie zum Mund zu führen. Kauen schien die perverseste, kälteste Antwort zu sein auf die Fragen, die der Augenblick an uns stellte, und jemand in der Zuhörertraube hatte auch noch profunde Mengen Deo aufgetragen. Und doch musste die syrische Pizza gegessen werden, so wie auch das Leben weitergehen musste, auch dann und gerade dann, wenn es aus einer Todeserzählung bestand, die Pizza musste gegessen werden! Trotz Skepsis gegenüber ethnogeografisch zu fern liegenden Küchen! Trotz des penetranten Deos! Trotz der Unvereinbarkeit von Häppchen und Tragödie! Oder nicht?

Die Lösung brachte, wie so oft, das Nichtstun. Rayhan war fertig, er schob sich im Rollstuhl zur nächsten Gruppe und erzählte seine Geschichte dort noch einmal, und Mo und ich und alle anderen konnten in verstörter Ruhe die syrische Pizza mit dem scharfen Paprikabelag essen.

Das blieb nicht die einzige Verlegenheit des Abends.

Die vielleicht größte lag für Mo und mich darin, unsere eigentlichen Gefühle gegenüber dem Gemälde, den Raketen in Kinderkleidung, zu verbergen. Mo und ich waren alles andere als Kunstheinis, aber auch uns war klar, dass das Motiv ohne die Aufhängung aus Biografie und Kindern und zitternden Händen des Vaters – einmal berührte er das weiße Jäckchen der Tochterrakete – das plumpste Kackbild *ever* war, mal abgesehen von der seltsamen Farbgestaltung, aber da bin ich vorsichtig, das kann auch eine Strömung sein, und schon steht man als Dummkopf da.

Man teilt das so aber natürlich nicht mit, man geht nicht zu Alima hin und sagt, danke für die Pizza, war super, dein Gemälde ist aber ziemlich schlecht, es macht mich wütend, und es ist grausam, aber auch trivial und damit wieder nicht grausam genug. Stattdessen wurde das mitgeteilt:

»Es nimmt mich mit.« (Mo)

»Als ›schön‹ im eigentlichen Sinne würde man das jetzt nicht bezeichnen, oder?« (Ich, gegenüber der Estin, die mich durch ihre Einsilbigkeit nötigte, das Frageanhängsel drei Mal zu wiederholen, zuletzt recht laut, weil ich dachte, Mensch, was wenn die schwerhörig ist, und ich hab's nicht mitbekommen?)

Etwas später pulkten Mo und ich vor dem Raketengemälde mit einigen britischen Kunsthistorikern, da gesellte sich die Künstlerin hinzu, was im Pulk zu einem generellen Anspannen der Muskeln führte. Dies, weiß man, ist ein genetisches Geschenk unserer jagenden Vorfahren, deren Fluchtreflex in Anwesenheit derer, die für die Höhlenmalereien verantwortlich waren und ständig darüber reden wollten, extrem ausgeprägt war. Bloß dachte ich bisher, Kunsthistoriker wären dagegen gewappnet.

Disclaimer: Ich weiß nicht, ob das tatsächlich Kunsthistoriker waren, aber sie zeichneten, wenn sie über das Gemälde sprachen, kleine geometrische Formen in die Luft, Dreiecke, Kreise, so was, und genau das stelle ich mir vor, wenn ich darüber nachdenke, was Kunsthistoriker eigentlich machen.

Alima sagte von sich aus gar nichts, sondern betrachtete

interessiert und traurig ihr Werk, wie alle Künstler ihr Werk betrachten, die es gern teuer verkaufen möchten, klärte Mo mich später blickbezüglich auf.

Das Schweigen einer syrischen Surrealistin im Angesicht eines biografisch inspirierten Gemäldes ist in Westeuropa nicht einfach zu ertragen – sehr bald prasselten aus dem Pulk die Fragen auf Alima ein, die sie mit freundlicher Zurückhaltung zu beantworten versuchte.

Solange man Fragen stellte, musste man selbst keine beantworten. Und alles, was die Künstlerin nun erzählte, war allein deswegen interessant, weil es von ihr erlebt worden war, und weil das, was erlebt worden war, derart unvorstellbar war. Was Mo und ich uns fragten: Wie viel Interesse an den Details des Gemäldes und der persönlichen Geschichte war zu viel Interesse?

Erst als der Vater ein wenig später zum vierten Mal vom schicksalhaften Tag erzählte, diesmal als Parallelszenario, ein Traum, in dem die Kinder unversehrt blieben, weil er einen anderen Weg zur Schule wählte, worauf ein Mann mit Fingerabdrücken auf den Brillengläsern fragte, ob dieser andere Weg so verläuft, dass von dort die Explosion gesehen werden kann, war das in Mos und meinen Augen auf jeden Fall eine gute Frage, aber gleichzeitig auch eindeutig zu viel Interesse. Sogar dergestalt zu viel, dass Mo ein bisschen aggressiv die Augenbrauen hob, ohne die Wut anschließend auszuleben, weil wie soll man Wut ausleben in einer Stockholmer Galerie, in der ein Syrer im Rollstuhl sich gerade an einen Weg erinnert, den er an dem tragischsten Tag seines Lebens nicht gegangen ist: die niedrigen Häuser, gelb und beige, dort der Barbier, dort das Bekleidungsgeschäft. Wer weiß, wie oft er sich gewünscht hatte, ihn wirklich gegangen zu sein, und indem er das jetzt für uns noch einmal tat, indem er sich also vor unseren Lock-vogelaugen vorstellte, wie er seine Kinder heil in die Schule brachte, ließ er sie noch mal vor unseren Augen sterben, und wohl auch vor seinen eigenen, sie füllten sich mit Tränen, da er an der Schule ankam, an der er an dem Tag nie angekommen ist.

Alima ging in die Knie und umarmte Rayhan, dazu rettete jemand in letzter Sekunde den Pizzateller von seinem Schoß. Als die kurze Stille vorbei war, die jeder vergeblichen Sehnsucht folgt, musste es weitergehen im Gruppengespräch. Das war die nächsten Verlegenheit: Worüber noch getrost sprechen? Man konnte jetzt ja nicht zu den Hobbys der Anwesenden übergehen. Für neue Bekanntschaften erfanden Mo und ich normalerweise neue, seltsame Hobbys, stets in vorfreudiger Mulmigkeit, auf jemanden zu treffen, der das Hobby teilte und sich beispielsweise hervorragend mit dem Renovieren historischer Kutschen auskannte.

Nein, man musste beim Thema bleiben. Syrien, Krieg, Flucht. Die meisten Gäste waren Profis. Flüchtlingshelfer, drei, vier Ärzte, zum Teil entlang der Fluchtroute durch den Balkan im Einsatz, um Erkrankte zu behandeln oder jene, die von bulgarischen Polizisten ausgeraubt und verprügelt worden waren.

Drei Rettungsschwimmer sprachen schüchtern über das Mittelmeer, als sei ihnen unangenehm, dass sie auf fast täglicher Basis Leben retteten. Mo und ich wollten sofort so sein wie sie, aber das ging aus mehreren Gründen nicht, allein Mos Angst vor Fischen wäre bei den beruflichen Anforderungen ja verheerend in der Praxis.

Auch Freunde der Galeristin waren anwesend, eine fröhliche Clique, die zusammenblieb und sich sympathisch raumnehmend durch die Galerie schob. Dann und wann verschwanden welche paarweise im oberen Stockwerk, das für die anderen Gäste freundliches Tabu war. Bei ihrer Rückkehr waren ihr Verhalten und/oder Aussehen unwesentlich anders als zuvor, aber eben anders genug, dass Mo und ich uns jedes Mal freuten, ohne genau zu wissen, worüber.

Allen Gästen gemeinsam war, dass sie sich häufig in die Augen sahen, was darauf hindeutete, dass dort und dann niemand etwas zu verstecken suchte. Die Vernissage war ein sicherer Ort.

Mo und ich fanden das schon auch etwas belastend, gerade weil wir ständig etwas verstecken mussten, zum Beispiel ab irgendwann an dem Abend Mos Vorhaben, das Gemälde mit den Raketen in Kinderkleidung zu stehlen.

Es war kurz nach zehn, als die Ersten die Galerie verließen. Nachdem man bis hierhin drei Stunden konsequent ernste Gespräche geführt hatte, stellte sich jetzt die Frage – und mit ihr die nächste Verlegenheit –, ob denn nun auch mal ein Witz in Ordnung ginge.

Mo und ich wollten als Kunstamateure und Nichtsyrer auf keinen Fall die ersten Witzigen sein. Ohne eine kunst- oder kriegsnahe Vita konnte man ja nicht ernsthaft etwas politisch Inkorrektes in den Humorring werfen.

Mo gab sich zwar mitunter eine falsche Nationalität, um für bestimmte Milieus relevanter zu erscheinen, aber in der Galerie ging er die Sache als Deutscher an, womöglich um mit Merkels Politik der irgendwie quasi fast offenen Grenzen für eine junge Ärztin ohne Grenzen, die einen Kapuzenpulli mit der Aufschrift *#safepassage* trug, positiv hervorzustechen, auch ohne solch ein T-Shirt.

Die Humor-Verlegenheit zerstreute dann die Galeristin selbst, eine kleine Frau, die sich durch ihre Galerie so bewegte, wie ich mir vorstelle, dass eine Flasche sehr teuren Rotweins sich in einem Bierkeller bewegen würde.

»Mir ist«, sagte sie, »während der langen Zeit in der Kunstbranche nicht ein einziges Mal ein Neonazi über den Weg gelaufen, der nennenswertes künstlerisches Talent besaß.«

Ehrlich, ich verstehe auch achtzehn Stunden später noch immer nicht, was daran witzig war. Vielleicht malen Neonazis einfach Sachen, die der Galeristin nicht gefallen. Gelacht wurde dennoch, vielleicht weil die Gastrolle anfällig macht für maue Gastgeberinwitzchen.

Und dann geschah etwas Unerhörtes: Mo! Ließ sich nicht lumpen und brachte eine Anekdote zum Stichwort ›Neonazis‹. Die stammte eigentlich aus dem Jahr 1997, aus seiner kurzen Zeit als Atomkraftgegner in Gorleben, wo er hingefahren war, um, was sonst, seiner damaligen Flamme, Clara, einer euphorisch Anti-AKW-Positionierten, nahe sein zu können.

Sein Vorhaben scheiterte auf vielfache Weise, hauptsächlich aber deswegen, weil so viel gekifft wurde und das Gekiffe Mo derart fertig gemacht hatte, dass er nicht mal mehr in der Lage war, am Lagerfeuer die Melodie von *Blowing in the Wind* zu pfeifen.

An dieser Stelle ein kleiner Exkurs wegen Clara und Rebekka und so: Mo ist kein Stalker. Mo bemüht sich einfach stärker um Liebe, als das heutzutage üblich ist, wo es oftmals reicht, dass zwei Menschen in die gleiche Richtung auf ihrem Smartphone wischen, um miteinander quasi schon im Bett zu landen.

Mo will erkannt werden. In aller Ausführlichkeit. In aller Unehrlichkeit. Er geht volles Risiko ein, zeigt, was er ist: ein Dilettant und Dieb, Dauerreisender und Diese-Dunklen-Augen, eine treue, wilde Seele. Das gelingt nur, wenn man sich entscheidet, Detektiv und Freizeit füreinander zu sein.

Er schwärmt für Autoritäten oder solche, die sich gegen Autoritäten auflehnen. Aktivistinnen und Leistungssportlerinnen aus Sportarten mit viel Bildschirmpräsenz, Waffenindustrielobbyistinnen. Neulich die Ministerpräsidentin von Saarland, dabei kam es nur zum Briefwechsel mit jemandem aus dem Kabinett, der Mo nach dem zweiten Brief unbedingt kennenlernen wollte, worauf Mo fragte, wie seine Chefin dazu stand, dass er schwul war, und der den Kontakt sofort einstellte.

Mit Clara in Gorleben hatte es immerhin zu einer gemeinsamen Sitzblockade gereicht. Wobei zwischen Clara und Mo noch Frank, Sascha und Holger an die Schienen gekettet waren, was leider dazu geführt hat, dass die beiden sich erst in dem Polizeitransporter einigermaßen normal miteinander unterhalten konnten, wenn auch etwas unfrei, und das hat der Aussicht auf eine Beziehung natürlich ziemlich geschadet: Dass Clara anschließend eine Paranoia entwickelt hat in Richtung ›Verfassungsschutz hört zu‹ und daher eine notorische Lügnerin wurde, tausendmal schlimmer als Mo, und mit dem Ziel, durch ihre Lügen den Verfassungsschutz zu verwirren und langfristig die BRD zu erschüttern.

Und was machte Mo in der Stockholmer Galerie? Er verschob die Anekdote aus Gorleben in das Jahr 2016 und beschrieb einen Neonazi-Aufmarsch in Dresden. Den Rest erzählte er wahrheitsgetreu: die Sitzblockade, das überharte Eingreifen der Polizei, seine Kiffer-Misere, woraufhin ein Vernissage-Gast ihm zu Ehren *Blowing in the Wind* anpfiff.

Dann kam die Pointe: Für jeden Meter, den die Neonazis gelaufen waren, wurden Spenden an Projekte getätigt, die sich gegen Neonazis engagieren.

»And this, my friends«, sagte Mo und hob sein Wasserglas wie ein Diplomat im Dienst, »is the proof that Neonazis are just like painters: They are selling themselves without knowing it.«

Es war unglaublich! Mo! Mann! Wo kam das denn her?! Verständig und humoresk! Ich hätte am liebsten jemandem *highfive* gegeben, aber so etwas macht man in einer Galerie wahrscheinlich nicht. Was für ein feiner Redeanteil! Es entstand keine peinliche Stille, wie Mo und ich sie viel zu oft erlebten nach Anekdoten, die nur wir witzig fanden. Die Galerie gurgelte Zustimmung!

Mo stand vor einem Gemälde, auf dem die syrische Surrealistin das Blaue der EU-Fahne durch das Blaue des Meeres ersetzt hatte, in dem die gelben Sterne ertranken, und beantwortete persönliche Fragen. Mo gab, den Menschen zugewandt, Auskunft. Trug bei zum Gelingen des Abends. Mo war jemand Wertvolles geworden! Jemand, der die schwedische Ärztin ohne Grenzen zur Frage inspirierte, was er beruflich mache!

Mann, Mann, Mo.

Eigentlich klar, dass dieser Augenblick für uns der Höhepunkt der Vernissage war.

Mo befreite sich aus den Ketten des Gesprächsstoffs und las mich vor einem Gemälde von einem Hitlerbärtchen auf, das aber nicht aus Hitlers Gesicht spross, sondern aus dem Gesicht von einem Mann, den ich nicht kannte. Ich umarmte Mos Kopf, er boxte mir warm gegen das Kinn.

»Jetzt könnten wir ja auch los«, schlug ich vor. So spät würde die christliche Menschenrechtsaktivistin nicht mehr auftauchen.

»Jetzt«, sagte Mo und sah zur Treppe, »könnten wir uns

oben mal umschauen.« Aber wir gingen nicht nach oben, wir gingen aufs Klo. Auch dort hing Kunst. Über der Kloschüssel pinkelte ein dicker Mann aus einem Rauchverbotsschild, Zigarette anstelle von Penis. Vielleicht war das gar keine Kunst, sondern wirklich bloß der Hinweis auf das Rauchverbot, ist auch egal, Kunst ist Kunst, wenn du denkst, dass sie Kunst ist.

Ich zog die Augenbrauen nach, Mo saß auf der Schüssel und legte den Plan dar: »Folgendermaßen: Du gehst hoch, guckst dich um. Gibt's ein richtiges Schlafzimmer oder bloß ein Fickfauteuil? Wohnt die Galeristin da? Liegen also Strümpfe rum, Schmuck, Bananen? Dein Ziel soll sein, ein Versteck für mich zu finden.«

»I don't understand«, sagte ich. »Versteck? Was haben wir denn vor?«

Mo sah mich überrascht an. Zu Recht. Wir ritten sonst derart auf einer Welle, dass es mich nicht wundern würde, wenn wir irgendwann feststellen würden, dass wir ein und dieselbe Person sind.

»Wir klauen doch das Bild. Das dämliche, traurige mit den Raketen?«

»Ach so«, sagte ich, »klar.«

»Komm schon, frag.«

»Mo, warum klauen wir das Bild mit den Raketen?«

»Weil das nicht geht, dass man immer nur zuguckt. Wir wollen doch nicht in sechzig Jahren sagen: ›Hach! Hätten wir bloß noch weniger getan!‹, oder?«

Ich sagte nein, und ich meinte es auch.

»Du bleibst bis zum Schluss und schickst mir eine Nachricht, sobald der Laden leer ist. Das Ding verkauf ich meinem Vater. Der braucht noch ein Hochzeitsgeschenk für Sabrina.«

»Mo?«

»Die Kohle, exklusive einer kleinen Vermittlungsgebühr, kriegt dann die surrealistische Syrerin. So viel, wie mein Vater blechen wird, kriegt die doch nie im Leben dafür.«

Ich konnte mich nicht entscheiden, was ich zuerst sagen sollte. Vielleicht: Was für ein blöder Plan. Oder: Dein Vater kommt morgen nach Stockholm. Der kann sich das Ding einfach so kaufen. Ich sagte: »Klingt gut.«

Er mischte sich wieder unter die Gäste, ich stahl mich nach oben. Zwei Zimmer gab es, eine Abstellkammer, das andere mit Bett, aber nicht als Wohnraum genutzt, und auf dem Bett schliefen zwei Kinder. Sie lagen auf der Seite, im fahlen Licht konnte ich nicht einmal ihr Geschlecht erkennen, aber etwas, etwas in mir wurde ... ich ... könnte es sein, dass?

Das könnten die Kinder von Alima und Rayhan sein! Es durfte doch nicht nur *very unhappy endings* geben! Rayhan hatte kein einziges Mal von deren Tod gesprochen, aber unser Vorstellungsvermögen vom Krieg ist derart auf Kindersterben getrimmt, dass niemand nach dem Kinderüberleben gefragt hat.

So klein, auf dem Bett, zugedeckt, kleine Köpfe.

Kurz die Idee, eines der beiden Kinder zu klauen, statt des Gemäldes, aber was soll Mos Halbschwester mit einem syrischen Kind?

Ich berichtete Mo vom Bett und von den Kindern.

Die seien kein Problem, sagte er, die würden bestimmt irgendwann nach Hause gebracht. Unter dem Bett reicht als Versteck. Unter dem Bett guckt man nur in Filmen nach.

»Ich glaube«, sagte ich leise, als sei das ein Geheimnis, »das sind die beiden Raketen.«

Mos linke Pupille verwandelte sich in eine kleine Insel, auf der ein Stamm, welcher noch nie Kontakt mit der Zivilisation hatte, einen Freudentanz aufführte. Dann verwandelte sich die Insel zurück in die Pupille eines schönen, entschlossenen Mannes.

Mo schiebt mir sein Smartphone zwischen den Pizza-Tellern zu. Auf dem Display ist die kleine Galerie zu sehen, plus etwas schwedischer Text, den ich nicht zu verstehen brauche, um ihn zu verstehen.

Auf den ersten Schreck folgt bei mir die Enttäuschung, weil sich mein Kindheitstraum, mit meinem eigenen Phantombild konfrontiert zu werden (lieber wegen einer Verwechslung als wegen Surrealismusdiebstahl), wieder nicht erfüllt, kommt aber vielleicht noch.

Mo steckt das Gerät ein und geht auf die Toilette, was mir die Gelegenheit gibt, die beiden extremsten Punkte auf seiner Liste des Spießigkeitszuwachses nachzutragen:

c) Einen dreiviertel Meter Spießigkeit gibt es laut Mo, wenn man nach Lob und Anstoßen auf die Köche eine Fragerunde über die Nahrungsbestandteile startet, wo gekauft, in welchem Land angebaut/geschlachtet, mit welcher Technik zum Essensganzen hinzugefügt etc., und

d) einen ganzen Meter Spießigkeit erlangt man, wenn man sich das Rezept aufschreibt auf einer zufällig herumliegenden Postkarte, auf der *Fairtrade*-Kaffee mit dem Foto eines Plantagenarbeiters beworben wird, aufgenommen an einem Tag, an dem er entweder noch nichts geschafft hat oder gerade geduscht hat/wurde.

Mo kehrt zum Tisch zurück, der Pizzaalbaner serviert uns einen Schnaps. »Aufs Haus. Sorry about die Unannehmlichkeiten«, nuschelt er.

Mo und ich exen das Getränk sofort, ›aufs Haus‹ ist eine seltene Eventualität, die lässt man nicht warten. Der Unterwürfigkeit Ende war damit nicht erreicht. Zur Versöhnung lädt uns der Pizzaalbaner in seine Küche ein. Ich gehe voraus, ich liebe das: Arbeitsplätze.

Wir haben die Küche ja während Mos Vorstoß schon oberflächlich kennengelernt, und auch beim zweiten Besuch stellt sie sich nicht groß als Anwärter auf einen Küchenpreis von einer Küchenzeitschrift dar. Hier der Ofen, dort die Spüle, davor zwei Afrikaner, die einen Spülstrahl würgen wie eine Würgeschlange, solche Assoziationen hat man nun mal, wenn man gut gegessen hat.

Die Afrikaner lassen die Schlange los, und wie sie sich auf uns zubewegen, verrät schon, dass der Pizzaalbaner uns nicht wirklich zu einer Sightseeingtour einladen wollte. Er selber steuert eine Nische an, in der Pizzabeläge in einer Weise angeordnet sind, dass man meint: Pentagramm! Darüber brennt eine rote Kerze. Eine ziemlich unverhoffte und ziemlich geile Installation.

»Voodoo«, flüstern Mo und ich unisono, und kaum haben die Silben unsere Münder verlassen, spüre ich die athletische Anwesenheit der beiden afrikanischen Küchenhilfen in meinem blassen Nacken.

In der Nische lauert eine Machete an der Wand. Griff aus Elfenbein, die Klinge orientalisch gülden verziert. So wie der Pizzaalbaner die Machete von der Wand nimmt – behutsam wie einen Säugling, sofern ein Säugling an der Wand hinge und er Säuglinge gernhätte –, darf er sie wohl sein geliebtes Eigentum nennen.

Er balanciert ein Brokkoliröschen auf der Klinge. Ein bisschen bange ist mir schon angesichts der Aussicht, in einer

Stockholmer Pizzeria filetiert zu werden, dennoch genieße ich die Show.

Der Pizzaalbaner ist ein stolzer Mann, die Machete zuckt, das Röschen fliegt und wird von der Machete anmutig zweigeteilt. »You too slow«, sagt er.

Einer der Afrikaner gibt Mo einen Klaps auf den Hinterkopf. Mo versteht nicht.

»Machst du Foto oder nicht?«

Mo versteht. Mo lächelt, ich lache sehr laut, nämlich sehr erleichtert! Haha, Foto! Der Pizzaalbaner nutzt die Pause, in der Mo die Kamera zückt, dramaturgisch eins a: Er stürmt machetenbewehrt auf uns zu und gibt auch in diesem ungastronomischsten Kontext seinen Italienisch-Akzent nicht auf.

»Man sieht sich im Leben immer zwei Mal, *motherfucker*«, presst er durch die Zähne, wirft einen Paprikastreifen in die Luft, Mo knipst, und schon sind es zwei Paprikastreifen.

Was für ein grausig doofes Sprichwort! Rein statistisch ziemlich bedenklich. Ist es überhaupt ein Sprichwort? Vielleicht in Albanien/Italien/Südeuropa. Und ist der Pizzaalbaner in Wirklichkeit vielleicht doch ein Pizzaitaliener?

Egal. Schnell weg hier, mit dem geklauten Gemälde einer syrischen Surrealistin im Kofferraum zum Hafen, um uns dort bis zur Ankunft von Mos Vater touristisch zu verhalten beim Kaffeetrinken und Fährengucken.

Kurzes Fashion-Statement über die anderen Gäste der Pizzeria, damit klar wird, warum Mo sich in der Zeit nach unserem Abschied vom Pizzaalbaner und vor der Ankunft im Hafen ein blaues Hemd gekauft haben wird sowie eine heftig haftende Haarpomade und einen erlogenen Oberlippenbart, nicht etwa um sich zu verkleiden und zu maskieren vor den Gesetzeshütern, sondern um dazuzugehören.

Die männlichen Arbeitnehmer, die Pizza, Pasta und Salat gegessen und über Themen und Thesen gesprochen haben, die sie beschäftigen, kämmten das Haar in auffällig großer Akkumulation streng nach hinten mithilfe einer heftig haftenden Haarpomade. Auch navigierten viele ihr Gesicht mit einem schmalen Oberlippenbart oder einem gepflegten Vollbart durch Gesprächsführung und Richtung Toilette.

Mit der Frisur, dem Hemd und dem aufgeklebten Schnurrbart glich Mo dem Paten im *Paten*, bloß schwedischer. Ich kenne Mo seit unserer Hausgeburt und musste dennoch mehrmals emotional blinzeln, um seine Metamorphose intellektuell verwalten zu können.

Es war nicht das erste Mal, dass Mo sich auf unseren Reisen den demografischen Gegebenheiten chamäleonartig anzupassen suchte. An Rio erinnere ich mich besonders gern und ungern. Weil Rio so eine vielgestaltige Stadt ist, hatte Mo sieben oder acht Aufmachungen zusammengestellt. Die extremsten waren der nackte Oberkörper auf der einen Seite des Milieuspektrums und schwarzer Anzug, Sonnenbrille, eine große Uhr und eine Beule dort, wo unter der Jacke die Pistole im Waffengurt gewesen wäre, auf der anderen Seite.

Egal wie er auftrat, niemand schien sich über ihn zu wundern. Daran sieht man gut die Folgen der Globalisierung: an der wachsenden Gleichgültigkeit gegenüber den Verrückten. Niemand sprach Mo auf Mo an, nicht einmal als er oben ohne einer regierungskritischen Theateraufführung von Goethes *Der Besuch der alten Dame* im Dürrenmatt-Institut beiwohnte und sich als Angehöriger eines bedrohten indianischen Stammes ausgab mit Interesse an Zertifikat *Deutsch C2*.

Und jetzt: Mo im blauen Hemd und ich mit einem geliehenen Kinderwagen ohne Kind warten an einem Stehtisch vor einem Hafencafé auf Mos Vater. Ich bestelle vor Aufregung wieder Pizza. Zwei Polizistinnen nähern sich, ich kose das leere Innere des Kinderwagens, »Na, kleine Maus, schläfst du nicht?«, und hoffe inständig, dass Mo jetzt nicht auf die Idee kommt, ein quakendes Kind nachzuahmen.

Die Polizistinnen stellen sich an den Nebentisch und geben sich gegenseitig Feuer. Aus dem Augenwinkel schätze ich ab, ob sie Mo und mich abschätzen. Eher nicht, denn sie sehen beide aufs Meer, eher melancholisch als detektivisch.

Mo fotografiert meinen Kopf und zeigt mir das Ergebnis.

Ich sage: »Löschen.«

Mo sagt: »Ist doch *beautiful*.«

Mo zeigt das Foto den Polizistinnen: »*Beautiful, yes?*«

Die beiden: falscher Film. Aber nur kurz. Als Polizist hast du es im Blut zu helfen, außer in den USA, da hast du es auch mal im Blut, Blut zu vergießen. Sie sehen abwechselnd vom Foto zu mir, ich komme mir vor wie der Fehler im Findeden-fehler.

Ganz gleich wie unwahrscheinlich es ist, dass wegen einer syrischen Surrealistin halb Stockholm nach den Räubern fahn-det, ein Restzweifel, ob das mit dem Foto sein musste, bleibt. Was man sich jetzt nämlich bitte gern parallel zu diesem auch entwürdigenden Move von Mo ausmalen sollte, ist dies: Wäh-rend die Polizistinnen sich über mein Aussehen auf eine Dau-menhochgeste einigen, befindet unser Mietwagen mit dem Gemälde sich in dreißig Meter Luftlinie.

Und Mo hat nichts Besseres zu tun, als jetzt auch noch ein Witzchen zu bringen: Welches Viertel sollte man abends in Stockholm meiden? Er fragte, weil er später gern noch was erleben möchte.

Schlimm.

Die brünette Polizistin sofort professionell: Gefährlich könne es in einer Großstadt überall werden, wenn man die Regeln des Miteinanders nicht beachtet und die eigene Sicherheit auf die leichte Schulter nimmt.

Statt ernst zu gucken und sich zu bedanken, lässt Mo die blöde Pointe fliegen: Ja, wenn er wüsste, dass die beiden dort auf Patrouille seien, hätte er nicht mal in Südafrika oder in Sachsen Angst um seine Sicherheit.

Das sind so Augenblicke, da wünscht man sich, dämliche Sprüche wären strafbar. Die Brünette sieht mitleidig von mir zum Kinderwagen, ein wenig herablassend auch, von wegen: hat der Spaßspecht etwa mit solchen Diskurselementen bei dir den Telemark hingekriegt?

Bei der Kollegin dagegen findet eine sonderbare und äußerst irritierende Erhellung der Gesichtszüge statt. »Die Vorstädte sollten Sie dieser Tage meiden«, sagt sie und beäugt Mo durchgreifend ganzkörperlich. »Den Norden vor allem. Husby. Ich – wir – sind dort fast jeden Abend.«

»Und sollte ich in Husby in Schwierigkeiten geraten...«, Mo na-na-na-nant die Batman-Melodie und deutet auffordernd zur Gesetzeshüterin. Sie zögert. Ich hoffe gleichzeitig, dass Mo zu weit und noch nicht weit genug gegangen ist. Und die Polizistin kramt tatsächlich aus den Untiefen ihrer Uniform einen Block, schreibt eine Nummer auf und gibt sie Mo.

Die Brünette kann das so wenig glauben wie ich. Ich überlege, ob ich klarstellen soll, dass Mo gar nicht der Vater von dem Kinderwagen ist, aber andererseits, warum nicht zumindest in der Vorstellung so tun, als lebe man in einer unkonventionellen Beziehung, wenn man schon in echt in gar keiner Beziehung lebt, also zwinkere ich ihr unfassbar blöd zu, worauf sie regelrecht erschrickt.

Der Abschied fällt kurz aus, das Segelboot von Mos Vater läuft ein, so ist das mit der Zeit und ihrem schnellen Verstreichen beim Musizieren, beim Sex und beim Spielen. Und Spiel, das ist – glaube ich – alles für meinen Mo.

Mos Vater steigt vom Deck, mehrschichtig braungebräunt wie es Usus ist unter vermögenden Frührentnern. Er winkt seinem Sohn zu und hilft Beate an Land, die sich erotisch bekreuzigt, als sie Schweden unter ihren schneeweißen Sneakers spürt. Beide tragen blau-weiß gestreifte Oberteile sowie weiße Hosen und Turnschuhe, dazu eine Brise Gin. Zur Begrüßung nehmen sie ihre unironischen Kapitänsmützen vom Kopf.

Beate ist Mos vierte Stiefmutter, falls ich richtig gezählt habe. Sie hat eine große Qualität, ich hoffe also, dass sie länger bleibt: Sie umarmt wie niemand sonst, den ich kenne. Sie hält einen wohltuend lang und nie zu lang, dazu ein meisterhafter Druck sowie eine einwandfreie Positionierung der Hände; Beates Umarmung hat quasi die Stimme von Ulrich Wickert.

Mos Vater ist Rückenklopfer, Schultern-Ergreifer und In-die-Augen-Gucker wie viele Männer, die niemandem mehr etwas beweisen müssen. Bis vor ein paar Jahren gehörte ihm ein Unternehmen, spezialisiert auf die Herstellung einer gängigen Sprühvorrichtung für Nasensprays. Er hatte davon profitiert, dass seit den Siebzigern immer mehr Menschen an verstopfter Nase litten und ohne die aerosole Tröstung nicht einschlafen konnten.

Die beiden sind mit ihrem eigenen Segelboot nach Stockholm gesegelt. Das Boot strahlt weiß, und ich nenne es »Schiff«, was Mos Vater mit Wohlwollen in den seetüchtig blauen Augen quittiert.

Mo bleibt cool, aber ich weiß, dass ihm uncool zumute

ist. Mo hasst nichts auf der Welt mehr als Schleimerei und Tratscherei. Ich finde zwar auch, dass das mit dem Schiff eine Schleimerei war, aber ich will gefallen aus einem unegoistischen Grund: Mos Vater liebt es groß. Sein Segelboot ist groß, seine Beate ist groß, sein Smartphone hat in etwa die Größe von unserem Fernseher. Vielleicht weil er seinen Wohlstand etwas derart Kleinem wie den Nasenspraysprühvorrichtungen verdankt, muss das Ausgeben des Wohlstands extragroß ausfallen.

Mein Punkt ist: Es schadet nicht, wenn sich der potenzielle Käufer eines gestohlenen Gemäldes das Gemälde, das er vermutlich gar nicht haben will, gutgelaunt ansieht. Apropos:

»Ich hab das Gemälde hier«, sagt Mo, als wir beim Wagen ankommen. Hinter uns schleppt die Crew das Gepäck, ausgeschlossen, dass wir vier *und* das Gepäck in den Wagen passen.

»Was für ein Gemälde?«, fragt Mos Vater.

Mo leckt sich über die Lippen. Mo leckt sich nie über die Lippen. »Hab dir doch geschrieben.« Er sieht sich unauffällig um, was unermesslich auffällig wirkt, weil, wer sieht sich heutzutage noch unauffällig um?

Er öffnet den Kofferraum. Das Gemälde liegt dort, eingepackt in ein Hotellaken. Mo lüftet das Laken. Da spielen sie, die Flugmarschkörper, in den Ruinen.

Ist ›Flugmarschkörper‹ militärisch korrekt? Es gibt den Sprengkopf, wo das Gesicht der Kinder gewesen wäre, es gibt die Flossen, statt der Füße. Alles, außer den Kleidern der Flugmarschkörper, ist grau und Staub. Von einem Gebäude, das nur noch aus der Fassade und etwas Dach besteht, hängt eine Fahne. Ich kenne die Fahne nicht, irgendwelche Säbel, ich hasse die Fahne. Die Fahne bewegt sich leicht wie bei schwachem Wind. Ich greife nach Mos Arm.

»Was soll das denn sein?« Der Blick von Mos Vater nippt angewidert an dem Bild. »Grauenhaft.«

»Das ist wunderbar, hast du das gemalt, Mohammed?«, ruft Beate im gleichen Atemzug.

Ich werfe ein: »Nein, das ist von mir.«

Jeder andere würde mich an dieser Stelle verblüfft ansehen, aber Mo sagt im besten Kaufmannsdeutsch: »Ein Original von einer Künstlerin, die bei der Hochzeit anwesend ist! Mit Fünftausend bist du dabei, lieber Papa.«

»Na, das wär's noch! Das soll die Künstlerin bitteschön Sabrina selbst schenken! Außerdem haben wir schon ein Geschenk. Beate hat eine ... was war es noch mal, Bibi?«

»Eine Weltreise.«

»Eine Weltreise für die beiden gebucht. – So, und jetzt ins Hotel oder was? Ich hatte heute noch überhaupt gar keinen Sex, du doch auch nicht, Bibi?«

Beate sagt etwas, das mit »Wenn du weiter frech bist...« beginnt, und schubst ihren Ehemann in den Wagen.

Mos Vater hatte geschenkideologisch recht: Stellst du etwas selbst her, so verschenke es auch selbst. Weil: ›Das da habe ich gemalt, aber ich habe es deinem Vater verkauft, damit er es dir schenken kann, hier, von mir gibt es eine Handseife‹ – das käme sicher weniger gut an, ganz egal wie fantastisch die Handseife wäre.

»An deiner Stelle«, Beate steht auf einmal derart vertraulich vor mir, dass ich den Lippenstift auf ihren Zahnspitzen riechen kann und mit der Zunge unkeusch über die eigenen Zähne fahre, »an deiner Stelle würde ich mir grundsätzlich überlegen, ob ein Kriegsbild zu einer Hochzeit passt.«

»Ja, natürlich passt ein Kriegsbild zu einer Hochzeit! Das ist überhaupt das passendste und ehrlichste Geschenk für eine Hochzeit«, will ich losdonnern, allein, es würde nichts nutzen. Mos Vater sitzt schon am Steuer und sucht einen Sender, und Beate steigt ein, und sie fahren mit unserem Wagen weg.

»Und nun?«, frage ich.

Mo humpelt ein paar Schritte. Bleibt stehen.

»Können das Ding ja heute Nacht zurückbringen«, sage ich.

Mo rümpft die Nase. »Sie will 1200 dafür haben.«

»Ist doch ordentlich.«

»Es ist viel zu wenig.«

»Dann finden wir einen anderen Käufer. Wir nehmen das Bild mit auf die Reise. Isländer mögen komische Kunst, Björk kommt doch von da. Und Norweger haben Kohle. Und die Finnen – ich weiß nicht, die Finnen halt. Nächstes Mal erzählen wir einfach Alimas Geschichte, und –«

Mo läuft weiter.

»Mo?«

»Ja.«

»Meinst du, das waren ihre Kinder? In der Galerie?«

»Wünschen wir es uns?«

»Klar.«

»Das muss vorerst reichen.«

Ich vertraue dem Vorerst. Mos flacher Hinterkopf. Ich vertraue Mo. Mos O-Beine eines traurigen Schuhladenbesitzers nach einer mittelmäßigen Fußballkarriere. Mos schmerzender Knöchel. Ich vertraue der Güte und der Empathie. Ich vertraue dem Surrealismus. Dem Kinderwagen, den ich nach wie vor schiebe, ich vertraue ihm. Als Gegenstand mit einer Funktion. Ich stelle ihn vor dem Laden am Hafentor ab, wo ich ihn geliehen habe. Ich vertraue darauf, dass der Pizzaalbaner mit seiner Machete ein Freund werden könnte. Aber Mo vertraue ich am allermeisten. Ich glaube an seine Missionen. An schlechte Taten mit guten Absichten. Ich glaube, dass sie diesmal jemanden glücklich machen werden. Wahrscheinlich nicht uns beide. Hauptsache, nicht niemanden.

GEORG HORVATH IST VERSTIMMT

Georg Horvath möchte Rio nicht mehr sehen. Er zieht die Sonnenblende herunter, obwohl gerade die Ansage mit dem Hochziehen der Sonnenblenden kam, mit dem Hochklappen der Tische, dem Hochstellen der Sitzlehnen, *bitte stellen Sie sicher, dass.*

Georg Horvath erwischt seine innere Stimme beim alliterierenden Substantivieren und halbherzigen Intonieren der Ansagen, und müssten Sonnenblenden nachts nicht *Mondblenden* heißen?

Zu viel Inflight-Riesling und seit dreißig Stunden keinen Schlaf und ein Sitznachbar aus Fernost, der sich jetzt schon wieder ein Bonbon in den Mund schiebt. Wie viele Bonbons verträgt der kleine Magen? Während des gesamten Flugs hat der Asiate Bonbons gegessen, und nach jedem Bonbon hat er das Einwickelpapier sorgsam zum Quadrat gefaltet, um es in der Sitztasche zu verstauen.

Georg Horvath hat er ignoriert, und das hätte der normalerweise begrüßt. Diesmal aber kam es ihm vor, als wolle der Asiate ihn *aktiv* ignorieren, als wolle er ihm eine Botschaft senden: mit *dir* nicht – lieber mit den Bonbons.

Georg Horvath wollte nicht aktiv ignoriert werden, er

zettelte ein Gespräch an, Arbeit oder Vergnügen?, aber sein Sitznachbar sagte »neither« und stellte den Film lauter.

Um auf andere Gedanken zu kommen, ging Georg Horvath die Vertragsunterlagen ein letztes Mal durch, und als er die brennenden Augen endlich zum Schlafen schloss, verließen sie gerade die Reiseflughöhe, *Ja, meine Damen und Herren, guten Morgen aus dem Cockpit,* dazu das Wetter auf Deutsch, Englisch, Portugiesisch, der Pilot fand kein Ende, wie viel kann man denn über einen sonnigen Tag in Brasilien erzählen?

Bedrängt von so viel Sprache, die in den furchtbaren Lautsprechern wie ein Insektenschwarm summte und schwärte, hatte Georg Horvath die Augen wieder geöffnet. Insektengleich zog sein Blick zum Licht der millionenfach flimmernden Stadt, und das war der Moment, da ihm das Bild in den Sinn kam: *Ein Meer der Lichter.*

Er erkannte in den Lichtern aber nichts von einem Meer. Nicht die Strömung eines Gewässers, keine Wellen oder Windstille. Auch ein Meer aus Licht hätte Tiefe und wäre nicht gepunktet, sondern bestünde aus einer durchgehenden hellen Fläche, so wie der Asiate auf dem Nachbarsitz eine durchgehende Fläche aus einem Asiaten war und die Sonnenblende durchgehend eine Sonnenblende.

Georg Horvath machte sich daran, ein besseres Bild zu finden. Für Rio und überhaupt für Großstädte-von-oben-in-der-Nacht.

Lichterteppich? Man konnte sich die Straßen immerhin als Muster vorstellen. Stadtränder als Fransen, wo die Lichtquellen rarer wurden.

Rarer?

Die Hügel aber. Kein Teppich war uneben.

Urbane Glühwürmchenplage. Jesus, Horvath.

Bei *Die illuminierten Windpocken der Metropole* war er so weit, einen weiteren Inflight-Riesling zu bestellen, aber im Landeanflug gab es Inflight-Riesling nicht mal mehr für die Business-Class.

Das echte Meer setzt sich schroffschwarz gegen das Meer der Lichter ab. Er sollte Regina schreiben: »Die illuminierten Wellen Rios schlagen gegen die schroffschwarzen Felsen des Ozeans.« Es bringt sie durcheinander, wenn er poetisch wird.

Georg Horvath ist kein nervöser Mann. Bloß treibt er schon zu lange im Meer der Lichter und wäre gern ein ruhiger Schwimmer. Der Asiate ist nervös. Das würde die Bonbons erklären. Sonst hat er weder gegessen noch getrunken, dafür mehrere Weltraumfilme hintereinander gesehen oder einen sehr langen Weltraumfilm, die gehen ja heute über 18 Stunden. Jetzt schnalzt er mit der Zunge und starrt auf die Armlehne, und da sind sie, Georg Horvaths Daumen und Ringfinger, vehement gegen das Kunstleder klopfend, und der Asiate schießt Laserstrahlen aus den Augen.

Nicht Rio, die Sprache hat Georg Horvath verstimmt, eine Konvention vermiest ihm Brasilien, bevor er auch nur einen Fuß auf Brasilien gesetzt hat. Ist *einen Fuß setzen auf* schlechtes Deutsch? Englisches Deutsch, wie nennt man so ein Deutsch? Georg Horvath spricht zu viel Englisch, das macht der Beruf.

Auch als Justiziar muss er präzise sein und seine Texte unmissverständlich aufsetzen, es sei denn, er stellt der Gegenseite eine Falle. Jedes Wort gilt es abzuwägen, denn jedes kann ein Streitgegenstand werden. Diesem Dialekt sind aber Bilder fremd, und die Regeln und Gesetze, an die er sich beim Formulieren halten muss, erlauben keinen Doppelsinn und kein Geschwätz. Vielleicht ist dies noch das Letzte, was er an seinem Beruf genießt: nicht experimentieren zu können. Vielleicht ist dies aber auch etwas, was ihm den Beruf verleidet hat.

Vor vielen Jahren hat Georg Horvath aus Liebeskummer einen Gedichtband unter Pseudonym veröffentlicht, jedes Gedicht stand für jeweils einen Tag der gescheiterten Beziehung, es waren fünfzig Stück, und die Lektorin, eine sehr alte Frau, die zu dem einzigen persönlichen Treffen ihre eigenen Teebeutel mitgebracht hatte, sprach beharrlich von seiner »Kriegslyrik«, und Georg Horvath hat sie nicht korrigiert, a) es gefiel ihm, dass jemand etwas so völlig anderes in dem las, was er geschrieben hatte, es waren ja nicht einmal wütende Gedichte, und b) wenn jemand so uralt ist und noch Freuden im Leben hat, den korrigierst du nicht, dem lässt du jeden freudigen Irrtum. Jedenfalls heißt der Gedichtband *Bedingungslose Kapitulation der Wehrmacht*, das war ihre Idee gewesen, und Georg Horvath sagte, dass er den Titel sehr, sehr gut fand.

Jetzt wünscht er sich die Lektorin her, in den Flieger, auf den Nachbarsitz, anstelle des Asiaten. Sie hätte sicher eine gute Lösung für *Rio in der Nacht von oben*, etwas mit *Westfront* vielleicht, mit *Leuchtmunition* oder *Feuerwand*.

Wie die erste Nacht der Ardennenoffensive '44.

Georg Horvath hat den Namen der Lektorin vergessen.

Während das Flugzeug tausend Meter über dem Meer dem Meer der Lichter entgegenfliegt, zwingt Georg Horvath sich, über seinen Beruf nachzudenken, über den Termin am Nachmittag in Paraty, vier Stunden vom Meer der Lichter entfernt. Er könnte sich die Eckdaten der Übernahme ein weiteres Mal vergegenwärtigen, die wenigen verbliebenen rechtlichen Unklarheiten, Kleinkram. Oft äußerte die Brauerei *Last-minute*-Wünsche, er könnte versuchen sich zu überlegen, wie die bei der *Cervejaria Vogelbräu* aussehen könnten, um bei der Verhandlung unverzüglich Antworten parat zu haben. Meistens ging es um den Schutz des Produktnamens und um die Weiterbeschäftigung des Personals nach der Übernahme.

Eigentlich war das diesmal gar nicht Georg Horvaths Baustelle. Er reiste zwar als *Legal Counsel* nach Paraty, federführend waren aber die brasilianischen Kollegen. *Contract Manager* war ein Mann namens Arnaldo Ávila, der auf E-Mails, die keine ausdrückliche Frage enthielten, auch nicht reagierte. Georg Horvath fand das sympathisch und enervierend. Ávila hätte er sich direkt unterzuordnen. Kannte er gar nicht mehr, sonst ordnete man sich ihm unter. Die für Georg Horvath anstrengendste Arbeit wartete in den Pausen: der Smalltalk mit Fremden.

Federführend? Enervierend?

Er hätte Powala schicken können. Vielleicht schicken sollen. Der Junge war ausreichend ehrgeizig und überqualifiziert, und er brannte für Südamerika. Der hätte prima hinter dem wortkargen Ávila stehen und gut aussehen können mit seinen schmalen Krawatten.

Der Kauf der *Cervejaria Vogelbräu* mit ihren zwanzigtausend Hektolitern im Jahr war ein winziges Projekt. Vogel hieß der Inhaber, Hartmut Vogel. In den Neunzigern vom Bodensee nach Brasilien ausgewandert. Aus Protest gegen irgendwas, wie Georg Horvath hoffte.

Vogelbräu braute ein wohl sehr gutes *Indian Pale Ale* – das *Vogelbräu Landbier* –, das außerhalb der drei Hausbrauereien in Paraty bis nach Rio passable Schankmengen erreichte. Es galt momentan als das *in*-Bier, deutsches Reinheitsgebot inklusive.

Vogel hatte Georg Horvath schon in der zweiten E-Mail

das Hartmut angeboten. Mit den vertraglichen Bausteinen war er schnell einverstanden. Finanzielle Probleme vermutlich, nachgefragt hat Georg Horvath aber nicht, auch nicht, nachdem Hartmut begonnen hatte, seine Sätze mit Smileys zu stützen und zwischendurch einfach so Links zu lustigen YouTube-Videos zu verschicken. Gründe für einen Brauereiverkauf haben *InBev* nicht zu interessieren, sofern die Bücher in Ordnung sind.

Georg Horvath hatte den Namen gegoogelt. Alle Hartmut Vogels schienen Physiotherapeuten zu sein oder Zahnärzte, mehr über den brasilianischen Vogel erfuhr er nicht. Er stellte ihn sich vor als jemanden, der viel erlebt hatte und sich schon während des Erlebens vornahm, das, was er gerade erlebte, später zu erzählen. Ein Mann voller Anekdoten also, gern gesehen an jeder Tafel. Seit ein paar Jahren aber kam wenig Spannendes dazu, er zollte der Brauerei Tribut, der Familie, den Knochen, fing an, sich zu wiederholen.

Vogel trug in Georg Horvaths Vorstellung einen Schnauzbart, war braungebrannt und kiffte ernst mit seinen erwachsenen braungebrannten Kindern und deren braungebrannten Liebschaften auf einer Terrasse mit Blick auf den Ozean. Ein Mann, dem sein eigenes Bier schmeckte. Ein Mann, der Stechmücken nicht fürchtete – oder ein sehr gutes Mittel gegen sie hatte, das er sich heimlich hinter die Ohrläppchen tupfte.

Das Meer, das Meer der Lichter.

Georg Horvath riecht am eigenen Atem. Georg Horvaths Atem riecht nach Inflight-Riesling. Das erste Glas hat er zum Inflight-Poker getrunken. Er spielte gegen andere Schlaflose und schied blöd und schnell nach trotzigen Bluffs aus. Die Flugbegleiterin fragte, ob der Riesling ihm schmecke, und das

kann Georg Horvath nicht, kostenlosen Speis und Trank be-
anstanden, also beteuerte er, der Riesling schmecke ganz hervorragend, ein überraschend süffiger Inflight-Riesling sei das.
Beteuert man etwas enthusiastisch und verstärkt es auch noch
mit »überraschend«, dann kann man nicht einfach aufhören,
Inflight-Riesling zu trinken.

»No Inflight-Riesling for you?«

Der Japaner starrte auf Außerirdische.

Also trank Georg Horvath allein weiter und hatte dabei das
angenehme und gleichzeitig unangenehme Gefühl, der Flugbegleiterin einen Gefallen zu tun. Und tut man jemandem mit
dem Trinken von Inflight-Riesling einen Gefallen, muss man
erst recht weitermachen, ganz egal, wie es dem Körper- und
Sprachgefühl nach anderthalb Flaschen persönlich geht.

Trinkst du aber sechs Stunden lang Inflight-Riesling, darfst
du dich danach auch nicht wundern, dass dein Atem wie
Baden-Württemberg riecht.

Oder war das ein Riesling aus dem Elsass?

»Alsace«, französelt Georg Horvath vor sich hin, dem
fremden Landstrich zugeneigt, was soll man schon gegen
Elsass haben. *Französeln.* Georg Horvath kriegt vom Französel-
seln eine Gänsehaut an den Oberarmen.

Rio, die hellste Gänsehaut Brasiliens.

Hartmut Vogel schrieb in einer seiner persönlich geratenen
E-Mails, egal, was käme, er würde das Leben im Dschungel
niemals gegen ein anderes eintauschen.

Georg Horvath könnte sich Georg Horvaths Leben überall
vorstellen. Auch im Dschungel. Hauptsache – *Hauptsache, was?*
Als er 1982 nach dem Studium von Heidelberg nach Bremen
zog und mit dem Job anfing, lautete die Hauptsache: gut in
die Karriere starten, viel arbeiten und Geld verdienen. Bremen

hätte jede andere mittelgroße, mittelgräuliche deutsche Stadt sein können.

Hauptsache, gute Aufgaben, Hauptsache, spannende Projekte, hatte es ein paar Jahre später geheißen, und im Sommer aus der mittelgroßen Mittelgräulichkeit in eine Gegend fliehen mit mindestens fünf Sonnenschirmen pro Einheimischem.

Zwischen 1988 und 1996: Hauptsache, viel Zeit mit Regina verbringen. Karriereleiter weiter hinauf, allerdings keine Arbeit ins Wochenende nehmen, keine Überstunden.

Ab 2000 die leitende Position. Kam mit einer Tür einher, die man zumachen konnte. Dass die Tür in Bremen lag, war Horvath egal. Hauptsache war gewesen: auch mal im Büro allein sein können, tagträumen, ohne dass jemand mit den Fingern schnippte. Ein Buch lesen an einem Dienstagmorgen. Hauptsache war, man störte niemanden und wurde nicht gestört.

Und ständig klopfte jemand an und wollte etwas.

Also pachtete Georg Horvath 2001 eine Laube in der Lüneburger Heide. Die Hauptsache war nun: rausfahren. Hohe Gräser im Wind anstarren, und die hohen Gräser im Wind starrten nicht zurück, sondern machten das, was hohe Gräser machen, im Wind, in der Sonne.

Vorausgesetzt, Regina blieb in Bremen. Mit Regina kam die Harke in die Laube mit, und das Unkraut wurde relevant. Mit Regina standen Ursula oder Birgit aus Hamburg auf der Matte, und das Grundstück war zu klein, um ihren Gesprächen zu entkommen. Heimat war für Georg Horvath das Gegenteil davon, alles zu verstehen, worüber sich Freundinnen unterhielten, die sich selten sehen.

Einmal kam Birgit unangekündigt, wollte Regina überraschen. Die hatte aber Schichten getauscht und war zu Hause geblieben. Also saß Georg Horvath mit Birgit zwei Stunden vor der Laube und aß Beeren und unterhielt sich über Beeren, weil worüber sonst unterhält man sich mit jemandem, der sich mit dir nur unterhält, weil er deine Frau mag, und der zufällig Biologin ist und sich irrational gut mit Beeren auskennt? Die vier Stunden waren wie sechs gewesen, bevor nach gefühlten acht Stunden die Beerenbiologin sagte, ja, sie würde jetzt mal zurückfahren, sei schön auch mal mit Georg, also allein –

Und jetzt war es so, dass Georg Horvath nach Brasilien flog, nicht weil er eine Aufgabe oder ein spannendes Projekt hatte, oder weil ihn Brasilien speziell interessierte, sondern weil er so gut wie nichts zu tun haben würde. Die Hauptsache war also, an drei Tagen seines Lebens mehrheitlich überflüssig sein zu dürfen an einem warmen, voraussichtlich ansehnlichen Ort.

Auch zu Hause wäre er überflüssig gewesen, aber er hätte dabei unter dem Druck gestanden, sich nützlich zu machen. Denn für Regina war Zuhause ein Ort, der stetig optimiert werden musste, gesäubert, aufgeräumt, repariert. Nur durch kontinuierliche Arbeit an dem Zuhause blieb das Zuhause ein Zuhause.

Georg Horvath fand das gut und wollte helfen und machte einen Fehler nach dem anderen: Er kaufte unreife Avocados, faltete die Tagesdecke so zusammen, dass Regina sie noch mal anders zusammenfalten musste, räumte Dinge weg, die im Weg standen, und später stellte sich heraus, das war Reginas Absicht gewesen, die lila Blumenvase, zum Beispiel, stand permanent auf der Treppe ins Obergeschoss im Weg, sollte dort aber auch stehen bleiben, ganz egal, was Georg Horvath

davon hielt. Georg Horvath hielt Vasen auf Treppen grundsätzlich für fragwürdig, sogar gefährlich. Er begehrte gegen
die Vase auf, dabei hatte er sie Regina geschenkt. Nachdem
Regina sie sich ausgesucht hatte.

Georg Horvath schließt die Augen. Immerhin hat er das
Meer der Lichter kurz verdrängt. Mit nichts Schönem allerdings.
Er muss wieder an die Decke denken, die er sogar dann falsch
zusammenfaltet, wenn er glaubt, dass er sie genau wie Regina
zusammenfaltet.

Georg Horvath öffnet die Augen. Er möchte sich theatra-
lisch ohrfeigen und »Konzentrier dich, Horvath« rufen, aber
wie würde das denn für den Asiaten aussehen?

Er faltet die Lufthansa-Decke zu einem Quadrat und fragt
sich, ob das Reginas Faltvorstellungen entspräche oder asiati-
schen Faltvorstellungen.

Und wie soll er mit der Decke verfahren? Sie kommt ihm
ganz und gar sinnlos vor. Dünn ist sie. Irgendwie borstig. Er
kann sich nicht erinnern, sie benutzt zu haben. Georg Horvath ist ein großer Mann, Georg Horvath friert nicht. Georg
Horvath mag *borstig*.

Faltvorstellungen. Faltphilosophie. Faltvorbehalt.

Er spürt den Härchen auf der Decke mit den Fingerkuppen
nach. Sind das Härchen? Sind es nicht eher Fasern? Er könnte
die Decke zerknüllen und unter die Armlehne schieben, aber
er möchte das sorgfältig zusammengelegte Quadrat nicht zerstören.

Sagt man *zerknüllen* im Deckenzusammenhang?

Sagt man *zerstören* im Quadratzusammenhang?

Er könnte sie auf den Boden legen, aber das kommt ihm
schäbig vor.

Der Asiate sieht wieder herüber. Er sitzt auf seiner Lufthansa-Decke. Er sieht so herüber, als wollte er sagen: Ich hingegen sitze auf meiner Lufthansa-Decke! Georg Horvath findet die Idee fantastisch, aber kann das natürlich nicht nachmachen. Der Asiate geht jetzt auch noch auf die Toilette, gegen das Anschnallzeichen rebellierend.

Und Georg Horvath öffnet die Gepäckablage, der eine Koffer gehört ihm, der zweite muss dem Asiaten gehören, er blickt sich um, niemand beachtet ihn, er öffnet den fremden Koffer und stopft die Decke hinein und schließt den Koffer und setzt sich wieder. Sein Herz pocht wie ein permanentes Ein- und Ausfahren des Fahrwerks. Georg Horvath ist ein zufriedenerer Mann als der Mann, der er eben noch war.

Eine Berührung an seiner Schulter – er zuckt zusammen. Die Augen der Berührung sind gerötet, einzelne Strähnen haben die Frisur aufgegeben, es ist die Flugbegleiterin, er möge bitte zur Landung die Sonnenblende hochziehen.

»Muss es zu dieser Uhrzeit nicht Mondblende heißen?«, fragt er, obenauf.

Die Berührung sagt: »Nein.«

Georg Horvath zieht die Sonnenblende hoch, entschuldigt sich der Berührung hinterher, sie hört es nicht oder ignoriert ihn. Er sieht aus dem Fenster und sieht die Lichter. Eine kurze Zeit genießt Georg Horvath die Lichter der großen Stadt.

Warum musste sie aber die Landung explizit erwähnen, die ja zweifellos gerade stattfand, was sollte das?

Der Asiate ist wieder da. Das Unterhaltungsprogramm wurde beendet, er drückt trotzdem auf die Knöpfe.

Georg Horvath zieht die Schuhe an, er stöhnt in die Schnürsenkel, mehr Sport, weniger Kohlenhydrate, in der Business Class ist niemand dick, in der Business Class sind alle Business Class.

Ipanema, denkt Georg Horvath, Copacabana. Jesus auf dem Hügel. Samba. Mehr fällt ihm zu Rio nicht ein, aber was wüsste jemand aus Rio über Bremen?

Das Meer, das Meer der Lichter.

Auf einem Flug nach Shanghai vor ein paar Jahren hatte Georg Horvath sich bei der Flugbegleiterin erkundigt, warum die Sonnenblende vor der Landung hochgezogen werden müsse. Die junge Frau war ihm aufgefallen, weil sie immer wieder für längere Zeit auf der Toilette verschwunden war und bald ihre Weste und das Hütchen ausgezogen hatte.

»Vielleicht«, gab sie zurück, »damit man sieht, wenn die Tragfläche brennt?« Dazu zuckte sie gleichgültig mit den Schultern.

Ihre Offenheit traf Georg Horvath unvorbereitet. »Von so weit vorn, wo ich sitze, kann man die Tragfläche doch gar nicht sehen«, sagte er, und das war tatsächlich der Fall, vielleicht also brannte die Tragfläche gerade, ohne dass er das sehen konnte. Auf den Schreck bestellte er einen Schnaps.

So kurz vor der Landung würden keine Getränke mehr ausgeschenkt, sagte die Flugbegleiterin, entfernte sich und kam mit zwei Schnäpsen zurück. Sie stießen an.

Wie gut das tat! Unprofessionalität. Georg Horvath stellt sich seitdem immer wieder vor, selbst aus der Rolle zu fallen. Geschäftspartner mies zu behandeln, Termine zu vernachlässigen und zu Hause Pflichten. Das Einzige, was er bisher gemacht hat, war, Powalas Diensttelefon auf Türkisch umzustellen. Niemand kam drauf, dass der Chef das gewesen war.

Im *Meer der Lichter* schwimmt jetzt die Landebahn. *Ein Meeresungeheuer.* Georg Horvath stellt sich eine Riesenschlange vor, während er seine Nasenwurzel massiert, weil er sich eine *Riesenschlange im Meer der Lichter* vorstellt.

Regina ist professionell in allen Dingen. Georg Horvath ahnt, dass sie mit der gleichen Perfektion und dem gleichen Furor ihre Patienten aufmacht, gesund macht und wieder zumacht, wie sie Auberginen aufschneidet, einkocht und ihn später in Gläser abfüllen lässt. Beim Sex lässt sie seit ein paar Jahren nur zwei Stellungen zu. Professionell daran ist, dass es sich um die einzigen handelt, die sie zum Höhepunkt bringen können. Falls Georg Horvath lang genug durchhält. Er muss auch nicht viel machen, es ist sogar besser, wenn er eher ruhig daliegt, damit sie sich konzentrieren kann.

»Ich will nicht, dass wir wie Tiere ficken«, hat sie ihm mal mitgeteilt, als er optimistisch eine Variante vorgeschlagen hatte.

Welche Tierart sie wohl meinte? Er hätte sie fast gefragt, es machte ja schon einen Unterschied, ob Nilpferd oder Weinbergschnecke.

Er ließ es lieber sein, er hatte längst verstanden, dass es Regina beim Sex ausschließlich darum ging, etwas für sich selbst zu tun.

Könnte er sich bloß so unbekümmert in der Sprache beim Sprechen einrichten wie Regina im Sex beim Sex. In der eigenen, nicht in der Sprache allgemein. Präziser: im Artikulieren von Gedanken, im Formulieren, im Meinen. Präziser: in dem, was zum Ausdruck gebracht werden sollte. Präziser: Könnte er bloß immer präzise sein. Die vergebliche Sehnsucht, das Richtige zu sagen.

Vielleicht wäre er aber auch schnell gelangweilt davon.

Die Räder berühren den Asphalt, das Flugzeug rollt aus.

Er hat Regina mal gefragt – Bodensee-Urlaub 1992, 1992? 1992! –, hat sie also gefragt, worum es ihr bei ihm am ehesten gehe. Die Antwort kam unumwunden, als hätte sie die Frage

101

antizipiert: »Um deine Unkompliziertheit, um deine Unwi-
dersprüchlichkeit und um deine Loyalität.«

Das Flugzeug dockt am Gate an.

Der Asiate schnellt hoch und öffnet die Ablage. Er hat seinen Kopfhörer in der Hand und verstaut ihn aber bloß in der
Vordertasche.

Georg Horvath sagt *thank you* zu allen, die eine Uniform
tragen. Er überholt den Asiaten noch auf der Gangway, ist
als Erster durch den Zoll. Im Ankunftsbereich fächern sich
Männer mit müden Namensschildern die stickige Hallenluft
zu. Auch in deren Richtung flüstert er *thank you*. Und lächelt,
Georg Horvath lächelt.

IT'S OKAY. IT'S ALSO NOT OKAY

Etwas abseits hat er seinen Namen auf einem schiefen Kartonstück entdeckt. Fast seinen Namen, *Horwath* steht da, kurvig hingekritzelt wie von Kinderhand. Das Schild liegt auf den Knien eines Mannes, der mit über dem Bauch verschränkten Händen auf einer Bank schläft.

Georg Horwath setzt sich leise dazu. Er möchte keinen Chauffeur wecken, der ein derart großes Schlafdefizit erkennen lässt, auch nicht dessen mangelnde Dienstbeflissenheit offenbaren, bevor die lange gemeinsame Fahrt überhaupt begonnen hat.

Menschen betreten den Flughafen, verlassen den Flughafen, manövrieren umeinander herum, essen und gähnen. Der Schlafende ist sauber rasiert, sein Haar dicht und schwarz. Wie es sich wohl anfühlt? Georg Horwath senkt die Hand mild auf das Haupt des Chauffeurs.

Mild auf das Haupt, denkt Georg Horwath.

Da öffnet der andere Augen von dunkelstem Blau, sein Blick halb noch inwendig und voller Traum. Hat er die Berührung gespürt? – Georg Horwath deutet auf das Namensschild.

Der Chauffeur leckt sich über die trockenen Lippen, aus

dem Sakko zieht er eine Plastikflasche ohne Etikett. Mustert
Georg Horwath impertinent, während er trinkt.

Impertinent.

Georg Horwath stellt fest, dass der Chauffeur exakt das
Gleiche trägt wie er selbst. Graues Sakko, weißes Hemd, blaue
Jeans, Schuhe aus braunem Leder. Nur schäbiger. Ein Fleck
verunziert den Hemdkragen. Das Sakko flattert, der Chauffeur ist ein schmaler Mann.

Die Flasche ist leer, er wischt sich mit dem Handrücken
über die Lippen. Georg Horwath findet das gut, die Vertrau-
lichkeit. Am liebsten würde er sich selbst sofort über die Lippen fahren, sie fühlen sich auf einmal so feucht an, aber wie
sähe das aus?

Der Chauffeur sagt etwas auf Portugiesisch, eine Begrüßung, eine Entschuldigung, einen Namen? Schon zieht er
Georg Horwaths Koffer nach draußen, Georg Horwath er-
gibt sich in Folgsamkeit. Er ist im Meer der Lichter angekommen und lässt sich treiben, die Strömung ist frisch, ein Wind
geht über den Parkplatz.

Er findet alles gut: dass einige Laternen defekt sind und die
Nacht unterhalb dunkelblau wie die Augen seines Chauffeurs.
Dass der Inflight-Riesling wohltuend hinter seiner Stirn krib-
belt. Und dann ist das Abholfahrzeug auch noch ein Bulli.
Der Chauffeur hält ihm die Beifahrertür auf, pfeift leise, pfeift
schön.

Am Rückspiegel baumelt ein Rosenkranz aus Plastik und
eine Kette mit Madonnas Konterfei, die Sängerin allerdings.
Der Chauffeur heißt Ali, Georg Horwath hat das jetzt be-
schlossen, sicher ist er sich trotz zweimaligen Nachfragens
nicht, und jemanden seinen Namen drei Mal sagen zu lassen,
das kann man nicht machen.

Sie verlassen das Flughafengelände, es gibt kaum Verkehr auf der breiten Straße. *Das Geradeaus ist vielspurig*, denkt Georg Horwath. Kleine Buden, Bruchbuden, am Straßenrand, Werbung auf Werbetafeln, Werbung auf Bruchbuden, Werbung auf Werbung. Telekommunikation, Alkohol, Autohaus, Bluse. Bushaltestellenpendler, rauchend, dösend, Bushaltestellenschüler, Rucksack über der Schulter, frierende Knie, das Licht ihrer Smartphones heiligt ihre Gesichter.

Frierende Knie, denkt Georg Horwath.

Heiligt ihre Gesichter, denkt Georg Horwath.

Denkt Georg Horwath, denkt Georg Horwath.

Der Verkehr wird dichter, je heller der Morgen. Georg Horwaths Kehle ist trocken, und als würde der Chauffeur das spüren, greift er unter den Sitz und reicht ihm eine *Coke Zero*.

Er hat keine gemeinsame Sprache mit dem Chauffeur, und der ist nicht in Yes-Yes-Laune, die sich oft einstellt, wenn das Schweigen zwischen Fremden zu schwer geworden ist. Kurz hinter Rio versucht Georg Horwath es mit dem Klima Südamerikas im direkten Vergleich zum Klima Bremens, dann mit: »Look – the sun is rising, die Sonne, sun, sol? Schön, no?« Und jetzt gibt er sich einen finalen Ruck und testet eine doch wohl sichere Nummer: »*Coke Zero* tastes not like true *Coke.*«

Und siehe da: Der Chauffeur schürzt die Lippen.

»Si«, sagt er und nach einer Pause: »No«, und reckt den Daumen.

Georg Horwath lehnt sich zurück und lässt den Blick auf die struppigen Hügel abseits der Autobahn klettern. Ist es gut? Mag er das, was er sieht? Das Braune, das Moosgrüne, die Strommasten, den rostigen Wasserturm, den eingezogenen Schwanz des schwarzen dreibeinigen Hundes, das in

105

Sträuchern aufgeknüpfte Tuch, den Mann, der vor einem von nichts gezogenen Fuhrwerk hockt und auf den vorbeifließenden Verkehr schaut?

Si und No. Si und No.

Zwei Stunden später ist die zweite *Coke Zero* leer, und Ali steuert eine erwartbar heruntergekommene Raststätte an, oberhalb eines Städtchens am Ozean gelegen. Georg Horwath steigt aus und streckt sich und sieht auf die Lagune hinab, auf Fischerboote, die wahrscheinlich keine Fischerboote sind, aber das klingt schöner.

Er holt sein Smartphone hervor, und das Erste ist, dass er den Flugmodus nach der Ankunft nicht ausgeschaltet hat, und das Zweite, dass er es jetzt tut und daraufhin die Meldung über neun verpasste Anrufe bekommt sowie vier SMS, von denen die erste lautet:

Dear Mr. Horvath, this is Maria from InBev. Welcome to Brasil! Our driver is looking for you, please call him at …

Und das Dritte ist die nächste Nachricht, eine Viertelstunde später: *Dear Mr. Horvath, the driver tells us you are nowhere to be found. Please be so kind as to contact him.*

Und das Vierte ist: *Dear Mr. Horvath, we are trying to reach you to no avail. Please call immediately when you read this.*

Und das Fünfte: *Dear Mr. Horvath, where are you?*

Georg Horwath bestellt einen Kaffee und eine Teigtasche und setzt sich zu Ali, der dasselbe bestellt hat und Zeitung liest. Er ruft *Google Maps* auf. Sie befinden sich etwa auf halbem Weg zwischen Rio und Paraty, die Straße würde nun fast ausschließlich an der Küste entlang führen. Der Kaffee schmeckt Georg Horwath sehr, er überlegt, ob das damit zu tun hat, dass er den Kaffee in Brasilien trinkt, und wie er den Geschmack beschreiben würde.

Die Zeitungsseite, hinter der Ali versteckt ist, zeigt einen grätschenden Fußballspieler. Georg Horwath klopft gegen den Fußballschuh. Ali senkt die Zeitung. Georg Horwath zeigt ihm das Smartphone und sagt: »We go to Paraty?«

Ali reckt den Daumen: »Si.« Und nach einer Pause: »No.«

Samtweiches Aroma, säurearm mit schokoladiger Süße, die prima zur Geltung kommt. Sein Geschmackssinn spricht keine Sprache, nicht Wein, nicht Käse, er hat keine Ahnung, ob sein Kaffee so schmeckt, verspürt aber den Drang, weitere Dinge zu benennen, die *prima zur Geltung* kommen.

Alis dunkelblaue Augen kommen prima zur Geltung in dem schokoladenbraunen Gesicht.

Der Spinat kommt prima zur Geltung in der Teigtasche.

Oder sagt man *schokoladene* Süße? Kann Süße überhaupt nach Schokolade schmecken? Ist doch Kakao, ist doch bitter? Und wie rassistisch ist es, auf einer Skala von eins bis PEGIDA, ein Gesicht als *schokoladenbraun* wahrzunehmen?

Georg Horwath spielt mit seinem Smartphone. Die letzte Nachricht von »Maria« liegt eine halbe Stunde zurück, der letzte verpasste Anruf erfolgte *immediately* danach. Er trinkt den Kaffee aus, isst die Spinattasche, pinkelt, wäscht sich die Hände, und als er vom Waschbecken aufsieht, steht Ali hinter ihm in der Tür, und die Fahrt geht weiter in langgezogenen Kurven. Die Straße ist in die Berge gefräst, Ali überholt gern, aber der VW-Motor nicht.

Ali schiebt eine CD ein, *Sting*. Georg Horwath ist froh, dass Ali leise mitsingt, ist froh über die Landschaft, hier Bäume, dort das Meer, ist froh nicht zu wissen, wohin die Reise geht, froh, dass in diesem Moment wohl niemand außer Ali auch nur ahnt, wo er ist. *A rimbemba you like it westwinko, on the will so berry*, singt Ali in einem Fantasy-Englisch.

Georg Horwath muss an einen weiteren singenden Fahrer denken, den Taxifahrer in Bukarest, letztes Jahr war das, das Wageninnere dekoriert mit blinkenden Lichterketten, *I will always love you* von Whitney Houston sein Lied, und das alles, die schöne Stimme, die schrille Beleuchtung, war – nach den Ereignissen vor Ort – nur konsequent gewesen.

Die Verhandlungen hatten sich unerwartet in die Länge gezogen. Erst am zweiten Tag wurde klar, warum: Den Rumänen lag ein weiteres Übernahmeangebot vor, sie versuchten den Kaufpreis hochzutreiben. Man war in einem Kongresshotelklotz zusammengekommen, die Rumänen mit einer knapp zwanzigköpfigen Delegation, sogar ein Wirtshausbesitzer war darunter.

Georg Horvath war wie immer gut vorbereitet gewesen. Bereits am Nachmittag des ersten Tages hatten die rumänischen Anwälte keinen Diskussionsbedarf mehr.

In der Mittagspause des zweiten Tages gab er gegenüber den Kollegen, Herrn Walter und Herrn von Sannen, vor, er wolle sich kurz aufs Ohr legen. Die Wahrheit war: Er wollte nicht mit den beiden zu Mittag essen, sie waren Fußballfans, und am Abend gab es irgendein wichtiges Spiel. Zudem hatte die rumänische Delegation ein kaltes Büffet schmieren lassen, als wäre *InBev* ebenfalls zu zwanzigst aufmarschiert. Georg Horvath hatte aus Langeweile drei Mal gefrühstückt. Mittagessen war undenkbar.

Als sich die Aufzugtür öffnete, klirrte ihm Chopin entgegen. Ein riesenhafter Mann kauerte in der Kabine vor einem winzigen Klavier. Zwei Fahrgäste klatschten verhalten beim Aussteigen. Georg Horvath drückte die 14, doch sie fuhren nach unten. Der Klavierspieler winkte mit beiden Händen, ohne dass die Musik verstummte. Der Aufzug kam zum Stehen. Georg Horvath bedankte sich und stieg aus.

Er fand sich in einem Spiegelsaal mit goldenen Lüstern wieder. Der Saal war bis auf einen Tisch in der Mitte leer. Der Tisch war für eine Person gedeckt. Auf der weißen Tischdecke belauerten sich ein Teller, ein Silberlöffel und eine Rose. Georg Horvath setzte sich hin und roch an der Rose. Sie roch nach Rose. Im Teller war Suppe. Der Farbe nach zu urteilen, Moos oder Spinat. Georg Horvath nahm einen Löffel, die Suppe schmeckte nach Rosenduft. Er säuberte den Löffel mit der Innenseite der Tischdecke, um die Spuren zu verwischen.

Aus dem Saal führte eine Tür, verspiegelt wie die Wand, von der sie sich nur durch den Knauf abhob. Georg Horvath sah einen leicht untersetzten Mann mit Seitenscheitel nach dem Drehknauf greifen. Der Seitenscheitel war in Ordnung, aus Gewohnheit strich er ihn dennoch glatt.

Die Tür ließ sich öffnen, er musste sich bücken in den niedrigen Gang dahinter. Das Licht war dezent, ein warmes Orange. Der Seitenscheitelmann begleitete ihn, ein Komplize im vielleicht Verbotenen.

In die Spiegelwände waren Fenster eingelassen. Georg Horvath spähte in ein Wohnzimmer, in einen Schulraum und in ein Büro. Die Räume sahen unbenutzt aus, ordentlich und vertraut.

Die einzige Tür führte in eine Kammer mit Glasvitrinen und hunderten genadelten Schmetterlingen darin. Ein Waschbecken thronte auf einer barocken Säule. Georg Horvath wusch Gesicht und Hände, im Abfluss plitscherten hunderte Schmetterlingsflügel.

An der Garderobe zwischen den Vitrinen hing ein blauer Mantel. Georg wusste, dass ihm der Mantel passen würde. In der Innentasche fand er einen Zollstock und einen Bleistift, in der Brusttasche eine Packung Zigaretten und ein Feuerzeug, auf dem eine Raupe abgebildet war. Georg Horvath gab sich Feuer, Georg Horvath rauchte. Georg Horvath schrieb auf die Zigarettenschachtel das Wort »Schmetterling«, öffnete eine der Vitrinen und legte die Schachtel hinein.

Er zog den Mantel aus, und als er ihn wieder aufhängen wollte, sah er, dass die Garderobe eine Hand breit von der Wand abstand. Er schob die Finger in den Spalt, die Garderobe ließ sich verrücken, glitt zur Seite.

»Soso«, sagte Georg Horvath. Mit der Taschenlampen-App leuchtete er in eine kleine Höhle mit unbehauenen Wänden voller – Punkte? Georg Horvath betrat die Höhle, weil, warum nicht?

Krawall krachte laut und viel gegen seinen Körper durcheinander, es klackte und es schabte, pfiff und schliff, es quietschte, klopfte, floss, schabte weiter, fiel ins Schloss, staubsaugte, spülte, und jemand lachte, jemand sang, und in allem lag das Geschrittel von Schritten, das Geschlüssel von Schlössern, das Gewörtel von Worten, so nah, dass es Georg Horvath am Trommelfell kitzelte, und alles, und damit also nichts zu verstehen war. Es rumste, summte, tappte tapptapp, und die Punkte waren in Wirklichkeit Löcher, kleine Krater, zwei, drei Zentimeter im Durchmesser, und jemand rief »Oh, là là!«, jemand rief »Nu! Nu! Da!«, und ein Kind muckschte, etwas gnatzte, etwas ploppte, jemand tanzte, eins, zwei, drei – ihm war, als wäre er in einen Schwamm geraten, der alles aufsog, was das Hotel erzählte – das Tuscheln der Duschen, das Geröll der Rollläden, rarara, Georg Horvath hielt es aus, bis er es nicht mehr aushielt.

Er flüchtete aus dem Schwamm, flüchtete vor den Schmetterlingen und fand sich in einem nach Wandteppichen riechenden Gang voller Wandteppiche wieder, und das konnte nicht richtig sein, Spiegel wären richtig gewesen, er rannte weiter, gänzlich mutlos ohne sein Spiegelbild, fiel durch eine Doppeltür, die sich zwischen den Teppichen für ihn auftat. Die Klinke hielt ein Livrierter. Er glänzte seiden und verbeugte sich schwarz und von seiner rosafarbenen Schärpe baumelten Orden und Broschen und Pins wie Herbst. Eine Rose hinter seinem Ohr verströmte Zigarettenrauch.

I am sorry, sagte Georg Horvath.

About what, sir? Der Livrierte blieb verbeugt.

Georg Horvath dachte nach. *I don't really know. For being here. For who I am. For everything.*

It's okay.

Georg Horvath entspannte sich.

Der Page, der Ober, der Offizier machte einen Schritt auf ihn zu, dann einen zweiten, den Kopf auf der Höhe seines Bauchs. *It's also not okay*, rief er und beschleunigte, Georg Horvath warf sich im letzten Augenblick zur Seite, und der Diener, der Veteran, der Hausherr trippelte auf weichen Pantoffeln ins Leere. *Who can be truly sorry for everything?*, rief er und stellte sich wieder gerade hin. Sein Nacken war stolz ausrasiert, seine Uniform greis. Er gab der Wand einen Stoß mit dem Hintern, es machte klack, die Wand wurde zur Drehtür, durch die er verschwand.

Georg Horvath folgte vorsichtig in ein Foyer. Männer in Pullundern und Pullovern, Männer in Grüppchen tranken Heißgetränke und aßen Torten. »Conferinţa« stand auf einem Aufsteller, dazu wohl ein Name – Georg Horwath auf der Küstenlandstraße nach Paraty erinnert sich nicht, welcher, also sagt er zu Ali eben »Männerkonferenz«, und Ali nickt.

111

Er habe sich, so Georg Horwath weiter, gerade einen Tee eingeschenkt, da ertönte ein Gong, und die Grüppchen lösten sich wie in Panik auf, Becher und Tassen wurden hastig auf Tische geknallt, die Männer in Pullundern und Pullovern drängelten eilends in ein steiles Auditorium.

Georg Horvath folgte ihnen. Hinter ihm schloss ein Zwerg – Georg Horwath entschuldigt sich bei Ali, er wisse einfach nicht, wie man sehr kleine Menschen korrekt bezeichnet – der Zwerg schloss also die Tür ab mit einem riesigen Schlüssel, an dessen Spitze ein ganz kleiner Schlüssel steckte. Er schenkte Georg Horvath ein Lächeln voll spitzer Zähne und verschwand durch eine Luke in der Wand. Georg Horvath ließ sich in Türnähe nieder, neben einem Mann in einem lachsfarbenen Pullover.

Ein anderer Mann in einem lachsfarbenen Pullover betrat das Podium, sagte ein paar Worte auf Rumänisch und zeigte in die hohe Tiefe des Raumes, wo ein Mann in einem Pullunder aufstand und sich zum Podium hüstelte. Er war groß und kräftig und schritt gebückt und zögerlich dahin, wie jemand, der kraftlos und klein war.

Leider war der Vortrag auf Rumänisch. Die einzigen Vokabeln, die Georg Horvath zu verstehen glaubte, lauteten »kafkaeskul« und »groteskul«. Der Redner hustete stärker, je länger er sprach. Auf den Rängen mischte sich in das Interesse über den Vortrag das Interesse darüber, ob der Vortragende den Vortrag überleben würde.

Wieder meinte Georg Horvath ein »kafkaeskul« gehört zu haben. Ging es gar um Kafka? Wie jeder zweite studierte deutsche Geisteswissenschaftler konnte Georg Horvath den ersten Satz der *Verwandlung* fast wortgetreu zitieren und hatte in der Schule drei bis fünf Kafka-Parabeln deuten gelernt, von denen ihm nur eine im Gedächtnis geblieben war. Mehr würde er auch heute nicht erfahren – der Vortrag war zu Ende. Alle lebten noch.

Das Q&A fand ebenfalls auf Rumänisch statt und bestand aus der fünfminütigen Frage eines Mannes in einem Pullover, der entweder keine Frage hatte oder eine beispiellos gute, da nach ihm niemand sprach.

Georg Horvath sah auf die Uhr, um sich zu vergewissern, dass die Uhrzeit unwesentlich sei. Man würde ihn bei den Verhandlungen nicht vermissen. Zudem war er überzeugt, dass der Zwerg ihn nicht rauslassen würde, bevor er selbst auf das Podium stieg und einen Vortrag auf Ungarisch, der Sprache seiner Großeltern, hielt.

Er hätte über seinen Arbeitsalltag gesprochen und über die Sprache, und darüber, wie ihm die Sprache im Arbeitsalltag neuerdings häufig den Dienst verweigerte. Wie er an einer Redewendung oder an einem Bild hängen blieb und simpelste Gedanken fragwürdig und daher unaussprechlich fand.

Die jüngeren Kollegen saßen ihm im Nacken. Sie missbilligten sein Zögern, das automatisch entstand, während er um die richtigen Worte rang. Sein Abwägen. Sein Vertagen von Unterhaltungen und Meiden von Stelldicheins. Legten ihm all das als Schwäche aus. Als Mangel an Biss. Als fehlende Kollegialität. Bestenfalls als Altersmacke und Ausdruck erkalteter Leidenschaft, Ausdruck seiner Ausgelutschtheit.

Georg Horwath sagt »Ausgelutschtheit«. Er wiederholt es sieben Mal hintereinander. Ali sieht ihn an, und Georg Horwath hört auf, »Ausgelutschtheit« zu sagen, und sagt doch noch ein Mal »Ausgelutschtheit«.

Und dass er Teamarbeit verabscheute, auch darüber hätte er gesprochen. Dass er am liebsten alle Projekte allein erledigen würde. Unmöglich, aber auch unmöglich wäre ihm lieber gewesen als Herrn Fischer wöchentlich an Fristen erinnern zu müssen, wissend, dass Herr Fischer sich seit zwei Jahren in einem Scheidungskrieg befand, bei dem vier Kinder unter zwölf Jahren auf dem Schlachtfeld herumirrten.

»Vater Arbeit« hätte Georg Horvath seinen Vortrag benannt.

Das Beantworten von E-Mails am Sonntag.

Die immer bloß rudimentären Erklärungen finanzieller Sachverhalte vonseiten der Kaufleute, die auch nach mehr als zwanzig Jahren kaufmännische Unterhaltungen mit ihm als lästig empfanden und ihn als ahnungslos.

Das kollektive Schweigen über die Magersucht von Frau Kalb.

Der Besuch von Handballspielen mit den Herren von Sannen und Walter, obwohl ihn Handball noch weniger als Fußball interessierte. Auch Frau von Sannen und Frau Walter gingen mit, sahen aber keine Minute vom Spiel, sondern betranken sich ideenreich an eigens gemixten Alkoholika im VIP-Bereich. Georg Horvath beneidete sie sehr.

»Jetzt bin ich aber ganz schön vom Thema abgekommen«, sagt Georg Horwath zu Ali. Er sei ja eigentlich noch bei der Konferenz gewesen und habe sich also vorgestellt, wie das gewesen wäre, einen Vortrag zu halten, damit der Zwerg ihn hinausließe. Hat natürlich keine Rede gehalten. Überhaupt hat Georg Horvath nie mit jemandem über »Vater Arbeit« gesprochen, hat alles ohne Murren ertragen, bis heute, bis zu dieser Fahrt nach – wahrscheinlich – Paraty, bis zum leider wirklich einseitigen Gespräch mit einem Mann namens Ali, der ihm bei einer weiteren Pause einen Prospekt aushändigt, der sich um das Thema »Vögel« dreht. Schweres Papier, ansehnliche Fotos von mutmaßlich heimischen Arten, jeweils mit brasilianischem, englischem und lateinischem Namen, den Georg Horwath bei Exemplaren, die ihm besonders gefallen, laut vorliest: »*Onychorhynchus swainsoni*«, ruft er, »oder der hier, schau mal, Ali, *Lophornis magnificus*! Was für ein schönes … wie heißt das beim Vogel auf dem Kopf? Ich sage jetzt Krone, was für eine schöne Krone!«

Sie schweigen eine Weile. »Es ist das Pflichtbewusstsein, Ali. Immer wird es dich irgendwann einholen. Es gibt keine Alternative.« Georg Horwath hält inne. Ein Vogel in dem Prospekt hat seine Aufmerksamkeit auf sich gezogen, ein Specht, der grelle Kopfputz eine kleine Explosion gelber Farbe im Kontrast zum schwarzen Rest.

»Das ist ja«, flüstert Georg Horwath, »fabelhaft.« Er streichelt das gelbe Köpfchen. »Pica-pau-de-cabeça-amarela«, liest er vor, und Ali sieht hin und grinst und korrigiert die Aussprache nicht.

Sie fahren durch eine kleine Ortschaft, die Häuser niedrig, bunt, unverputzt. Georg Horwath denkt über *unverputzt* nach. Georg Horwath denkt über *Meer der Lichter* nach und dass es womöglich *Mehr der Lichter* heißt, weil es eben so viele sind.

Georg Horwath denkt darüber nach, dass der Morgen *reif* ist. Er denkt über *Sandalen* nach und wann wohl *Bürgersteig* als Begriff in die deutsche Sprache kam. Er denkt über das Wort *Baseballcappie* nach, er denkt über *verhärmt* nach, wo das wohl herkommt, wahrscheinlich hängt es mit »harm« im Englischen zusammen, und er denkt über *ausgemergelt* nach und wie angemessen sich das »r« vor dem »g« im Mund verhält zu dem, was er sieht, zu dem verhärmten, ausgemergelten Mann mit dem Baseballcappie, der auf dem Bürgersteig hockt und mit dem Fingernagel im Boden zwischen seinen Sandalen kratzt, und jetzt haben sie die kleine Ortschaft hinter sich gelassen.

Sie sind seit drei Stunden unterwegs. Georg Horwath fragt, ob Ali den Rest der Bukarest-Geschichte hören möchte, und Ali kneift das rechte Auge zu.

Der zweite Referent wurde anmoderiert, ein Mann in einem Pullover mit einer großen Schneeflocke drauf. Er trug einen englischen Namen, aber die Hoffnung, dass er auf Englisch sprechen würde, ging in den ersten Sätzen unter, in denen wieder die Busenfreunde »kafkaeskul« und »groteskul« schwammen.

Georg Horvath musste weg. Er befürchtete zwar nach wie vor, dass sich der Zwerg mit dem riesigen Schlüsselschlüssel in seinen Weg stellen könnte und es zu einem Eklat käme, bei dem er als Eindringling entlarvt würde, aber selbst das schien ihm erstrebenswerter, als noch mehr Zeit an das Nichtverstehen von Akademikern zu verschwenden.

Die Schneeflocke beendete den Vortrag, alle klatschten, auch Georg Horvath, der sich erhob, um den Saal zu verlassen, was aber die Pullover und Pullunder als Enthusiasmus verstanden und sich ebenfalls erhoben. Jubel brandete auf, also musste er noch ein wenig bleiben, das ging nicht, als Applausführer den Applausort zu verlassen, er trug nun eine Verantwortung für die Heftigkeit der Anerkennung, und so oft kam das wahrscheinlich nicht vor, dass auf einer – mutmaßlich – literaturwissenschaftlichen Konferenz *standing ovations* zu erleben waren. Auch die Schneeflocke schien zu schwanken: sich verneigen oder Platz machen? Da ebbte der Applaus aber doch wieder ab, Georg Horvath strebte forsch dem Ausgang entgegen, und die Tür war gar nicht verschlossen gewesen, der Zwerg nirgendwo zu sehen.

Statt im Foyer, kam Georg Horvath im Verhandlungssaal heraus. »Da sind Sie ja«, sagte Herr Walter. Der Vertrag war besiegelt. Die Kollegen lachten ihre Biergläser an. Georg Horvath aß vom Buffet zwei halbe Trauben auf Käse auf Brot.

Am nächsten Tag dann die Fahrt im Lichterketten-Taxi zum Flughafen. »Davon wollte ich eigentlich erzählen«, sagt Georg Horwath. Blau, gelb und rot blinkten die Birnchen, auch um die Kopfstützen waren welche geschlungen. Der Fahrer sang leise den Refrain von *I will always love you*, immer wieder neu.

Ali pfeift die Melodie, und Georg Horwath lacht und schüttelt den Kopf und sagt: »Verrückt.«

Der Taxifahrer hatte kein Interesse am schnellsten Weg, zwei Mal war er schon an einer Ausfahrt vorbeigefahren. Die blau-gelb-rote Luft stank nach verschmortem Plastik sowie etwas Muffigem, das, wie Georg Horvath befürchtete, dem alten Schafsfell entwich, auf dem der Fahrer saß.

Das alles wäre halb so schlimm gewesen – er hatte es gar nicht eilig, nach Bremen zu kommen –, hätten Herr von Sannen und Herr Walter nicht seit dem Frühstück schon über das Spiel am Vorabend gesprochen. Dieses Gespräch war es, das die Fahrt in die Länge zog. Warum Whitney Houston, warum die Lichter, warum das Schafsfell nicht mal waschen, das alles verstand Georg Horvath nicht. Den Austausch sportbezogener Meinungen aber eben schon, und den fand er so empörend langweilig und verachtenswerter als alles andere an ihrer Labyrintherei durch Bukarests Vorstädte.

Sein Smartphone offenbarte schließlich, dass sie sich seit einigen Minuten vom Flughafen sogar entfernten, und das war dann doch zu viel. Georg Horvath klopfte dem Fahrer gegen den Rücken wie gegen eine Tür und kam sich sofort unhöflich und schlecht vor. Er war kein Mensch, der andere beklopfte, weil er kein Mensch war, der mit irgendjemandem, außer mit sich selbst, die Geduld verlor.

Der Fahrer sah in den Rückspiegel. Georg Horvath zeigte auf das Smartphone und rief lauter als beabsichtigt: »Airport! Airport! This is wrong, we are wrong!« Sein Eifer ließ die Kollegen beschämt verstummen, und das wiederum gefiel Georg Horvath: die Überlegenheit, die darin liegt, der Auslöser einer Scham zu sein.

Der Fahrer nickte und fuhr bei der nächsten Kreuzung links, und Georg Horvath meinte, auf der Karte zu erkennen, dass rechts richtig gewesen wäre, also beugte er sich diesmal ruckartig zwischen die Sitze nach vorn und schleuderte an die gut rasierte Wange die einzigen rumänischen Wörter, die ihm zur Verfügung standen:

»Groteskul!«, rief er und im nächsten Augenblick, schon siegesgewiss: »Kafkaeskul!«

Die Augen des Fahrers verdunkelten sich unter der nun gefurchten Stirn. Er beschleunigte, dass es Georg Horvath in den Sitz drückte, beim U-Turn quietschten die Reifen. Einige waghalsige Überholmanöver und rote Ampeln später waren sie am Flughafen angekommen.

Georg Horvath gab zu viel Trinkgeld, wie er das auch in Restaurants tat, wenn ihn der Service nicht zufriedengestellt hatte, er aber das Gefühl hatte, er habe die Bedienung seinen Unmut spüren lassen.

Georg Horwaths Telefon vibriert. Eine brasilianische Nummer. Irgendwann hört das Vibrieren auf. Er wischt ein paar Mal über den Bildschirm, räuspert sich und beginnt zu lesen: *Ich befahl mein Pferd aus dem Stall zu holen. Der Diener verstand mich nicht. Ich ging selbst in den Stall, sattelte mein Pferd und bestieg es.* Georg Horwath lächelt. *In der Ferne hörte ich eine Trompete blasen, ich fragte*

118

ihn, was das bedeutete. Er wußte nichts und hatte nichts gehört. Beim Tore hielt er mich auf und fragte: »Wohin reitest du, Herr?« »Ich weiß es nicht«, sagte ich, »nur weg von hier, nur weg von hier. Immerfort weg von hier, nur so kann ich mein Ziel erreichen.« »Du kennst also dein Ziel«, fragte er. »Ja«, antwortete ich, »ich sagte es doch: ›Weg-von-hier‹ –, das ist mein Ziel.« »Du hast keinen Eßvorrat mit«, sagte er. »Ich brauche keinen«, sagte ich, »die Reise ist so lang, daß ich verhungern muß, wenn ich auf dem Weg nichts bekomme. Kein Eßvorrat kann mich retten. Es ist ja zum Glück eine wahrhaft ungeheure Reise.«

Georg Horwath sieht zu seinem Chauffeur. Ali pfeift fast tonlos vor sich hin. Georg Horwath mag das – dass es in diesem Augenblick eine Melodie gibt nur für Ali und nur für ihn.

»Der Witz«, sagt Georg Horwath, »der Witz ist, dass ›kafkaeskul‹ und ›groteskul‹ Substantivierungen sind. Ich wusste das damals nicht. Ich habe im Augenblick meiner größten Wut in einem rumänischen Taxi gebrüllt: ›Das Groteske!‹ Und: ›Das Kafkaeske!‹

Ali sagt: »Taskröteske.« Ali grinst.

Sie fahren hinter einem Müllwagen. Zwei Männer in Neonwesten halten sich an der Rückseite fest. Der Müllwagen brettert die Serpentinen hinunter.

»This is crazy«, sagt Georg Horwath. »They will fall and they will die.«

»No«, sagt Ali. »Si.«

Ali pfeift sein Liedchen. Georg Horwath mustert ihn von der Seite. Georg Horwath ist der falsche Mann im richtigen Wagen.

Ali sagt: »One day. All die.« Und drückt aufs Gaspedal.

PICA-PAU-DE-CABEÇA-AMARELA

Aus den Dächern wachsen rote Blumen. Auf den Ladeflächen verlebter Pickup-Trucks starren verlebte Leiharbeiter in eine jeweils ausschließlich eigene Richtung. Hunde dösen am Straßenrand in der Morgensonne, in der Hunde am Straßenrand dösen.

Sie werden von einem fröhlich hupenden, baugleichen Bulli eingeholt. Der Bulli schießt an ihnen vorbei, Ali lacht, gibt Gas, setzt selber zum Überholen an, der andere Bus beschleunigt. Eine Zeitlang geht das so, eine waghalsige Jagd, mindestens einmal sterben alle in letzter Sekunde nicht.

Während einer längeren Geraden bringt Ali den Bus auf der Gegenspur parallel zum anderen und bedeutet Georg Horwath, das Fenster runterzukurbeln. Durch das Fenster und in das Pfeifen der Motoren hinein setzt er zu einer gegrölten Unterhaltung mit der jungen Fahrerin an, der, wie Georg Horwath verblüfft, mehr noch: erschrocken, feststellt, schönsten Frau, die er je gesehen hat.

Ali und sie kennen sich, oder sie kennen sich nicht und mögen sich auf Anhieb. Sie zeigen Zahnfleisch und Handflächen und lachen laut, um voneinander gehört zu werden über den Lärm der Motoren hinweg.

Die Frau ist höchstens zwanzig. Ihre Gesten mal die eines Mädchens, ausladender als notwendig, mal mit der Grazie einer Dame. Die Augen reißt sie auf, sie sind groß und dunkelblau. Wie die ihres Vaters, denkt Georg Horwath, wie Alis Augen. Das Haar baumelt in dicken Dreadlocks über dem weißen Unterhemd, und mit Dreadlocks assoziiert er sonst immer *Predator*, das Alien-Monster, dafür ist die Trägerin aber zu attraktiv, inklusive der sonnengeküssten Oberarme – ja, *sonnengeküsst* –, wenn sie auf das Lenkrad klopft, was sie immer wieder tut, zur Musik in ihrem Bus.

Die Wagen kommen sich in einer Kurve so nah, dass er meint, ganz fein ihren Schweiß riechen zu können, wahrscheinlich ist es aber sein eigener, da hört er aus ihrem Mund seinen Namen und fühlt sich von ihrem Blick gemeint, oder wünscht es sich.

Aus ihrem Schatten löst sich jemand, ein Mann, und er winkt Georg Horwath ungelenk zu. Sein Blick durch die randlose Brille, ja, wie ist der? Irgendwie – irgendwie, denkt Georg Horwath, irgendwie ist der unangenehm freundlich. Wie die bunten Papageien auf seinem Hemd freundlich den Schnabel aufreißen. Wie die strohigen blonden Haare freundlich wippen.

»Horwath!« Die junge Frau deutet mit dem Daumen über die Schulter auf ihren Beifahrer.

Georg Horvath hebt die Hände, und Ali muss jetzt doch aus der Überholspur, sonst gibt es frontal Lastwagen.

Und das ist es auch schon gewesen.

Die junge Frau hupt und hängt sie ab, ihr Bus ist bald nicht mehr zu sehen. Eine Erscheinung, denkt Georg Horvath und meint sich und nimmt seine randlose Brille ab und poliert die Gläser, und jetzt legt Ali los, redet auf ihn ein, gestikuliert heftig. Georg Horvath versteht kein und doch jedes Wort.

Die Verwechslung ist nicht mehr nur sein Geheimnis, und das Geheimnis verloren zu haben, lässt auch Georg Horvaths Freude an der Verwechslung schwinden. Man hat mich entlarvt, denkt Georg Horvath, *Meer der Lichter*, denkt er, *kafkaeskul*, denkt er und hat Durst und will nun, dass sie endlich ankommen, an welchem Ziel auch immer.

Auf einmal beginnt Ali zu lachen, schüttelt den Kopf, sieht aus dem Augenwinkel zu seinem Beifahrer.

»Paraty?«, fragt er.

»Paraty«, sagt Georg Horvath.

Ali klopft auf den Vogel-Prospekt. »Aves?«

»No«, sagt Georg Horvath und das portugiesische Wort für Bier fällt ihm ein, er könnte Ali die Adresse der *Cervejaria Vogelbräu* zeigen, aber Georg Horvath sagt: »Si. Si, aves.«

Ali sieht ihn verwundert an. »Tudo bem.«

»Tudo bem«, wiederholt Georg Horvath.

Sie fahren durch eine größere Ortschaft. Autowerkstatt, Kiosk, Gemüsestand, Kreisverkehr, Kirche, Kiosk, mit Brettern vernagelte Fenster. *Dunkel*, denkt Georg Horvath, *mögen's die Gespenster.*

Er braucht einen Namen für die Dreadlock-Frau, um sie nicht als »Dreadlock-Frau« denken zu müssen.

»Dreadlock-Girl?«, sagt er zu Ali. »You know her name? Nom?«

Ali reagiert nicht, also zeichnet Georg Horvath aus Ehrgeiz die Dreadlock-Frau auf den Vogel-Prospekt und zeigt sie ihm.

»Predator!«, sagt Ali und reckt den Daumen.

Nach einer Weile, als Georg Horvath schon vergessen hat,

dass er den Namen je hatte wissen wollen, sagt Ali: »Juliana.«
Mit erhobenem Zeigefinger, aber lächelnd, fügt er etwas
hinzu, so wie ein Vater es eben tut, wenn er jemandem, ein
Drittel im Spiel, zwei Drittel todernst, raten möchte, die Finger zu lassen von seiner Tochter.

Und Georg Horvath stellt sich genau das sofort vor, die
Finger, wie sie das Unwahrscheinliche tun, er stellt sich die
Wärme unter den Dreads vor, sofort reflexartig der nächste
Gedanke: *Regina*, und dass er sich bei ihr melden sollte, sie
wissen lassen, wo und wer er sei, aber er ist sich des einen wie
des anderen nicht sicher, und Regina ist nie an Unsicherhei-
ten interessiert gewesen.

»Juliana«, wiederholt Georg Horvath, und er hofft, dass
sie dort sein wird, wohin Ali ihn fährt, und gleichzeitig denkt
er: »Ich wäre gern mit einer Frau zusammen, die *Payback*-
Punkte sammelt.« Er hat keine Ahnung, wo das auf einmal
herkommt. Die Vorstellung von jemandem an seiner Seite,
dem es egal ist, dass man sein Einkaufsverhalten aufzeichnet,
und der sich auch nicht schämt, an der Kasse die *Payback*-
Frage zu bejahen, gefällt ihm aber gerade sehr. Vielleicht weil
anzunehmen ist, dass so jemand auch in anderen Fragen ku-
lanter wäre als Regina.

Regina hasst Sammeln prinzipiell. Sie hasst alles, was mehr
ist als nötig. Also auch Datensammler, deshalb kommt *Payback* für sie nicht in Frage. Online-Shopping verachtet sie regelrecht. Der Tag, an dem die kostenlose Retoure eingeführt
wurde, ist für sie der Tag, an dem der Untergang aller Kultur,
außer Oper, begann.

Meint Georg Horvath. Sie selbst hat sich nie so drastisch
geäußert. Eigentlich hat sie nur mal gesagt, sie kaufe am liebsten »im Laden, dienstagvormittags, da ist wenig los«. Und

dass ihr die Onlinenutzung von Kreditkarten »ein mulmiges Gefühl« bereite.

Ali zeigt auf ein Ortsschild: Sie haben Paraty erreicht. Und auch wieder nicht. Er biegt vor dem Schild rechts ab und fährt durch ein Dorf, das eher aus der Vorstellung besteht, dass hier einmal Menschen gelebt haben. Eingeschlagene Fenster, Löcher in Dächern und nicht einmal streunende Tiere.

Die Asphaltstraße endet. Ein holpriger Weg schlängelt sich steil hinauf zwischen immer höher und dunkler werdenden Bäumen. Georg Horvath erkennt keine der Baumarten, aber das hat nichts zu heißen; außer Eiche, Birke und Tanne sind Bäume für ihn Vokabeln einer fremden Sprache. Erle, Eibe, Esche, Ulme, wie seltsam das schon klingt.

Die Fahrt ist lauter geworden. Im Bus knarrt und knattert es, der Motor pfeift, Steinchen knirschen unter den Reifen. Georg Horvath bildet sich ein, schrille Affenschreie in den Baumkronen zu hören und wie der fabelhafte Specht, wie *Pica-pau-de-cabeça-amarela* an einem Stamm arbeitet.

Das gefällt ihm nicht. *An einem Stamm arbeiten.* Sein Bedürfnis nach dem richtigen Wort ist wieder da. Wie klingt die Arbeit des Spechts genau? Wie klingt *Pica-pau-de-cabeça-amarela?* Er braucht *Verwortung.*

Georg Horvath zwingt sich, geradeaus zu sehen.

Langfingrige Büsche kraulen die Karosserie.

Das Biest Sprache hat mich in seinen Fängen, denkt er und schüttelt sich, ihm ist leicht übel, vielleicht von der Spinattasche, vielleicht von der Taktlosigkeit des Untergrunds, vielleicht von der Hitze. Sollte Dschungel nicht kühl sein? Er krempelt die Ärmel hoch.

Taktlosigkeit des Untergrunds?

Ali hat die Augen zusammengekniffen. Die Fahrspur ist so

schmal, dass er nicht allen Zerklüftungen ausweichen kann, zumal er, so kommt es Georg Horvath vor, schneller fährt, als es auf der mit Steinen und Löchern gespickten Piste gut ist für den Bus und für Georg Horvaths Magen.

»Stop, please, Ali, can we stop?«

Ali hält an. Die Hitze ist sofort ein Geruch mit Gewicht und Geräusch. Feuchte Erde und apokalyptisches Summen von Insekten. Und tatsächlich – keine Einbildung – *tocktockt* irgendwo ein Specht.

»Meine Güte«, flüstert Georg Horvath und dreht sich um die eigene Achse. Er kann sich nicht entkommen.

»Okay?«, fragt Ali.

»Si. No.« Georg Horvath ist untröstlich.

Er steigt wieder ein.

Nach einer halben Stunde Ächzen und Schaukeln geht es ihm nicht wesentlich besser, dafür wird die Straße breiter, der Wald lichtet sich. Ali lenkt den Bus zwischen zwei Riesenpalmen, die wahrscheinlich keine Riesenpalmen sind, auf eine Lichtung. Vier Holzhütten mit bodentiefen Dachschrägen sind um einen Turm platziert. Tarnhosen und Tarnhemden trocknen auf Wäscheleinen, ein Schäferhund hebt träge den Kopf. Ein Mann schläft in der Hängematte, sein Arm hängt herunter, ein Taschenmesser und ein kleiner hölzerner Vogel, halbfertig geschnitzt, liegen im Gras. Ali parkt neben zwei weiteren VW-Bussen. Sie steigen aus.

Der Turm ist sicher an die zwanzig Meter hoch und aus einem dunklen Material, Holz oder Lehm, schwer zu erkennen, weil er von oben bis unten mit Vogelkot getüncht ist, diesem gräulichen Weiß auf den Stahlträgern europäischer Bahnhöfe, als die Taubenjagd noch nicht eröffnet war.

Es riecht nach Rauch und gebackener Banane und Rasur vor

dem Handspiegel. Einige Personen hocken in einem Halbkreis abseits der Hütten und hören einem Jungen oder einem sehr kleinen Mann zu. Andere sitzen an einer länglichen Tafel und schielen rüber zu dem Neuankömmling. Juliana ist nicht zu sehen.

Als Georg Horvath die Wagentür zuschlägt, schießen aus unsichtbaren Höhlen in dem Turm hunderte Vögel über seinen Kopf hinweg. Gelb und rot und kreischend und klagend. Obwohl unterschiedlichen Arten zugehörig, formieren sich die Vögel über dem Turm zu einem Schwarm und fliegen gemeinsam gen Wald. Einige Augenblicke später sind sie mit ihren Farben und ihren Flüchen darin verschwunden.

Die Vögel werden zurückkommen, denkt Georg Horvath, ich werde weiterziehen. Sein Auftrag, die anstehenden Verhandlungen, sogar Hartmut fällt ihm ein. Regina. Er holt das Smartphone aus seinem Jackett, und jetzt steht ihm die Alte gegenüber. In Jeans und Jeanshemd und Hut mit Kinnschlaufe ist sie vor den Turm getreten, ein Eimerchen am Handgelenk wie Schmuck. Fixiert ihn, spricht ein paar Worte. Ohne zu begreifen, was sie sagt, fühlt Georg Horvath sich angesprochen.

Ali antwortet: »Si.«

Gibt wahrscheinlich Antwort auf die Frage: »Ist er das?«

Die Alte hat hier das Sagen. Georg Horvath hat lang genug Hierarchien befolgt. Die Rigorosität ihrer Schritte, die Anspannung bei Ali, sogar das Eimerchen rasselt ängstlich gegen ihre Armreifen aus mattem Silber.

Georg Horvath möchte aufgeschlossen wirken, selbstsicher lächeln. Ein Missverständnis. Halb so schlimm. Den Namen schon hundert Mal falsch … Das Lächeln führt bloß dazu, dass seine Knie nachgeben. Es ist, als hätte das Auseinanderziehen der Mundwinkel nach der langen Reise seine letzten Kraftreserven verbraucht.

Georg Horvath setzt sich ins Gras. Sein Telefon fällt ihm aus der Hand.

Ali spricht weiter, erklärt sich, rechtfertigt sich vermutlich dafür, den Falschen abgeholt zu haben, auch noch so einen schwächlichen. Die Alte hält das Kinn hoch, während sie zuhört, das macht sie um zehn Jahre stolzer, sie ist sechzig, vielleicht achtzig, verscheucht Ali, entschieden mit der Hand vor dem Gesicht wedelnd. Jetzt senkt sie die Augen, sind sie gelb?, spreizt die Arme vom Körper ab, ein Raubvogel, der die Beute anpeilt, den Nager im Gras.

Schwingen, denkt Georg Horvath: *Sturzflug*.

Weiße Strähnen unter ihrem Hut halten nicht still, wollen weiter, wollen machen. Auf die Unterarme tätowiert: links etwas Großes, ein Falke, rechts etwas Schwarzes.

Sind Raben Raubvögel? Rabenvögel.

Der schwarze Vogel segelt den Arm hinab, als sie Georg Horvath die Hand reicht, Krallen bohren sich in seinen Handballen, mühelos zieht sie ihn auf die Beine. Es sind die langen Nägel, darunter Dreck oder Blut, das Eimerchen birgt einen Gestank, der wimmelt.

»Willkommen, der Herr. Wie lange gedenkst du bei uns zu bleiben?« Sie lässt seine Hand nicht los.

»Ein ... ein paar Tage? Nicht lang. Wie lang wäre zu lang?« Sonne, Durst, Müdigkeit, ihr Deutsch, der Gestank lassen ihn stammeln, sein Lächeln brennt. Würmer. Es sind nur Würmer.

Die Insekten *zzisszzen*, wenn Georg Horvath an Insekten denkt. Die Alte spricht, wenn Georg Horvath sich ihre Stimme denkt, *fein knisternd*. Sie legt die Arme an, *faltet die Flügel*, das Eimerchen und die Armreife *klackern*.

128

»Warum bist du hier?«

»Ich –«

Weil er entführt wurde. Verwechselt. Weil er sich gern verwechseln und entführen ließ. Weil er als der, der er dann war, nicht mehr dorthin musste, wohin er als der, der er gewesen war, gemusst hätte.

Weil er erfunden wurde.

Nur weg, nur weg, denkt Georg Horvath, *immerfort weg wollte ich. Und nur... nur als ein anderer konnte ich... konnte ich... Weg-von-mir – das war mein Ziel.*

In der Ferne, aus dem Dschungel, das *Tocktock* des Spechts.

»Was – was bedeutet das?«, fragt Georg Horvath.

Die Alte greift in das Eimerchen.

»Du bist doch die Expertin.«

Die Alte legt das Winden auf Georg Horvaths Hand. Es kitzelt. Das *Tocktock* ertönt abermals.

»Da. Hörst du?« Specht. Stille. Specht.

Georg Horvath muss das *Tocktock* ersetzen, *Tocktock* ist unbeholfen und ahnungslos.

Als tippte im Himmel jemand auf der Tastatur der Hitze mit Fingernägeln. Nein! Wie schnelles Klicken auf dem Touchpad.

Am Turmtor flüstert die Alte in seinen Nacken: »Alle, die zu mir kommen, kennen ihr Ziel. Die meisten wollen die Vögel sehen, bunte, grelle, putzige Vögel. Einigen sind Vögel egal, sie kommen für die Abgeschiedenheit, mitten im Dschungel und nur eine Stunde von den Badestränden entfernt. Bis jetzt war noch keiner aus Versehen hier.«

Mit schweren Beinen erklimmt Georg Horvath die Stufen. Im Turminneren leuchten fluoreszierende Pilze an den Wänden. Ein Gurren wie von Tauben. Das Keuchen der Alten folgt ihm hinauf. Die Stufen haben sie älter gemacht.

»Ich habe keinen Essvorrat bei mir«, sagt er und blickt auf halber Höhe aus einer Öffnung über die Lichtung. Der Schwarm kreist über den Baumkronen, ein Vogel stürzt sich ins Grün, es gibt das Kreischen.

»Du brauchst keinen«, sagt die Alte. »Wir sind Selbstversorger. Bringen dir das Jagen bei.«

Die Vögel im Turm rufen laut und lauter, je höher sie steigen. Ein spatzenartiger landet auf Georg Horvaths Handgelenk, pickt Würmer aus seiner Hand. Ein zweiter winziger landet auf seinem Zeigefinger, ein dritter vertreibt sie beide. Georg Horvath wirft die Würmer in die Luft und hofft auf Chaos, und das Chaos bleibt aus.

Durch eine Luke klettert er auf die Turmspitze, in die Sonne. »Warum gucken Menschen in der Sonne *so*?« Er hat die Augen mit der Hand beschirmt und wartet kurz, klappt die Hand dann über die Augen und sagt: »Wenn wir *so* gucken würden, würden wir nichts sehen.«

Die Alte lacht oder lacht nicht. Den Blick noch immer verdeckt, hört Georg Horvath wieder das *Tocktock*. Er nimmt die Hand von den Augen und zeigt zum Wald, ins Ungefähre. »Dort«, sagt er und will wieder ansetzen, will fragen, wie jemand wie die Alte, jemand, der sich auskennt, das Geräusch beschreiben würde, da formiert der Schwarm sich neu, aus dem Kreis wird ein Pfeil, eine Ordnung, von der Kraft ausgeht, die Vögel schnellen zurück zum Turm.

Die Alte legt den Arm um seine Taille, der Raubvogel ihres Unterarms bohrt den Schnabel durch sein verschwitztes Hemd. »Ich weiß«, sagt sie, »wonach du suchst.« Sie reicht ihm ein Fernglas.

Der Schwarm nähert sich rasch, die Vögel sind bereits an der Lichtung, tragen mit sich die Wut der erfolglosen Jagd, zielen auf Georg Horvaths Auge. Die Alte nimmt den Hut ab und löst das Haar. Es ist fein, lang und hundertfarbenbunt.

Und Georg Horvath hat ihn. Hat den Specht, sieht den Specht so nah durch das Glas, vertikal gegen einen Baumstamm, das grelle Köpfchen, *tocktock* gegen das Holz, *tocktock*, in welcher Geschwindigkeit!

»Der Blondschopfspecht«, kräht die Alte.

Und der Schwarm überschwärmt den Weltausschnitt in Georg Horwaths Blick, die Vögel kommen über ihn, ihre Farben schlagen ein in seine Augen, seinen Mund, die Wärme von hunderten gefiederten Körpern kriecht unter seine Kleidung und seine Haut, es tut nicht weh, es tut nicht weh, und die Tiere verschwinden im Turm, nur einer nicht, ein so sehr weißer mit grünem Kopf lässt sich nieder im Haar der Alten, sie bettet ihn in einem Dutt zur Ruhe.

»Pica-pau-de-cabeça-amarela«, singt die Alte. »Die Art trommelt leise.«

MO UND ICH FÜR DIE DAUER DER REISE

Mo und ich auf einer Feier im kleinen Kreis mit Blick auf den Stockholmer Hafen. Springt man vom Balkon, mit Anlauf, landet man, tot, auf einer Yacht.

»Bau eine Stadt am Wasser, die kann nicht hässlich geraten«, sagt Mo, der Hobby-Stadtplaner, zum kleinen Kreis und erntet keine Widerrede, da es noch früh am Abend ist.

Mos Halbschwester aus dem Sauerland betritt den kleinen Kreis. Ahs und Ohs. Es ist ihr kleiner Kreis. Der kleine Kreis ist wegen der Halbschwester aus dem Sauerland zum Blick auf den Hafen gekommen. Die Halbschwester aus dem Sauerland heiratet in genau einer Woche einen Schweden aus Stockholm, der in einer Bigband die Blasinstrumente verantwortet. Er wollte einen Junggesellenabend, sie nicht, also haben sie sich auf nicht geeinigt und feiern jetzt zusammen, was schön ist und traurig, seine Jungs im Schlafzimmer, schon aufrichtig betrunken, spielen ein Computerspiel.

»Mo?«, ruft die blondierte Halbschwester überrascht, als sie Mo bemerkt, ihr blondierter Verlobter stellt sich neben ihr gleich so auf, dass er vier Zentimeter größer wirkt.

»Sabrina!«, ruft Mo und breitet die Arme aus.

Sabrina gibt ihrem Verlobten ein Geheimzeichen unter

Blondierten, es sei alles in Ordnung, er möge bitte wieder vier Zentimeter schrumpfen. Sie packt Mo am Ellenbogen und zerrt ihn aus dem kleinen Kreis.

»Was machst du denn hier?«

»Überraschung!« Mo spricht das Offensichtliche aus. Das kenne ich gar nicht von ihm.

Ich sage: »Hallo, ich bin auch da« und winke, aber Sabrina tut so, als hätte bloß ein Schiffshorn im Hafen getutet. Auch sie ist überrascht, aber mit Tendenz Richtung verstimmt, das ist deutlich zu spüren, als sie jetzt diese Frage stellt:

»Woher wusstest du überhaupt von der Feier?« Mo und ich sind ihr einfach zu uneingeladen, zu unangekündigt und zu anders als alle angezogen, nämlich ohne Konterfei-T-Shirt »Braut« bzw. »Bräutigam«.

Mo, ernst: »Du, wir können auch wieder...«

Sabrina: »Ach, ne, jetzt...«

Mo: »Wirklich.«

Sabrina: »Ach, was... komm... es ist...«

Mo: »Bleiben nicht...«

Sabrina: »Lange... lange nicht gesehen...«

Mo: »...lange... Ja, genau, wann...«

Sabrina: »Abi.«

Mo: »Ja, puh... Gut –«

Sabrina: »Ich geh dann mal rüber.«

Mo: » – siehst du aus...«

Wenn die Halbschwester lacht, streckt sie ihre irgendwie dünn geratene Zunge raus und sieht aus wie ein kleiner, gerade druckender Drucker.

Ich habe keine Zeit, lange über sie nachzudenken, denn die Feier verlangt mir einiges ab. Noch vor neun lernt der kleine Kreis den Moonwalk von einem YouTube-Video. Allgemeines

Schuheausziehen, weil man auf Socken besser übers Parkett rutscht. Die Zunge der Halbschwester liebt Michael Jackson. Vier Mal hintereinander läuft *Billie Jean*. Je mehr Alkohol über die Zunge fließt, desto mehr sind Mo und ich ihr egal.

Die Feier entpuppt sich als so eine Feier, auf der man sich gegenseitig Muttersprachen beibringt. Wir spielen zum Beispiel ein Spiel, bei dem man gesummte Lieder erkennen muss. Es gibt Teams. Ich war seit meiner Pubertät in keinem Team. Das ist jetzt sehr aufregend! Ich hoffe, niemandem fällt das auf. Ich summe *Billie Jean*, und mein Team errät es sofort.

Zwischendurch wollen Mo und ich beim Pizzaalbaner eine Pizza bestellen, aber er möchte nicht auf die andere Seite der Stadt liefern oder liefert gar nicht oder mag uns nicht.

Mo und ich mit Martinis um Mitternacht zu Michael Jackson tanzend. Mond. Mimikry. Maniküre. Marktwirtschaft. Mittelstand. Und Mo und ich mittendrin.

»Die Wände, was ist das für eine Farbe?«, fragt jemand auf Deutsch.

»Mauve«, antwortet jemand auf Schwedisch.

Der Bläserverlobte gibt mit seinen Bläserkumpanen einen Bläsersong für seine Liebste zum Allerbesten.

»Das Schöne ist«, sagt jemand, vielleicht sogar Mo, »dass das Leben nicht weiß, was es mit mir anfangen soll.« In Stockholm, auf dem Balkon über dem Hafen, im kleinen Kreis.

Auf dem Rheinfloß.

In der Stockholmer Pizzeria, Stockholmer Kunstgalerie.

An Stehtischen mit Polizistinnen.

Mo und ich stoßen auf das Etwas-Anfangen an.

»Wer sind wir?«, frage ich existentiell.

»Durchreisende«, sagt Mo.

Mo und ich in Reykjavik. Es regnet. Wir essen bei *Bæjarins Bestus* einen Hotdog an einem Tisch, der keine Tischdeko braucht, weil der Hotdog berühmt ist, er ist ein *Bæjarins Bestus* Hotdog.

Ein Vogel schießt über unsere Köpfe, krallt sich ein Stück des berühmten Hotdogs und stiebt hinauf in die dunkel gestikulierenden Wolken. Mo zuckt die Kamera.

»Mhm«, sagt er. »Das ist aber komisch.«

Mhm, denke ich, seit wann mhmt Mo? Mos Augen voller Furcht und Liebe für den Vogel suchen den Himmel ab. Er zeigt mir die Fotos. Auf allen sind die Wolken zu sehen, aber kein Vogel.

Mo erkundigt sich beim Hotdog-Verkäufer nach einem Viertel, das man meiden sollte. Wie immer ist es ein Vorort. Wir kuscheln uns unter den Hotelregenschirm und spazieren dahin. Mos Knöchel schmerzt, wir kommen nur langsam voran. Die Stadt sieht aus, als hätten Mo und ich sie geplant, kein Haus passt zum anderen, farblich und symmetrisch. Schon gut, ein Architekt zu sein oder Hausbesitzer, und es ist dir alles egal.

Mo und ich tanzen in einer Diskothek, die man meiden sollte, um eine Isländerin herum. Sie schreit, weil ihr Mo oder ich, oder Mo und ich gefallen. Sie verhält sich auffällig liebeshungrig. Sie möchte Liebe machen bald. Sie lässt sich gehen.

»Magst du entführt werden?«, fragt Mo in Anspielung auf die lebhafte Vergangenheit Islands.

Mo und ich im Hotel. Die Isländerin wieder weg.

Im Fernsehen: Syrien, ein zerstörtes Krankenhaus. Ich schiebe das Gemälde unter das Bett. Als die ersten Helfer eingetroffen waren, fielen weitere Bomben. Jemand sagt: »Die dramatischen Bilder.«

Mo tippt in einem Reisemagazin auf ein Foto. »Kommt dir

das bekannt vor?« Eine Frau mit Hut krault das Köpfchen von einem Vogel ohne Hut. Er ist zierlich, gräulich, rötlich, am Hals schwarz-weiße Querstreifen, er mag den Finger der Frau. Top. Topvogel.

»Ja, von heute«, sage ich, worauf Mo in seiner kompletten Nacktheit enthusiastisch vom Bett springt, als wollte er selber losfliegen. Er tut es auch, dreht eine Runde durch das Zimmer und landet vor meinen Füßen.

»Eine Turteltaube!«, sagt Mo und fasst sich am Knöchel.

»Was?«

»Der Vogel.«

»Ich dachte, das ist eine Redewendung.«

»Nein, das ist ein Vogel. Ein bedrohter dazu. Die Turteltauben sind bedroht!«

Klingt traurig, und doch bewegt mich die Sache mit dem Vogel viel weniger als die Sache mit dem zerbombten Krankenhaus.

Des Regens Geräuschproduktion sorgt für Behaglichkeit und Ruhe, und das bedrückt mich angesichts von Tod und Elend im Fernsehen, sodass ich den Fernseher ausschalte, wenn ich schon nicht das Wetter ausschalten kann.

Mo recherchiert im Internet. Er sagt: Die Turteltaube, hochgefährdet. Und trotzdem: zehntausend Vögel jedes Jahr über Malta zum Abschuss freigegeben. Ich solle mir das mal vorstellen!

Ich will nicht.

»Die fliegen über Malta in den Süden, verstehst du? Wir müssen sie finden.«

»Wen?«

»Mann, die Turteltaube von heute! Die müsste seit Wochen unterwegs nach Afrika sein.«

»Vielleicht ist sie«, sage ich, »wegen Malta hier geblieben?«

Mo zieht sich an und verlässt das Zimmer.

Er trägt seine Cowboystiefel.

Arizona, '96. Der Redneck mit einem Wohnwagen voller Schlangen. Schlangenhautgardinen. Südstaatenflagge unter dem Knie tätowiert. Seine Frau/Tochter/Mutter mit den größten Titten der Welt, vier kleine Kinder an ihr wie Geschwüre. Die Drogen. Die Schlangenshow, die vollgekifften Schlangen, die giftigen Kinder. Und Mo kauft dem Redneck die ollen Stiefeln ab.

Wir sind nicht in Arizona. Mo und ich sind liebessatt und wohlgenährt, unzufrieden und betroffen in Reykjavik auf der Suche nach einer Turteltaube. Da es aber viel zu dunkel ist und Mos Knöchel zu sehr schmerzt, gehen wir wieder hoch und legen uns hin und schlafen ein.

Von der Turteltaube am nächsten Tag keine Spur. Die Wolken erteilen den Isländern eine Lektion. Wir schließen Bekanntschaften mit nassen Reykjavikern. Mo spendiert uns baugleiche Regenjacken mit der isländischen Fahne auf dem Ärmel. Er muss sich immer wieder ausruhen, seinem Knöchel geht es so schlecht, dass ich das erste Mal seit Jahren das Wort ›Arzt‹ ausspreche, ohne mich selbst zu meinen.

Ein halber Tag vergeht auf der Suche nach einem Geist. Ich äußere mich pessimistisch. Als Mo nicht darauf eingeht, eskalieren wir ein wenig. »Mo, das geht so nicht. Erst folgen wir einer Aktivistin, dann deiner Sehnsucht nach Beistand für eine Surrealistin, jetzt einer Taube!«

»Das ist ein ganz und gar absichtsvolles Leben.«

»Es ist absurd!«

»Bis einem was gelingt.«

Mo und ich verstehen einander häufig nicht. Das ist in Ordnung, denn mehr als das Nichtverstehen fürchten Mo und ich das Verstehen. Zu versuchen, etwas zu begreifen, ist unermesslich anstrengender als verwirrt zu bleiben. Bloß geben wir das häufig nicht zu. Sind wir in einem Museum, loben wir erst mal alles, was nicht Wand ist, und manchmal auch die Wand. Aber manchmal muss man zumindest mal ungefähr wissen, wie es weitergeht.

Es geht weiter wie bisher mit dem Vogel. Wir schleichen auf ein Schiff und suchen die Segel nach der Turteltaube ab. Matrosen in gelbroten Regenjacken wie Äpfel mustern uns. Mo bittet mich, Vergleiche eine Zeitlang sein zu lassen.

Wir kehren zu dem Hotdog-Stand zurück, vielleicht verschlägt es die Taube wieder dorthin? Nein.

Das Gemälde kommt überallhin mit. Wenn wir schlafen, schläft es unter unserem Bett. Wenn wir fahren, fährt es im Kofferraum mit. Wenn wir einen Hotdog essen, ist es auch im Kofferraum, sonst würde es jetzt zum Beispiel nass werden, und es hätte eh keinen Hunger.

»Ich glaube nicht«, sage ich, »dass eine Turteltaube bei dem Wetter draußen herumfliegt.«

»Bist du sauer irgendwie?«, fragt Mo.

»Ja, aber mehr nicht sauer als sauer.«

Mo und ich hätten am liebsten eine Freundschaft, die nicht auf gemeinsam gesungenen Kinderliedern in einer Kita in Rheinhessen basiert, sondern immer wieder nur auf dem, was jetzt ist. Den berühmten Hotdogs. Den fluchenden Matrosen, als Mo sich an der Ankerwinde zu schaffen macht. Erleben – vergessen. Erleben – vergessen. So sollte es laufen. Immer aufs Neue feststellen müssen, ob man es miteinander aushält.

In einem Café ohne Tische hängen Flachbildschirme an der Wand, die mit einem reden, wenn man möchte. Anwesend sind ausnahmslos junge Künstler. Oder es sind junge Hacker. Auf jeden Fall sind sie junge Isländer, Deutsche, Franzosen und Ukrainer, die letzten besonders geschätzt, weil sie viel mehr zu leiden haben. Fast alle haben elektronische Geräte an sich oder um sich. Vielleicht also Internet-Aktivisten. Sie sprechen eine Mischung aus Deutsch, Englisch, Technisch und Fahrig. Sie leben alle in Island, das hat etwas mit der Offenheit der Gesellschaft zu tun und dem Umgang Islands mit seinen Banken.

Eine junge Frau erzählt von einer App, die Träume des schlafenden Users fotografiert.

Eine andere junge Frau erzählt von einer App, die Träume unnötig macht.

Eine dritte junge Frau trägt Cordhose und Karohemd und übermalt einen Flachbildschirm lila, worauf der Flachbildschirm »Lavendel?« sagt und fünf Punkte kriegt. Die Farbe verschwindet wieder, und ich würde mich gern selbst auf den Bildschirm malen, um zu sehen, was er über mich sagen würde.

Ein junger Mann, der vielleicht nicht gern isst, trägt eine Sonnenbrille und läuft auf und ab. Ich laufe neben ihm mit. Ich frage, warum er in einem Gebäude Sonnenbrille trägt, ob er vielleicht verprügelt wurde oder keine so schönen Augen hat. Es ist ein Witz, aber vielleicht auch kein Witz, mal sehen.

»Das ist ein *Virtual Reality Glass*«, sagt er.

»Wo bist du jetzt?«, frage ich unerschüttert.

»Im Jemen.«

»Was machst du im Jemen?«

»Der Typ, der sich neulich in die Luft gesprengt hat, hatte

eine Kamera bei sich. Er hat seine letzten vierundzwanzig Stunden aufgenommen. Die Kamera hat die Explosion überstanden, und jemand hat die Daten hochgeladen. Ungeschnittenes Material. Zieh ich mir seit gestern rein.«

»Wann explodierst du?«

Er bewegt den Kopf leicht zur Seite.

»In dreieinhalb Stunden.«

»Alles klar.«

»Bis später.«

»Oder auch nicht, haha.«

»Bis später.«

Es fällt Mo und mir leicht, mit den Künstlern/Hackern zu sprechen, weil sie sich viel mehr für das interessieren, was jemand gesagt hat, der gar nicht in dem Raum ist, als für das, was Mo und ich oder sie selbst sagen.

Ich habe schon als Kind nicht gern, aber viel gemalt. Meine Eltern förderten mich, indem sie mich die Hauswände anmalen ließen, vielleicht in der Hoffnung, dass sie das Haus dreißig Jahre später als Frühwerk ihres genialen Kindes an ein Museum verkaufen können. In meiner Parallelbiografie leben beide noch und unterrichten Kunst und Reli in der Eifel.

Ich habe mir das alles zwar nur vorgestellt, aber ich glaube, ich habe es auch zwei jungen Künstlerinnen erzählt. Jedenfalls sehen mich die beiden erwartungsschwanger an, von wegen, erzähl mal weiter, wir sind erwartungsschwanger. Ich habe aber überhaupt keine Ahnung, wie und warum man Künstler wird, außer dass es dafür eine Schule in Leipzig gibt.

Plötzlich geht in meiner Erinnerungsamtsstube die Tür auf, und Ole lugt herein und fragt, ob er stört: Natürlich stört er nicht. Ole und sein Käferchen. Aktivisten-Ole vom blöden schönen Rhein. Der sympathische Ole mit der NGO in

Kosova. Alles, was er mir erzählt hat, ist da! Die Anekdoten, die Zahlen, ich erinnere mich sogar an die korrekte Aussprache albanischer Städte! Ich nehme jetzt einfach eine beliebige und sage:

»In Pejë habe ich Malerei studiert. Das ist in Kosova, ich wollte mich abseits des westeuropäischen Miefs ausbilden lassen«, und, meine Fresse, wie gut das klingt! Die beiden Künstlerinnen sind begeistert, glaube ich, denn sie kommentieren das nicht. Künstlerinnen überlassen, so stelle ich mir das vor, das Kommentieren den Kritikern.

Und noch was fällt mir ein. Oles Geschichte von dem traurigen Mann mit dem Foto seiner drei Söhne. Da ich nichts über meine Ausbildung in Pejë weiß, wiederhole ich einfach Oles Geschichte. Ich denke mir, jeder kann alles erzählen, es geht ja nicht darum, wer erzählt, sondern um das Erzählte.

Im November 1999 werden drei junge Männer in einen Keller in Pejë getrieben und erschossen, und die Tochter von einem von ihnen muss zusehen, sie spricht nie wieder ein Wort. Die Eltern sind zufällig nicht in der Stadt. Als sie zurückkommen, erfahren sie von der Tat und auch, wer die Mörder sind. Aber es ist Krieg, die Willkür und die Angst herrschen – niemand möchte aussagen gegen Verbrecher, die ein Staat schützt, und was kannst du gegen solche ausrichten, als Eltern gegen einen Staat und seine Henker? Die Mörder verlassen die Stadt, sie leben und morden weiter, ihre Namen sind blutbekannt. Nach dem Krieg tauchen sie unter.

Zehn Jahre nach der Tat gelingt es dem Vater (die Mutter ist inzwischen verstorben) mit hohem finanziellen Aufwand und großzügiger Unterstützung einer NGO aus Köln, einen der Mörder ausfindig zu machen und ihn sogar vor Gericht zu bringen. Es gibt Zeugen, aber der Angeklagte hat Verbindungen zur Mafia, und wo Mafia ist, ist in Serbien und Kosova die Politik nie weit, und wo Politik sich in die Justiz einmischt, werden Gerichtsverfahren zu Theaterstücken und Prozessbeobachter zum Publikum, und die Furcht korrumpiert noch den standfestesten Zeugen. Ein zehn Jahre altes Alibi taucht auf, wird ernst genommen, das Verfahren endet mit der Freilassung.

Die Künstlerinnen sind schockiert, ich eigentlich auch. Und was für eine Wahl bleibt mir, als dann – Ole in my heart – zu sagen: »Das sind so Momente der Ohnmacht, wenn man alle Optionen durch hat – da hilft nur die Kunst. Ich habe das Schicksal der Familie in einer Serie von Aquarellen verarbeitet.«

Ich habe noch nie in meinem Leben die Begrifflichkeit ›Serie von Aquarellen‹ verwendet. Sie fühlt sich derart warm, friedlich und eitel an, dass ich noch am gleichen Tag in einem Laden für Künstlerbedarf alles für das Malen mit Aquarellfarben erwerbe und die Nacht mit Lernvideos verbringe, um am frühen Morgen Mo einen ersten Versuch zu präsentieren – eine Skizze bloß –, aber Mo ist erstaunt und beglückt, was mich erstaunt und beglückt, und er fragt: »Ist das mein Vater?«

»Nein«, sage ich, »das ist Ole, Ole aus Köln.«

In aller Seelenruhe landet die Turteltaube auf der Terrasse. Mo zieht die Tür vorsichtig auf. Die Turteltaube neigt das Köpfchen.

»Na?«, sagt Mo, weil: Was will man sonst sagen? So einen richtigen Gesprächsentwurf haben wir nicht vorbereitet für diese Eventualität.

»Kommt mit«, sagt der Vogel. »Ich möchte euch meine Heimat zeigen.«

»Heimat ist doch, wo niemand sein kann, außer man selbst«, sagt der misstrauische Mo.

»Heimat, das ist doch nur so ein Gefühl, oder?«, sage ich.

Die Turteltaube seufzt, jetzt schon genervt. »Kommt ihr mit oder was?«

Mo und ich und die Turteltaube in Turteltaubes antikem Peugeot, der antike Peugeot auf dem Myvatn im Schneeregen. Die vierte Fahrtstunde ohne Pause durch die Nacht. Die Turteltaube ist eine Draufgängerin am Lenkrad und hupt jede steile Kurve an. Sie spricht über sich und über die Turteltaube an sich, sie spricht über Flugrouten, über den Süden. Sie erklärt die Anstrengungen der langen Flüge, sagt, die Utopie unserer Zeit sei nicht Üppigkeit, sondern Überleben. Sie ist allwissend. Sie beherrscht vierhundertdreißig Sprachen, wenn man die Vogelsprachen mitzählt. Beim Anblick eines Raubmöwenpärchens kann sie ein Flügelflattern nicht unterdrücken. »Sie turteln«, sagt die Turteltaube und quiekt wie ein Badeentchen. Als sie von einem todkranken Falken spricht, hat sie Tränen in den Augen, und ich denke: Welch Größe, falkgejagt den Falken zu beweinen.

Mo ist irgendwann eingeschlafen. Ich wecke ihn nicht. Vielleicht nimmt er die Stimme des Vogels auch so wahr, stattet mit dessen bedrohtem Gesang seine Träume aus.

Mo und ich und die Turteltaube in einem Restaurant in Ostisland. Es regnet und regnet. Die Turteltaube bestellt Ente. Sie zählt die isländischen Entenarten auf. Eiderente. Stockente. Eistaucher. Reiherente. Kragenente. Schnatterente. Trauerente. Sie bricht ab, ruft den Ober und bestellt Lamm. Am Ende wird es eine Suppe. Die Turteltaube und Mo karaoken in der Hotellobby *Paradise City* von Guns N' Roses.

»Heimat ist dort«, sage ich – da sind wir schon auf dem

Hotelzimmer –, »wo man sich am wenigsten vornehmen muss.«

Die Turteltaube öffnet das Fenster und lässt Regen und Kälte hinein. Mo hat Schmerzen und Fieber. Sein Knöchel hat die Größe eines Turteltaubeneis. Die Reise fällt uns auseinander. Wir haben nun sogar die Beliebigkeit abgegeben, an einen Zugvogel.

Mo zeigt der Taube das Gemälde. Sie sagt, das Motiv sei trotz der ihm eigenen Realität plastisch und verständlich. Nur Kunst, die plastisch und verständlich sei, spreche sie an. »Kunst«, sagt die Turteltaube, »muss auf etwas kommen, auf das ich nicht gekommen wäre.«

»Du kannst es für fünftausend haben«, sagt Mo.

»Wer kein Zuhause hat, braucht kein Gemälde«, sagt die Turteltaube. Sie steht am Fenster, und ich weiß, gleich ist sie fort.

Ich schalte die App aus, die meine Träume vor dem Schlafengehen fotografiert.

Mo schnarcht lieblich.

Ich schließe das Fenster.

Mo und ich in einer Holzhütte im Pasvik-Tal an der norwegisch-russischen Grenze, frierend, da es uns nicht gelingt, den Paraffinofen heiß zu kriegen. Mo kann jetzt unmöglich den Vermieter anrufen, der uns mit seinem dreckigen Geländewagen vom Flughafen abgeholt, uns seine Schlitten und seine Motorsäge vorgeführt und uns seinen Huskys und seinen fünf Töchtern vorgestellt hat. »Wie soll man«, sagt Mo, »einen Mann um Hilfe mit einem Ofen bitten, der seinen Schinken vom Geburtsbeistand für das Ferkel bis zum Räuchern des Fleisches begleitet hat?«

Ich rufe also den Vermieter heimlich an, er heißt Anders. Anders sagt, ich soll die Luftzufuhr überprüfen, und während er weiterspricht, stelle ich mir vor, wie ich mit seinen fünf Töchtern und den Huskys norwegisch lachend durch die Wälder ziehe und mich an Moos und Flechten orientiere. Die Vorstellung macht mir Mut und gibt mir Kraft. Ich kehre entschlossen ins Wohnzimmer zurück, wo Mo knapp vor einer Anwendung basaler Lösungsideen steht, sprich Gewalt/offenes Feuer.

Wie stelle ich es nun an, dass Mo glaubt, er habe selbst den Ofen zum Laufen gebracht? Andererseits: Hat Unehrlichkeit Mo und mich einander je näher gebracht? Ich gehe auf die Knie, öffne die Lüftungsklappe, und Sekunden später organisiert das Feuer sich.

Die Raketenkinder hängen wir über den Tisch. Ruß und Staub der Verwüstung und das Knarzen der Holzdielen unter unseren Füßen.

Zu Abend essen wir den sehr guten Räucherschinken auf schwarzem, von Anders gebackenen Brot. Den Schnaps haben die Töchter gebrannt, sie bringen ihn uns, sitzen nebeneinander auf der Holzbank vor dem Ofen, füllen die Hütte mit ihren gut durchbluteten Händen, und in der leisesten Nacht *ever* fragt die jüngste von ihnen, Aurora, was alles mir gehört.

Ich verstehe die Frage nicht, meint sie Besitz? Aurora zählt auf, was ihr gehört, minutenlang, es beginnt zu schneien, die Schwestern erinnern Aurora an ihre Axt, an ihren Bootsmotor, an ihre Duschhaube, sie stellen einander Fragen, necken einander, sind zärtlich, wüsste man nicht, dass sie Schwestern sind, würde man denken, Verliebte, und kurz vor Mitternacht eilen sie abrupt fort, im Schnee verwandeln sie sich in die Äste einer Tanne und werden langsam weiß zugedeckt.

Auch Mo und ich legen uns hin. Ich frage Mo, was uns alles gehört. Mo nimmt unter der Decke meine Hand.

Wir sind im Pasvik-Tal, weil Mo mit dem ältesten Stein Europas in Kontakt treten will. Der ist 3,69 Milliarden Jahre alt. Silben rollen in Mos Stimme wie Kiesel, wenn er über ihn spricht und nicht ›Stein‹, sondern ›Gneis‹ sagt.

Ab jetzt: Schneelandschaft. Wir ziehen alles an, was wir besitzen und stapfen hinaus. Mo fotografiert mich vor dem Winter und schickt das Foto an die Turteltaube.

Anders macht vor dem Haupthaus einen Anhänger mit sicher fünfzig Fahrrädern startklar. Er grüßt nicht, warum auch?

Da es Mo nach wie vor schwerfällt, sich mit einem Mann zu unterhalten, der einen schmutzigen Geländewagen besitzt, muss ich übernehmen.

»Anders, guten Morgen.«

»Steine suchen wird schwierig bei dem Wetter.«

Exakt der Gedanke, den ich vor exakt einer Stunde ausgesprochen habe, nur habe ich ›Steine finden‹ gesagt. Anders und ich!

»Was hast du mit den Fahrrädern vor?«

»Ihr kommt mit, ich kann Hilfe gebrauchen. Anea und Anniken sind holzfällen, Amalie und Askild jagen, Aurora gibt heute in Kirkenes einen Kurs im Filetieren von Fisch. Habt ihr Visa für Russland? Egal.« Er steigt in den schmutzigen Geländewagen und wirft den Motor an.

Ich will unbedingt mit! Schnee, Fahrräder, Anders' Riesenhandschuhe, ein Geländewagen, Russland! Das sind, bis auf Anders' Riesenhandschuhe, genau die Motive meiner letzten James-Bond-Fanfiction.

Nur, wie überzeuge ich Mo, mitzukommen, ohne dass er annimmt, ich wolle bloß in Anders' Nähe sein, was ich zwar absolut will, aber niemals Mo und Europas ältestem Gneis vorziehen würde.

»Du würdest gern mit«, sagt Mo, »gibst es aber nicht zu, weil du glaubst, dass ich beleidigt sein könnte.«

Mos Gesicht: Nicht mal das eigene ist mir vertrauter. Die dichten Augenbrauen, in denen – geht man nah heran, hört man es – eine Schauspielschule den Nachwuchs ausbildet. Man lauscht beim Vorsprechen mit, und heute Nacht deklamierte ein probender Student: »Drum welch Land wohl, liebreicher denn dies, könnten betreten wir, dies bittende, wollenumwundne Gezweig Schutzflehender fromm in den Händen?«

Schon sitzt Mo auf dem Beifahrersitz neben Anders und fummelt am Radio. Eine Stunde später sind wir am Grenzübergang angekommen. Ein Wald, ein Wind, ein See. Am See angelt eine ältere Dame im Pelzmantel. Etwas abseits ein großes knallorangefarbenes Zelt. Polizeipräsenz. Ein Container quillt über von Fahrrädern. Weitere liegen unter einer dünnen Schneeschicht herum wie Reptilienskelette.

Anders lässt uns aussteigen, dann fährt er ein paar Meter weiter, nach Russland. Wir sollen auf ihn warten. Ein Mann und ein Kind verlassen das Grenzhäuschen. Der Mann setzt dem Kind eine Mütze auf, dann das Kind auf das Rad, dann schiebt er das Rad in unsere Richtung. Die Grenzer, die Polizisten, Mo und ich – schauen zu. Die alte Dame zieht einen Fisch an Land. Das Kind klingelt, ein fröhliches metallisches Zwitschern. Zwei Polizistinnen empfangen die beiden. Aus dem Wald stakst ein junges Rentier hinunter zum Grenzposten.

Mo gesellt sich zu den Polizistinnen. Ich muss der Unterhaltung nicht folgen, um zu wissen, dass er sich nach einer gefährlichen Gegend in der Gegend erkundigt. Er kehrt zurück und sagt aber »Afghanistan«. Eine ganze Familie überquert jetzt die Grenze, Mutter, Vater, drei Kinder, zwei Mädchen, ein Junge, alle auf Fahrrädern, sie kurven eher schlecht als recht durch den Schnee. Ein Grenzer stoppt sie, will gleichzeitig das Rentier verscheuchen. Die Kinder zeigen auf das Rentier und lachen. Der Junge geht in die Hocke, wie Kinder in die Hocke gehen, wenn sie Rentiere sehen. Die Familie verschwindet in dem Grenzhäuschen, die Kleinen würden lieber beim Rentier bleiben. Die Alte hat wieder einen am Haken. Ein kleines Radio spielt klassische Musik für sie und die Fische und die Grenzer und die schlafenden Fahrräder und die EU. Die Polizisten frühstücken Müsli aus Plastikschüsseln.

Eine Weile tut sich nichts. Dann ist wieder der Junge draußen. Das Rentier hat gewartet. Es scheut zurück, als der Junge noch näher heran will. Er legt etwas in den Schnee. Jetzt kommt es. Wühlt mit der Schnauze im Schnee, frisst, der Junge streichelt es vorsichtig. Die Alte fängt noch einen, packt zusammen, steigt in ihren schmutzigen Geländewagen und fährt weg.

Anders kehrt zurück, der Anhänger ist leer. Mo und ich sollen helfen, die herumliegenden Fahrräder aufzuladen, er gibt uns bessere Handschuhe. Die Polizisten fassen mit an, nachdem er mit ihnen abseits gesprochen hat. Auch die zweite Fuhre transportiert Anders auf die andere Seite. Ich behalte ein ganz kleines mit Stützrädern. Setze mich drauf. Die Familie des Jungen ist wieder draußen, der Junge will nicht fort, oder wenn, mit dem Rentier. Dann muss er. Das Rentier bleibt zurück. Sie schieben ihre Fahrräder und lassen sie einfach liegen, nachdem die Polizei sie angehalten hat. Das jüngste Kind ist ein Mädchen mit schwarzem Haar, auf der Wollmütze ein weißer Stern. Es atmet in die Hände, um sie warmzuhalten, während die Polizisten mit dem Vater sprechen. Dann gehen alle in das orangenfarbene Zelt. Die Polizisten bringen Decken.

Mo ist weg. Ich musste pinkeln, bin ein ganzes Stück in den Wald hoch, und jetzt ist er fort. Ein Polizist glaubt, dass er auch in den Wald ist, etwas weiter in Richtung der Grenze. Es schneit. Anders ist wieder da. Ich frage ihn, ob man gut verdient mit den Rädern, er antwortet nicht.

Schlagartig ist es dunkel. Scheinwerfer springen an, der Grenzübergang ist im Schneegestöber eine Schneekugel. Der See und der Wald, Russland, Himmel, das ist alles außerhalb des Glases. Jemand schüttelt uns, ich halte mich an Anders fest. Dann ist Mo da. Mo, mein Mo schiebt humpelnd einen Jungen auf einem Fahrrad über die Grenze. Hinter ihm betreten mehr und mehr von diesen stillen Fahrradmenschen die Schneekugel, ihre Räder mit Tüten und Säcken behangen, ich renne ihnen entgegen. Es sind zu viele auf einmal, die Grenzer winken die Polizisten herbei, es wird hektisch, ein Baby weint, ein Rucksack fällt in den Schnee, zwei Frauen sind weitergegangen, ohne kontrolliert worden zu sein und werden von den Polizisten zurück begleitet, und Mo, mein Mo, lässt das Rad mit dem Jungen los, läuft hinterher, fängt das kippende Kind, lässt wieder los, das Rad schlenkert im Schneegestöber unter den wachsamen Augen einer jungen Frau, sicher der Mutter, der Junge ruft etwas auf Arabisch, ein Junge fährt Rad im Schnee in Russland im Jahr 2016.

In der Hütte zurück muss ich Mo tadeln: ohne Visum! Es klopft, Anea, Anniken, Amalie, Askild und Aurora setzen sich auf die Holzbank vor den Ofen, Anea spielt mit Auroras Haar, Anniken fragt nach dem Raketengemälde.

»Ist das?«

»Ja.«

»Von wem?«

»Einer Freundin.«

»Erinnert mich an etwas, was mein Urgroßvater erzählt hat«, sagt Anniken und erzählt, und die Erzählung gehört ihr, und die Schwestern singen leise, wir essen den Schinken und trinken den Schnaps, kurz vor Mitternacht eilen sie fort, halten im Schneegestöber Hände, legen sich als eine Plane über den frisch gehackten Holzhaufen, und der Schnee deckt sie zu.

Am Morgen fährt Anders uns mit dem schmutzigen Geländewagen tief in die Taiga des Pasvik-Tals, an den schwarzen Hochkippen des Eisenerzabbaus vorbei, am Fluss entlang, dann gibt es nur noch Gestrüpp und Kiefern und aus dem Nichts ein Museum in einem ehemaligen Schulgebäude: Bombenangriff auf Kirkenes, brennende Häuser, Fahnen auf einstürzenden Wänden, ich kenne die Fahnen und hasse sie, Menschen, die in die Asche weinen bei minus vierzig Grad –

Und weiter, drüben, seht mal: die Schornsteine von Nikel im gelblichen Schnee, und nach einer Stunde Fußmarsch querfeldein sind wir da. Mo prescht vor, fegt den Schnee weg, darunter der Stein, nichts Besonderes, finde ich, ein heller Stein mit dunklen Adern. Anders klopft an, als wohnte jemand darin, und Mo greift nach seinem Handgelenk, schüttelt den Kopf. Mo horcht, horcht an dem Stein.

Ich auch, ich höre nichts, er ist sehr kalt.

Mo und ich sind unabhängig, ungebunden, unverzweifelt, privilegiert. Wir reisen, damit geschehen kann, was zu Hause nicht geschehen kann. Damit Zuhause nicht geschehen kann. Uns verbindet eine große Feigheit vor Nachbarschaften und

Mitgliedschaften, vor Smalltalk mit dem Postboten, vor der Kaufberatung im Kaufhaus, vor Spieleabenden. Unser Verantwortungsbewusstsein ist sehr hoch, unsere Taten folgen ihm nicht. Unsere Taten folgen einem Stein.

Wir setzen uns drauf und ruhen uns ein wenig aus auf einem 3,69 Milliarden Jahre alten Gneis.

Mo und ich bei Tapio in Vaasa. Tapio ist der finnische Gott der Reise. Er ist älter als das Rad. Seine Tragik liegt darin, allmächtiger Reisender zu sein, aber auf konventionelle Reisemethoden zurückgreifen zu müssen, zum Beispiel früher irrsinnig viele, ewig lange Fußmärsche, schon hart, auch psychisch, immer nur wandern.

Seine Tragik liegt auch darin, ewig überall gleichzeitig sein zu wollen und es nie sein zu können, weil so eine Reisemethode noch nicht existiert. Es gibt niemanden, seit Anbeginn des Universums, der an mehr Orten war als Tapio. Und jetzt steht er am Ufer des kleinen Sees vor seinem Haus auf Rädern, schräg wie ein Baum nach 3,69 Milliarden Jahren Wind, und seine Tragik liegt auch noch darin, dass er keine Wurzeln schlagen kann, obwohl es ihm hier prima gefällt.

Er würde Alimas Gemälde kaufen, aber er darf prinzipiell nichts zu Dekozwecken besitzen, was kein Reisesouvenir ist. Die Wände des Hauses sind so voll mit Mitbringseln von den unzähligen Reisen, dass da auch gar kein Platz wäre für das Bild.

Wir paddeln auf den See hinaus.

Tapio erzählt, er habe vor 300 Jahren mit dem Schreiben begonnen, um den Leerlauf zu umgehen, den es auf jeder Reise nun mal gibt. Sein neuester Versepos nennt sich *Wie der Hausmann das Grammophon repariert* und besteht aus lyrischen

Versatzstücken von Gebrauchsanweisungen uralter Grammofone und modernster mp3-Player, die er unterwegs gesammelt hat.

»Ich habe fünfhundert Geräte in Gedichten installiert«, erklärt er, und dass das bei Kritikern gar nicht gut angekommen sei. Er habe aber ein zu reges Liebesleben gehabt, um sich über Kritiker aufzuregen.

Tapio trägt eine Mütze, die aussieht wie ein Baguette.

Zum Abendessen gibt es Salat mit Tofu. Nach Stunden des Nichterscheinens erscheint Tapios Lebensgefährtin im Esszimmer. Sie ist die finnische Göttin der Ethno-Musik. Sie spielt Alphorn und Didgeridoo gleichzeitig. Mo und ich wissen nicht, wie wir uns dazu bewegen sollen. Das ist immer so, wenn Kulturen aufeinander treffen, man weiß nicht, wie man sich bewegen soll.

Nach dem Vorspiel rezitiert Tapio ein Gedicht oder eine Gebrauchsanweisung. Da weder Mo noch ich des Finnischen mächtig sind, schreiben wir auf, was wir denken, dass Tapio gesagt haben könnte:

Die menschliche Tragik ist nicht Lust, nicht Unlust. Nicht Leben, nicht Tod. Nicht Liebe, nicht Hass. Wie soll ich die Grenzen meines inneren Reiches erweitern? Das ist doch die einzige Frage! Indem ich natürlich mit Lust und Neugier diesen Fluss überquere, diesen See überbrücke, über jenen Gebirgshang machtvoll hinaus, wo die Liebe wartet. Kann ich aber nicht, kann ich nicht! Ein alter Mann bin ich, das ist die Tragik, die ganze Tragik: dass ich singe, anstatt zu gehen!

Mo und ich pünktlich zurück auf der Hochzeit von Mos Halbschwester aus dem Sauerland. Mos Halbschwester bittet Mo, sie nicht mehr Sabrina zu nennen.

»Wie dann?«, fragt Mo.

»Rina«, sagt Sabrina.

Rinas Ehemann spielt Klarinette für Rina. Wenn jemand für jemanden etwas spielt, ist es auch beim hundertsten Mal nicht blöd oder egal.

Mos Vater hält eine Rede, aus der vor allem hervorgeht, dass er seinen Schwiegersohn überhaupt nicht kennt. Das ist aber insofern unwichtig, als dass er es gleich im ersten Satz zugibt. Er sagt: »Ich kenne diesen Mann dort nicht«, und er zeigt auf seinen Schwiegersohn. Lacher natürlich garantiert. Auch der Applaus ist herzlich, weil das Ganze normal endet und nicht wie in einem skandinavischen Misshandlungsdrama.

Mo zettelt Unterhaltungen über Kunst mit den Gästen an, speziell über Malerei, speziell über den syrischen Surrealismus, aber die Leute wollen lieber tanzen, und das ist doch okay, Mo, lass sie.

Um vier Uhr in der Früh verlassen Mo und ich das Fest. Ich staune, wie wenig wir uns danebenbenommen haben, wenn man bedenkt, dass zwischendurch so etwas wie *Familienduell* gespielt wurde. Eine der Fragen war zum Beispiel: Wäre die Braut ein Getränk, welches Getränk wäre sie? Mo hat *Apfelschorle mit wenig Apfelsaft* notiert. Dann fing er sich aber und schrieb stattdessen *Wodka Red Bull*, das trank Rina gern, und das wurde auch Top-Antwort.

Weil er die ganze Zeit so brav war, muss Mo es jetzt aber wissen. Er hält ein Taxi an, doch anstelle unseres Hotels nennt er Husby als Ziel. Er wählt die Nummer der Polizistin aus dem Hafen, aber sie geht nicht ran.

Husby schläft nicht. Hier ruht sich einer kurz auf einer Bank aus, dort brüllen müde Partyrückkehrer Mülltonnen an. Mo atmet tief ein. Und da braust heran großes, Gewalt

154

versprechendes Geschrei, vierzig, vielleicht fünfzig Araber oder Schweden oder Türken, sie skandieren etwas, sie singen etwas, sie fragen etwas, eine unterhaltsame Jugend, die etwas nicht will oder etwas sehr will.

Wir holen die Aufgebrachten ein, aus den Nebenstraßen speist sich unser Fluss, wächst an, die Fäuste gen Himmel, worum geht es wohl? Wut in Stockholm, oder ist das überhaupt Wut? Tanzen wir nicht einfach bloß um einen brennenden Wagen?

Ich packe Mo an der Schulter, aber die Strömung entreißt ihn mir, auch die Lust will voran, ein Fluss kennt seinen Weg, das ist nicht unsere Wut, Mo, wir sind Gäste in einer fremden Welle, rufe ich, und Mo sagt, bloß, weil das Problem dich nicht betrifft, muss es doch nicht ignoriert werden. Eine Schwangere wankt barfuß und betrunken in die Meute. Wir nehmen sie mit, Mo fragt einen Marokkaner, wessen Kolonie er am liebsten wäre, der zeigt zum Himmel, weiterweiter, immer weiter, Mo lacht, Mos Lachen inmitten des nicht lachenden Mobs, was geschieht uns gleich?, Mo löst den Krawattenknoten, sein Hemd ist gestärkt, die Anspannung schlägt eine Scheibe ein, die Meute bleibt, wie auf ein Zeichen – drüben! – stehen – drüben, die Bullen! Wir zeigen auf sie laut, sie zeigen nicht zurück.

Ich denke: Mo und ich für die Dauer einer Reise.

Die Polizei ruft etwas durch ein Megafon.

Der Druck von hinten, das Geschiebe. Mo und ich können uns ja nicht für immer dieses Leben selbst aussuchen. Es ist unausweichlich, dass wir irgendwann irgendwo bleiben und für jemand anderen, einen Polizisten vielleicht, unausweichlich sind.

Mo schreibt eine SMS. Er schreibt *Heute Kaffee, bin in Stockholm? Mo.* Oben im Sendefeld steht *Rebekka*.

Mo ist unversehrt, ich bin unversehrt.

Mo fotografiert wahllos in die Meute. Mo fotografiert die Polizisten. Mo fotografiert mich und sich Arm in Arm.

Drüben brennen S-Klassen, oben brennen Sterne.

Auf einem Foto: die Polizistin aus dem Hafen, kaum zu erkennen im *Riot Gear.* Wahrscheinlich ist sie es gar nicht, wir wünschen es uns vorerst.

In Mos Hand leuchtet das Display von Mos Smartphone auf. *Gern, wo/wann?,* steht da, *R.*

Mo und ich frühstücken in der, ja *der* Pizzeria. Der Pizzaalbaner ist trotz ›man sieht sich im Leben immer zweimal‹ gereizt, weil wir wieder aufgetaucht sind, dabei hat das nichts mit Unverfrorenheit zu tun, sondern fast nur mit Hunger und damit, dass der Laden schon so früh aufmacht.

Wir sind die einzigen Gäste. Der Pizzaalbaner geht in den Keller, um Karotten zu holen oder was auch immer, und Mo ist ruckzuck in der Küche und hat die Machete unter seiner isländischen Regenjacke verstaut.

Mann, Mann, Mo.

Aber gut. Die Pizza ist mit Spiegelei, damit zumindest etwas Frühstücksfeeling aufkommt, schmeckt passabel, wir reden ja darüber nicht mehr, verabschieden uns mit der Ankunft weiterer Gäste, rauschen ab ins Hotel und bewundern die feine Hiebwaffe. Mo ruft in der Pizzeria an und schaltet auf Lautsprecher und sagt schon mal »Yo, yo, yo!«

»Wer ist da?« Der Pizzaalbaner ist dran.

»Wir sind es. Foto von gestern und das Spiegelei von gerade.«

»*Porca madonna,* was wollt ihr?«

»Fünftausend.«

»Was?«

»Euro.«

»Was?«

»Für deine Machete.«

Es ist wie erwartet kurz nichts zu hören in der Leitung, dann ein wütender Schrei, dann:

»Wenn ich dich kriege, wirst du die Machete fressen.«

»Fünftausend.«

»Wenn ich dich kriege, werde ich deine Kleine filetieren, sie dir zum Essen vorsetzen, und danach wirst du die Machete fressen, *imbecille!*«

»Ich habe damit nichts zu tun«, rufe ich. Sicher ist sicher.

»Fünftausend«, sagt Mo.

Der Pizzaalbaner spuckt. Wahrscheinlich in seiner Küche. Schlimm. »Das Ding ist vielleicht dreitausend wert, max«, sagt er.

Mo denkt nach. »Gut, viertausend.«

»Wenn ich dich kriege ...«, usw. Man muss nicht mehr alles explizieren. Überhaupt lohnt es sich an dieser Stelle, in die Zukunft zu reisen, zur Geldübergabe, weil dabei etwas ganz Außerordentliches geschehen wird. Die Übergabe wird in einem Hotelzimmer stattfinden, das wir kurzerhand unter falschem Namen gebucht haben werden. Der Pizzaalbaner wird das Zimmer unabgeschlossen vorfinden, wird eintreten und per SMS erfahren, dass er das Geld in eine bereitgestellte Tüte stecken und aus dem Fenster werfen soll, was er auch tun wird. Mo wird ihm dann verraten, dass die Machete im Bad hinter dem Duschvorhang an der Wand klebt.

Das Außerordentliche wird sein, erstens, dass der Pizzaalbaner sich im Hotelzimmer schnell nach der Machete umgesehen haben wird, bevor er das Geld aus dem Fenster wirft, und was wird er unter dem Bett gefunden haben? Richtig, das Raketengemälde. Wir mussten aus unserem alten Hotelzimmer um elf raus und den Mietwagen um zwölf abgeben, wo bitteschön hätten wir es denn verstecken sollen? Wir werden jedenfalls beobachten, wie er mit dem Gemälde und der Machete das Hotel verlassen, beides im Kofferraum seines Fiats verstauen und aus unserem Leben heraus in sein weiteres Leben abfahren wird.

Und das Außerordentliche wird sein, zweitens, dass kurz vor 15 Uhr Mo sagen wird, ich muss los, du kommst jetzt mal alleine klar. Er wird sich vermutlich mit Rebekka treffen, und ich werde im Hotelzimmer Aquarelle malen, Erdnüsse knabbern und warten, dass Mo zurückkommt, hoffentlich froh, mein Mo, hoffentlich froh.

IM FERIENLAGER IM WALD

Alle aus der Klasse wollen zum Ferienlager in den Wald.

Ich sage: »Ich will nicht zum Ferienlager in den Wald.«

Ich sage: »Der Affe ist vom Baum runtergeklettert und Mensch geworden, und jetzt soll ich wieder auf Bäume klettern?«

Ich sage: »Und Lagerfeuer? Es gibt doch kein traurigeres Feuer auf der Welt, als eines, in dem Kartoffeln in der Folie braten.«

Ich sage: »Ich finde Bäume nur als Schrank super.«

Außerdem: »Ich hasse die Farbe Grün, ich hasse die Regeln von jedem Spiel. Und dann ist der Wald auch noch voller Mücken. Und Mücken, Mücken sind das Letzte. Es wurden mal tausend Leute statistisch befragt, was sie gern aussterben lassen würden, wenn sie es könnten, und jetzt rate mal, auf welchem Platz die Mücke am Ende gelandet ist.«

Alles vergebens. Mutter hat schon Pläne gemacht. Pläne ohne mich. Mutter kann ohne mich um sich jünger sein, als mit mir um sich. Endlich wieder mit Freunden trinken und spät wegbleiben. Ich finde das okay. Mütter sind okay. Ist auch nicht einfach mit mir. Neulich hab ich versucht, ein T-Shirt im Toaster zu trocknen.

Mutter winkt zum Abschied. Ihre Hand sieht glücklich aus.

Fünf Waldhütten stehen auf einer Lichtung. Meine Waldhütte riecht wie Baum und Rauch und summt wie eine Mücke. Ich mache von Anfang an klar, dass ich hier unfreiwillig bin. Ich sage: »Nur, damit es keine Missverständnisse gibt: Ich lehne die Natur ab. Ich lehne das Basteln von Wanderstöcken ab. Ich lehne Folienkartoffeln ab.«

Folgerichtig will sich niemand mit mir ein Zimmer teilen. Und weil sich auch mit Jörg niemand ein Zimmer teilen will, werden Jörg und ich zusammengetan.

Mit Jörg will niemand etwas zu tun haben. Das ist halt so einer, kennt jeder. Einer, der anders ist. Weil doof oder fett oder arm oder einfach zufällig am falschen Ort was Falsches gesagt, und schon ist es vorbei mit glücklicher Schulzeit. Einer, der duldet und schluckt und zu Hause unter dem Bett weint und Schulpsychologe und Schulwechsel und irgendwie dann doch versuchen, den ganzen Bockmist zu Ende zu bringen, um danach etwas Faszinierendes zu studieren und neue, gute Freunde zu haben und Familie und zwei Töchter, Lisa und Lena oder irgendwas anderes mit »L« und zwei Silben, und ein Haus bauen am Rand von Münster und mit 55 Frührente und ab nach Spanien, Orangenbäume pflanzen und im Kreise der Familie Eis lutschend sterben.

Bei Jörg sind es vor allem die Ohren. Und eine allgemeine Schüchternheit vor den Dingen, vor der Welt. Aber vor allem die Ohren. Wenn ich Jörgs Ohren sehe, fällt mir kein Wort ein, das sie beschreiben könnte, es müsste noch erfunden werden. Ich erfinde immer wieder mal eins, und es ist dann aber so lang, dass ich mir nicht sicher bin, wie man es überhaupt ausspricht.

Jörg hat die stolzesten Ohren des Universums.

Mir macht Jörg nichts aus, Jörg quatscht nicht blöd rum und riecht nicht nach Haarspray, und bevor er in einen Apfel beißt, schaut er sich ihn lange an, summt leise, spielt mit dem Stiel, riecht an der Haut, irgendwie ist das super.

Jörg sagt, er möchte im Hochbett unten schlafen. Ich starre auf sein linkes Ohr, während er spricht. Hinter Jörgs linkem Ohr ist wenig zu sehen von der Welt des Waldes, und das finde ich richtig gut.

Es wird gewandert. Wandern in einer Gruppe ist die unfreiheitlichste aller Freizeitbeschäftigungen. Du darfst dir nicht das Ziel aussuchen. Du darfst immer nur so schnell sein wie die Gruppe. Du darfst vom Weg nicht abweichen. Du musst über Pilze lernen, dabei willst du niemanden vergiften. Und alle Rücken verschwitzt, es gibt keinen schlimmeren Schweiß als Rückenschweiß.

Nach einer Weile tue ich so, als würde ich mich verlaufen, damit ich in die Hütte zurückgehen und lesen kann. Ich lese lieber über Abenteuer, als Abenteuer zu haben. Wäre meinen Allergien auch viel zu anstrengend. Und Bücher-Mücken stechen nicht. Und man muss keine Lieder singen über frohe Wandersleute, wenn man doch selbst gar nicht froh ist.

Ich lasse mich immer weiter zurückfallen. Keiner schaut nach mir. Irgendwann höre ich die anderen nicht mehr und kehre um.

Aber umkehren, das ist gar nicht so einfach, wie es klingt. Der Wald denkt sich nämlich: »Sososo, sieh mal einer an … Bist du nicht der, der sich über meine Bäume und meine Mücken lustig gemacht hat?«

Wälder sind auch noch nachtragend.

Jedenfalls tue ich auf einmal nicht mehr so, als hätte ich mich verlaufen – ich habe mich wirklich verlaufen. Und das ist beängstigend, weil es ja bedeutet, dass ich mein Leben ab jetzt im Wald verbringen und mich von Moos ernähren muss, und Moos schmeckt wahrscheinlich noch schlechter, als das Essen in der Kantine. Ich laufe immer weiter, und auf einmal finde ich es total gut. Die Bäume machen ihre Baumgeräusche, ein Bächlein plätschert lustig herum, ich winke einem Eichhörnchen zu und freunde mich mit einigen Hirschen an. Wir spielen eine Runde *Fifa* auf der X-Box, und alle Hirsche wollen als FC Bayern spielen, und ich denk mir, ja klar, und lasse Dietmar, den Oberhirsch gewinnen, sicher ist sicher, man will nicht mit unwirschen Hirschen zu tun haben, und die Hirsche sind gutgelaunt und geben mir Erdbeeren zu essen und bringen mich später zurück auf die Lichtung, zum Abschied geben wir uns ein Küsschen auf die Wangen, wie es Onur und Adil tun, »ala, Dietmar, machs gut« – »ala«.

Der Koch hat sein Hemd ausgezogen. Der Koch ist drei Meter breit zirka und groß und Glatze und Schnurrbart und ein Tattoo von einem Raumschiff oder einem Traktor auf der Stirn. Er steckt seinen Daumen in den Kessel und dann den Daumen in seinen Mund, es gibt Hühnersuppe. Er würzt nach mit Pfeffer und Erde.

Ich stelle mich neben den Koch und lese ihm aus meinem Buch vor. Es ist ein Buch von einem Mark, ich soll es lesen als Stadtkind und in meinem Entwicklungsstadium, ich finde es aber auch ziemlich okay.

Es macht zum Beispiel, dass ich kurz alles um mich vergesse, was nicht Buchstabe ist, also mal gucken, wie der Moment aus der Perspektive einer Mücke aussieht: Ein Junge liest, ein Koch kocht, ein Sommer schwitzt, der Koch tropft in die Suppe und sagt, er kennt das Buch, lange her. Er zeigt auf den Kessel: »Jetzt töte ich selber«, sagt er, »mit eigenen Händen, ich drehe den Hühnern den Hals um.«

Ich freue mich über diese Info, auch wenn ich nicht ganz verstehe, warum sie sein musste.

Die anderen kommen zurück. Die Betreuer schreien mich an. Ich glaube, sie haben mehr Angst um sich gehabt als um mich. Sie dachten vielleicht, dass sie ins Gefängnis kommen, weil sie mich im Wald verloren haben.

Ich stehe neben dem Koch. Ich atme den Koch tief ein. Er legt seine große Hand auf meinen Kopf. Sie wiegt mehrere hundert Kilo. Ich blinzle die Betreuer an. Ich weiß, so lange mich der Koch beschützt, kann mir nichts passieren.

»Es ist doch gut«, sagt der Koch. »Er ist doch da.«

Ich sage: »Genau. Ist doch gut, ich bin doch da.« Ich versuche ein bisschen erschrocken auszusehen, dabei sind Huckleberry Finn und ich ganz schön unerschrocken gewesen heute.

Der Abend kommt, und jemand, der kaum Gitarre spielen kann, spielt Gitarre. Die Lieder sind christlich und orientalisch und pop, weil man niemanden enttäuschen will. Dann schnappt sich der Koch die Gitarre und rappt von seiner unfassbar tragischen Kindheit. Alle Saiten reißen. Alle schweigen. Der Koch verschwindet im Wald, die Erde bebt, wenn er läuft.

Jörg flüstert von unten aus dem Hochbett:

»Ich habe einen Hirsch im Wald gesehen.«

Ich sage: »Den Dietmar?«

Jörg sagt: »Was?«

Ich sage: »Hatte der Hirsch eine Nachricht für mich?«

Jörg sagt: »Ich glaube, niemand hier mag mich.«

Ich denke nach.

Ich sage: »Ich mag, wie konzentriert du dein Brot isst.«

Jörg schnarcht.

Ich kann nicht einschlafen. Ich höre jedes Geräusch, das die Natur fähig ist zu produzieren in einer Sommernacht im Wald, und das ist eine Menge Geräusch. Unser Fenster ist auf. Etwas Mondlicht fällt hinein, und unter dem Fenster sitzt ein Wolf.

Es ist so: Das mit den Hirschen heute, das habe ich mir ausgedacht. Der Wolf jetzt, der sieht verdammt echt aus. Der Wolf ist groß, ist schlank, ist grau, leckt sich über die Schnauze. Ich will aufstehen, will weg, aber ich habe eine solche Angst, dass ich mich keinen Millimeter bewegen kann.

Der Wolf guckt aus gelben Augen.

Der Wolf atmet über eine Atemraspel.

Wenn ein Bär angreift, stell dich tot.

Ich schließe die Augen und stelle mich tot.

Als ich sie wieder öffne, singen die Vögel. Der Wolf ist verschwunden. »Träumen war nie deine Stärke«, denke ich mit der Stimme meiner Mutter.

Der Koch hat etwas Gelbes zum Frühstück gepuddingt. Ich bin der Einzige, den er grüßt. Das Gelb schmeckt süß. Jörg sitzt mir gegenüber. Seine Augen sind rot, es sind Äderchen geplatzt. Jörg isst so selbstversunken, Stirn ganz knapp über der Schüssel, wie ein Erfinder kurz vor Vollendung seiner Erfindung die letzten kleinen Handgriffe tut.

Ich überlege, ihm von dem Wolfstraum zu erzählen, damit er sich nicht so allein fühlt, aber er ist so beschäftigt mit dem Essen, dass ich ihn nicht stören will.

Marko stellt sich hinter Jörg und nimmt Jörg das Gelb weg. Jörg räuspert sich. Marko isst Jörgs Gelb vor Jörgs Augen. Niemand sagt was. Auch nicht zu den Betreuern. Die wollen, dass wir die Konflikte selbst zu lösen versuchen, bevor wir zu ihnen kommen.

Auch ich schweige. Ich schweige wütend, aber das hat noch nie jemandem geholfen.

Heute sollen wir Schmetterlinge jagen.

Ich frage, warum.

Weil wir sie später auf Nadeln stecken werden.

Ich frage, warum.

Weil wir sie sammeln.

Ich frage, warum.

Weil Menschen gern sammeln.

Ich sage: Alles klar, viel Spaß, ich bin dann lieber kein Mensch.

Der Abend kommt wie ein Bus langsam, und jemand, der keine Geschichte erzählen kann, erzählt eine Geschichte. Die Geschichte hat eine Moral. Ich stehe demonstrativ auf und verlasse das Lagerfeuer und gehe in die Hütte. Wenn Mark die Geschichte hören könnte, würde er aus dem Buch rauskommen und den Betreuer, der die Geschichte erzählt hat, in eine Pferdekutsche einspannen und mit der einmal um die Welt fahren.

Jörg liegt schon im Bett.

Ich will sagen, dass mir das mit Marko heute leidtut. Aber es ist nicht so einfach. Und es zählt jetzt sowieso nicht mehr. Jetzt ist es zu spät.

Ich schließe das Fenster, sicher ist sicher.

Sobald ich auch die Augen geschlossen habe, höre ich ein Geräusch: Der Wolf ist wieder da. Fenster zu, Wolf drinnen. Dieses Mal kommt er an unser Bett. Er ist so nah, dass ich seinen Atem riechen kann, warm wie Blut. Würde Jörg den Arm ausstrecken, könnte er ihn berühren. Das Fell wäre fest.

Der Wolf zeigt Zähne, scharf wie die Messer von dem Koch. Wahrscheinlich sollte jetzt geschrien werden. Ich bin aber ein Stein in einem bunten Pyjama. Der Wolf wird gleich Jörg in die Kehle beißen und dann mich und mein Pyjama auffressen, und ich werde als Knochen aufwachen. Werde ich meine Wirbelsäule in seinem Maul knacken hören?

Der Traum endet, als ich im Traum wieder einschlafe. Im Traum des Traums träume ich vom Fallen. Nicht wirklich. Ich sage das nur, weil ich das träumen sollte. Ist typisch für mein Alter.

Der Koch hat sich in beide Daumen geschnitten. Das ist ein Grund zu großer Sorge. Er hat Hilfe beim Kochen gebraucht, die Betreuer haben geholfen, und jetzt schmeckt das Gelb nicht.

Ich frage, ob der Koch sich erholen wird.

»Es sieht nicht gut aus«, sagt ein Betreuer. »Am Abend kommt der Ersatzkoch.«

Das natürlich geht gar nicht. »Okay«, sage ich, »dann möchte ich weg hier. Ich möchte weg hier jetzt sofort, ich möchte nach Hause.«

Der Betreuer sagt, niemand geht, bevor alle gehen. Er hat einen säuerlichen Atem, und in seinem Bärtchen hängt ein Brotkrümel. Der Atem des Wolfs hat besser gerochen.

Ich sage, dass ich Albträume habe. Ich sage: »Ich kriege kein Auge zu!« Ich versuche, ein bisschen zu weinen, aber es klapp nicht, meine Stimme wird bloß lauter: »Ihr sagt immer, wir sollen die Natur genießen. Aber ich kann die Natur nicht genießen, wenn ich vor ihr Angst habe!«

»Willst du nicht den Wasserfall sehen, heute?«, fragt der Betreuer.

»Wasserfälle sind doch einfach fallendes Wasser«, sage ich.

»Morgen backen wir Brot.«

»Ich will Banker werden, nicht Bäcker!«

»Übermorgen schlafen wir unter freiem Himmel.«

»Ich hab doch schon in der Hütte Albträume!«

»Große Jungs haben doch keine Angst vor Träumen«, sagt der Betreuer jetzt, und das ist so ein blöder Spruch! Sein Atem, ich hab's, sein Atem riecht nach Sauergürkchen. Ich stelle mir vor, wie der Betreuer von dem Wolf aufgefressen wird und wie danach auch der Wolf nach Sauergürkchen riecht, und im Wolfsfell hängt ein Betreuerkrümel.

»Nein! Alle haben Angst, alle!«, rufe ich. »Es ist egal, wie alt, und es ist auch egal, wovor. Es zählt nicht die Angst, sondern das Angst-Haben.« Keine Ahnung, woher ich das habe, aber es klingt gut.

Der Koch setzt sich zu mir.

»Worum geht es in dem Traum?«

»Da ist ein Wolf.«

»Jagt er dich?«

»Nein.«

»Will er dich fressen?«

»Ich weiß nicht. Nein. Vielleicht morgen.«

»Trägt er ein Schwert und eine Mittelalterrüstung?«

Und das ist der Moment, da Jörg aufsteht. Und das ist der Moment, da der stille Jörg auf einmal seine Stimme so erhebt, wie er sie nie zuvor erhoben hat. Und das ist der Moment, da alles sonst – der Koch, die Essensbaracke, der Wald, die Kinder, die Kindheit, die Gitarren und Schmetterlinge und Wasserfälle und Mücken und alles, was wir machen müssen, obwohl wir es nicht machen wollen, und all die Ängste, die wir erdulden müssen – stillsteht.

Und das ist der Moment, da Jörg schreit: »NEIN!«

Das ist der Moment, da Jörg sein Essenstablett zu Boden schmeißt und nichts kaputtgeht, weil alles Plastik ist.

»Nein! Der Wolf sitzt nur da und guckt – dich – an! Mit diesen gelben Augen guckt er dich an! Mit diesen gelben, gelben Augen! Und er kommt so nah, dass du seine Zähne schmecken kannst. Er kann alles von dir nehmen! Dein Leben kann er von dir nehmen! Er hat ja das gelbe Leben, das du nicht hast! Und er will was von dir, aber du kannst nicht wissen, was. Vielleicht will er ja, dass du dich wehrst, aber wie wehrt man sich gegen solche krassen Augen und gegen solche krassen Zähne? Wie geht das?«

Jörgs Augen: groß, weit, genau.

Jörgs Ohren: rot.

Jörgs nasse Wangen. Jörgs Stille. Ja, das ist Jörgs Stille. Sie gehört ihm und niemandem sonst. Eine Stille kannst du nur dann besitzen, wenn du was zu sagen hattest, was wichtig war.

Bald darin wieder das hungrige Schaben und Kratzen der Plastikgabeln auf Plastiktellern. Und der Koch, der Jörg eine neue Portion Gelb bringt. Ihm seine große Kochhand auf den Kopf legt.

Aber die braucht Jörg nicht. Die braucht er jetzt nicht.

FALLENSTELLER

Über das öde Land, querfeldein, marschiert durch die Dunkelheit einer, verwegen muss er sein, strauchdiebisch oder verwirrt, sonst ginge er hier nicht unbeirrt, hätte überm Kopf ein Dach, nicht Sterne, miede nicht die Dörfer, ach, jede Laterne, schliche nicht geduckt jenseits unsrer weltlichen Wacht.

Die Nacht ist ihm zugeneigt; der Schleier ihrer schwarzen Tracht deckt seine Züge, das Mondlicht verrät ihm manch eine Lüge im knotig rauen Grund. In seinem Vorübergehen klingt das Knurren des Wildes wie Verstehen, sonst wird die Natur leise, wo der Wanderer auf seiner Reise schreitet.

Unser Dorf meidet er nicht. Wie die Motten dem Licht, fliegen uns die Irren neuerdings zu, wir sind's schon fast gewöhnt. Er geistert durch unsere Friedhofsalleen, beäugt kritisch die Fensterbrettkakteen, dann noch ein Schlückchen aus unseren Seen –

Halt!

Drüben, bei den Lauben! Ein Schnauben! Ein Keiler übt an den Tomaten Rache für den Wildschweinbraten. Der Fremde nähert sich zwischen den Salaten, unverzagt und taff, rote Kernchen glänzen auf der Bestie Gewaff, in den Augäpfeln eine Kraft, die Mut nicht braucht.

»Durchlaucht, Ihr habt was an der Schnauze«, die Stimme des Fremden hat manche Kippe geraucht.

»Kriegt man sauber, Kleener, aber wat is mit deiner Plauze?«, repliziert das Tier, und wären wir nicht wir, wären wir bestürzt: Dass ein Schwein den Menschen einfach so duzt.

WIR WERDEN WENIGER, DIE TIERE WERDEN MEHR. Wölfe streifen durch den Kiecker. In der Waldschwärze denken wir uns das Rudel, die glühenden Augen beobachten uns. Im Rücken deutscher Mischwald.

Es gibt nichts zu tun oder es gibt zu viel zu tun und niemanden, der es tun will. Jetzt hat auch die Gitty dichtgemacht. Wir haben keinen Kiosk mehr. Den Zigarettenautomaten hat der Schramm umgenietet. Bis ein neuer steht, gibt es ein paar Nichtraucher mehr. Das hat auch sein Gutes, zum Beispiel für Babys.

Für Bäcker Zieschke kommt das Gute leider zu spät. Bäcker Zieschke hat sein Bein an die Kippen verloren. Beziehungsweise, wir haben gelernt, nicht immer auf den Verlusten herumzureiten, sondern auch mal das Positive zu betonen. Also: Bäcker Zieschke hat noch ein Bein und hat mit dem Rauchen aufgehört.

Lada hat auf die Nikotin-Marktlücke reagiert und Kippen im großen Stil aus Polen importiert. Die ohne Reinheitsgebot. Zwei, drei reichen für eine ganze Woche.

In Polen kennt Lada sich aus. Ist als Zwölfjähriger mit dem Lada seines Großvaters nach Breslau gefahren und mit einem

Benz zurückgekommen. Wollte es den Polen heimzahlen. Ja, und Dienstagnachmittag hat er zum vierten Mal binnen zwei Jahren seine Kiste im Tiefen See geparkt.

Der See hat geblubbert. Ein Wolf hat zugeguckt. Johann und der stumme Suzi haben zugeguckt. Eine Minute ist vergangen, dann noch eine. Der Wolf hat solidarisch aufgeheult oder zufällig. Johann und der stumme Suzi haben sich aufgemacht zum Rettungstauchen. Zu spät. Lada watete ihnen schon durch das Schilf entgegen, eine polnische Kippe zwischen den Lippen. Er sah zur Straße, als suchte er was.

»Was hast so lange gebraucht?« Das war Johann, wie immer zuständig für Überflüssiges.

»Musste was zu Ende denken.« Lada tunkte Johanns Kopf unters Wasser, dreißig Sekunden, pimaldaumen.

Fürstenfelde. Einwohnerzahl: gerade.

Es ist Zeit vergangen, seit du bei uns warst. Jetzt gibt's wieder was zu erzählen. Jetzt ist der Fallensteller da.

ERST HAT LADA ERZÄHLT. Dass er vor dem Woldegker Tor aufs Pedal gestiegen ist, damit die Ortsgrenze wie eh und je im Flug überquert werden kann, wie ein Adler in einem Golf. Bloß ist ihm diesmal ein Asozialer auf die Straße gelaufen. »Richtig Bombenleger. Ratte auf der Schulter, Käfig oder was unterm Arm, das ganze Asi-Programm. Ist es ein Reh, bretterst du drüber. War aber kein Reh, sondern Asozialer. Kannst nicht einfach drüberbrettern. Nicht mal, wenn du Rehe besser findest als Asoziale. Und sowieso: Es läuft gerade *Manowar*, und der See kennt mich, der See tut mir nichts. Weich ich also dem Asi aus, und Vater See nimmt seinen Sohn zärtlich in den Arm.«

So einer war Lada. So hat der erzählt. »Zärtlich in den Arm.« Beziehungsweise, man muss sagen: So einer war Lada *geworden*. Nachdem der Schriftsteller hier gewesen ist, der mit dem Buch über uns. Lada hat ihm ja damals alles gezeigt, so und so läuft es hier und so läuft es dort. Alleine hat der Typ sich höchstens mal zum Bäcker getraut, um nicht zu verhungern. Ein Jugo war das. Aber ein verweichlichter Jugo, ganz ungewöhnlich. Jugo-Schriftsteller halt.

Später sind dann »Literatur-Touristen« hergeradelt »auf

173

den Spuren des Buchs«. Kamen bei Ulli vorbei, wollten Fotos machen. Musst du dir mal vorstellen! Pichelst schön in aller Ruhe deine Molle, plötzlich latscht ein Lesezirkel aus Lübeck in die Garage.

Ulli hat ihnen Bier verkauft und sie rausgeschmissen, weil, was soll das?

Auch die Heimatstube war beliebt, weil da in dem Buch im Keller irgendwas passiert. Es gibt aber gar keinen Keller unter der Heimatstube. Und Ulli heißt auch nicht Ulli. Aber seit Meerrettich-Micha, der im Buch Meerrettich-Micha heißt, so was kannst du dir nicht ausdenken, uns das erzählt hat, dass also Torsten in dem Buch Ulli heißt, heißt Torsten auch bei uns Ulli. Findet er bescheuert, haben wir also beibehalten.

Lada hat sich um hundertachtzig Grad gedreht, seit der Jugo das Buch gemacht hat. Das ist übertrieben, er war natürlich immer noch Lada, so einen wie ihn drehen zehn Pferde und eine Aufzucht in einem katholischen Internat mit oder ohne sexuellen Missbrauch nicht um. Also vielleicht nicht hundertachtzig Grad, vielleicht nur hundert. Oder sechzig, sechzig kommt hin, aber das reicht ja im Allgemeinen, dass die Gardinen des Nachbarn sich fragen, ob einer nicht heimlich angefangen hat, Sprengstoff-Bauanleitungen aus dem Internet zu drucken.

Wobei Lada genaugenommen gelassener geworden ist. Zum Beispiel tickt er nicht mehr so leicht aus, bzw. schon immer noch sehr leicht, aber erst schreibt er sich etwas in sein Heftchen auf, und dann tickt er aus.

Das Heftchen hat ihm der Schriftsteller geschenkt. Ein kleines schwarzes, und da schreibt Lada jetzt Sachen auf. Notiert. Lada notiert! Wie so ein Opfer.

Der stumme Suzi hat mal gefragt, warum Lada sich alles

aufschreibt. Suzi ist jetzt keiner, der groß Emotionen und Vorurteile ausübt, ihn hat das rein neutral aus Interesse interessiert. Wir sind schon eher kritisch. Wer weiß, was da alles drinsteht über uns. Am Ende stimmt es noch.

Lada hat geantwortet, weil gute Ideen sich nicht anmelden und damit sie nicht verloren gehen, muss er sie notieren, was natürlich eine Antwort war, für die Lada sich früher selbst zusammengetreten hätte. Jetzt hat er sich aber aufgeschrieben, dass ihn Suzi gefragt hat, warum er sich alles aufschreibt.

Der Schriftsteller wollte sogar einfädeln, dass Lada eine Geschichte für ein Buch schreibt, hätte sogar Kohle gegeben, hundertachtzig Ocken. Ist natürlich erbärmlich, wenn du das in Stundenlohn denkst, knapp sechzig Cent, hat Lada selber ausgerechnet, und dass er, so gesehen, mehr kriegt, wenn er Häuser entrümpelt, als wenn er über das Entrümpeln der Häuser schreibt, also hat er das Angebot dankend abgelehnt.

Mann, Mann, Mann, Fürstenfelde, Literaturmetropole. Mehr Literaten als Nazis, und das jetzt, wo wegen den Flüchtlingen jeder ein bisschen besorgt ist, sogar die SPD, und in Sachsen montags gegen die Reisefreiheit demonstriert wird, wo vor gar nicht so langer Zeit noch für die Reisefreiheit demonstriert wurde. Fürstenfelde ist mehrheitlich unbesorgt. Vielleicht, weil bei uns kein Gebäude gleichzeitig geräumig genug ist und nicht zu marode für ein größeres Asylantenheim.

Immerhin sind fünf syrische Familien in die Zwei gezogen, direkt gegenüber von der Garage. Babylonisches Sprachengewirr, wenn die Säufer, die Einheimischen, die Berliner und die Syrer zusammenkommen. Und alles läuft wie am Schnürchen. Können sich die Herrschaften in Berlin mehrere Scheiben abschneiden. Ehrenamtlich geführte Deutschkurse, Spendenkonto, in dem erst ein Zahlendreher drin war, aber jetzt geht es. Ditzsche hat mit dem Wochenverkaufserlös seiner Eierbox drei SIM-Karten für die gekauft. Eine Spendenwohnung wurde eingerichtet, attraktiv auch für einige aus dem Dorf, man überlegt jetzt, dort einen dauerhaften Umsonstladen aufzumachen, mit Tauschbörse und Kaffeemaschine.

Der einzige Zwischenfall bisher: Eine vermummte Erschreckensattacke auf Familie Haziri unter Beteiligung Erwachsener. Das war aber zu Halloween, man könnte den rechtsradikalen Hintergrund möglicherweise also gegebenenfalls ausschließen.

Das Thema von einer Geschichte hat Lada uns übrigens schon verraten. Tiere. Also nicht Lada direkt, sondern Johann hat sich bei Ulli kurz in Ladas Büchlein umgeschaut, während Lada den Imboden nach Hause getragen hat.

»Lada, Fabel?«, hat der stumme Suzi gestikuliert.

»Nein«, hat Johann geantwortet, »Lada, Ratten.«

»DIE RATTEN, wenn sie gestatten, sind ein lösbares Problem«, sprach der Mann im Garagentor, und die Pilstrinker in Ullis Garage mussten sich erst mal orientieren, wer da jetzt redet zu einer Zeit, wo normal höchstens noch der Zapfhahn Sätze korrekt zu Ende bringt.

Wir trinken in Ullis Garage, weil nirgends sonst Sitzgelegenheiten und Lügen und ein Kühlschrank so zusammenkommen, dass es für die Männer miteinander und mit Alkohol schön und gleichzeitig nicht *zu* schön ist. Das hat der Schriftsteller geschrieben. Ulli hat es an den Kühlschrank geklebt. Die Ratten hat der Schriftsteller nicht erwähnt. Dabei weiß jeder, die Ratten sind der Grund, dass Ulli zum Knabbern nur noch Senfgurken anbietet. Und im Garagentor hat sich also jetzt einer hingestellt zum Behaupten und zum Ansprechen von diesem wunden Punkt. Ein Langer, der den Sonnenuntergang oder -aufgang – so genau hat das die Garage nicht mehr bewerten können – fast verdeckt hat. Knollennase, hinten Zopf, vorne Glatze, schwarzer Mantel mit hohem Kragen wie aus einem Jahrhundert, in dem Männer »Beinkleider« trugen. Unter dem Arm ein Käfig, einen Koffer zog er an einer Schnur wie einen verstaubten Hund.

Schon also so einer, dass du denkst: eine Erscheinung, der hör ich lieber zu. Ja, woanders denkst du das vielleicht. Bei uns denkst du: »Was willst du denn?« Und sagst das dann auch. Ulli übernimmt das, weil wenn sich einer von den Ratten in der Garage angesprochen fühlt, dann ja wohl der, dem die Nahrungsmittelreste in der Garage gehören.

Hier, der Vollständigkeit halber, Ullis weitere Interessensfragen: »Woher weißt du von den Ratten?« war die zweite, sehr gute. Die dritte lautete: »Und was geht dich das an?«

Dazu musst du verstehen, dass schon ganz andere bei uns vorgesprochen haben, die kein Mensch kannte, und was hat es gebracht? Immer noch nur viereinhalb Straßen mit Straßenbeleuchtung und keine Mittel für die Trockenlegung der Sumpfsituation im Tiefen Bruch. Andererseits, lieber Sumpf als Investor, der plötzlich alles stehen und liegen lässt, siehe alte Kegelbahn.

Der Fremde hat den Käfig abgestellt, hat seinen Hut abgenommen – hatte er gerade einen an? – und hat sich verbeugt wie ein Theater.

»Ich bin der Fallensteller, ich stelle Fallen her. Fangkörbe, Eisenteller und weitaus spezieller: das Überlistete seh ich in allen Dingen, habt ihr ein Problem mit Schmetterlingen, so mag's mir gelingen, die schöne Plage am selben Tage in Ketten zu legen und euch die Kunst gar darzulegen«, hat er unbeirrt sein Marketing aufgesagt.

»Wat?«, hat die Garage geantwortet.

Wir meinen in dem »Wat?« auch Hoffnung gehört zu haben. Was hatte Ulli schon alles versucht mit den Viechern. Auch Rattengift, aber davon hat bloß Hirtentäschel was gespürt, was seltsam ist, weil das Zeug doch in den Käsestücken auf dem Boden lag.

Hoffnung, weil dieser Fremde nichts Großes kaufen oder verkaufen wollte. Er war kein Russe oder Holländer, der auf unser Land und unsere Betriebe aus war. Wollte kein Wettbüro eröffnen wie neulich der Kroate, den sicher der Jugo-Schriftsteller geschickt hat, die stecken doch alle unter einer Decke.

Tatsächlich verschränkte Ulli die Arme vor der Brust und sagte: »Dann zeig mal.«

Der Fallensteller fackelte nicht lang. Aus seinem Koffer holte er eine kleine Kirche, so lang wie sein Unterarm, rötlich wie der Backstein unserer Kirchen. Er drehte die Kirche in der Hand wie ein Zauberer den Hut vor dem Trick.

»Dies wird langen«, rief er mit einer Zirkusstimme der gedehnten Vokale, »die Ratte zu fangen!« Er servierte die Kirche spektakulär elegant auf dem Beton wie ein Ober, den man noch Ober nennt.

Wer noch stehen konnte, stand nun auf.

Wer noch gehen konnte, trat heran.

Jeder wollte gute Sicht, um der Schnellste und der Hellste zu sein, um den Trick zu durchschauen und dann Stunk zu machen. Denn nichts anderes als ein Trick kann es gewesen sein, dass hinter den Reifen eine Ratte hervorgeschnüffelt kam, den Raum durchquerte und in die Kirche trat, ohne wieder auszutreten.

Die Männer schwiegen. Aber nur kurz. Es folgte der erste Garagenapplaus seit dem WM-Finale. Du bist eben froh, wenn du Zeuge von Sieg oder Freiheitsraub oder einem Wunder wirst, geradezu ekstatisch, wenn alles drei auf einmal stattfindet. Du bist froh, wenn einer mal sein Versprechen hält.

Ulli wollte dem Fallensteller ein Pils ausgeben, der lehnte

ab. »Ich lebe im Haus, das ich selbst gebaut«, sagte er, »ich trinke Bier, das ich selbst gebraut«. Und dass er eine Zeitlang bei uns bliebe und Fallen feilböte für beileibe alle Nöte, nicht nur für das Tier, »ich meine alles, alles hier.« Er zwinkerte, und Zwinkern in der Garage geht üblicherweise nicht gut aus, aber nach der Show nahm es ihm keiner krumm.

Rasch verstaute er seine Requisite und zog in die Nacht hinaus, trug davon ein Fiepen, vielleicht in seinem Koffer, vielleicht in unserer Vorstellung.

Keiner konnte sich erklären, wie er die Ratte gefangen hatte. Was im Kirchenschiff geschieht, bleibt im Kirchenschiff. Der alte Imboden sprach von einer präparierten Hostie, und dass die Ratte der Versuchung nicht widerstehen habe können. Und dann dem Gift nicht. »Giertod«, hat er gerufen, »besser«, hat er gemurmelt, »als Biertod«. Daraufhin hat die Garage auf seine Leber angestoßen, aber auch ein bisschen auf ihre eigene.

Hirtentäschel litt mit der Ratte, »die sich selbst Täter und Opfer war, Urteil und Henker. Evangelischer geht's nicht.«

Herr Schramm, der gar nicht dabei war, aber das musst du bei uns auch nicht sein, um eine profunde Meinung zu haben, hat später von einem ausgeklügelten Mechanismus erzählt, den die Ratte mit ihrem Gewicht ausgelöst haben musste. »Ausgeklügelt«, hat Schramm gesagt, »ausgeklügelt.« Weil das so ein schönes Wort ist, auf das er seit dem Untergang der DDR kaum hat zurückgreifen können.

Als erster rhetorisch wurde Bäcker Zieschke. Ob es keinem suspekt sei, dass der Rattenfänger für den Fang nichts verlangt habe. Wie bei den Zigeunern sei das doch, den Hütchenspielern. Die lassen dich auch erst gewinnen. Er klopfte sich mit der e-Zigarette an die Schläfe. »Wer handelt heute schon selbstlos?«, fragte er ernst in die Runde.

Ungern pflichten wir ihm bei und doch: Niemand handelt heute selbstlos. Es gibt nur solche, die so tun, als ob. Die Schlimmsten sind das! Locken dich mit gratis an und schlagen zu, sobald du mehr willst. Das bisschen Erspartes ist ein Zugvogel. Dann Schulden, Zins und Zinseszins, und schon gibt es Ehekrise und Tütensuppe zum Frühstück und zum Dessert: Scham, und so weiter, und dann ruft auch noch Microsoft aus Indien an, weil du einen Virus hast.

Lada war auch vor Ort. Lada hat nicht applaudiert und auch nichts kommentiert. Er saß auf der Heiztonne und hat notiert. »Wenn er gut ist«, hat Lada notiert, »gebührt auch einem Lügner Respekt.« Nicht ganz so, aber in die Richtung. Den Fallensteller hat er ja als Einziger gekannt, bzw. er hat ihm als Einziger schon mal das Leben gerettet. Entsprechend hat er auch die Ratte gekannt. Hinter dem Woldegker Tor hatte sie noch auf der Schulter von eben jenem gelungert, ihre Äuglein waren das Letzte, was Lada vor dem Abflug in den See gesehen hatte. Und mit diesem Kenntnisstand, hat Lada gedacht, mit diesem Betrüger, da lässt sich doch vielleicht gewinnbringend was machen.

ES HAT GEKLINGELT, und Arnold hat losgekläfft, und Angela Zieschke hat dem Kläffer ein herzhaftes »Schnauze!« vorgeschlagen, das nicht angenommen wurde, und sie hat die Tür einen Spalt breit aufgemacht, und plötzlich winselte der Hund nur noch, und draußen stand ein Mann, ganz in Schwarz, und Angela Zieschke, die Bäcker-Angie, ganz in Trainingsanzug, hat sich nach den Absichten des Besuchers erkundigt: »Was?«

Der nahm den Hut ab, und die Zieschke schloss ihn gleich ins Herz, obwohl es nach elf war. So ist das, wenn einer »Verzeihung« sagt anstelle von »Entschuldigung«, entweder reißt dir sofort der Geduldsfaden, oder du kriegst eine Sehnsucht.

Der Fremde entschuldigte sich für den späten Zeitpunkt seiner Visite, er habe das Schild gesehen, *Einliegerwohnung zur Untermiete*.

Mehr musste er nicht sagen. Hier Schlüssel, hier Kühlschrank, hier Bett, hier Dusche, hier Seeblick, jetzt nix zu sehen, das Schwarze dort, ist morgen auch noch da, hier Handtücher. Gemeinsame Gartennutzung, Sie dürfen auch auf die Schaukel, wennse wollen, gefrühstückt wird in der Backstube, geht schon ab vier.

Beim Frühstück warteten Angela Zieschke, Arnold, der nächtliche Kläffer, zwei Schrippen, rote und gelbe Marmelade, ein Stück abgepackter Butter und ein Messer auf einer gelben, zu einem Dreieck gefalteten Serviette vergeblich auf den Fallensteller.

Günter Zieschke ist hineingehoppelt, neun Uhr, Pyjamahose, gestützt auf Lada. Der trug seinen Overall, nie gewaschen, warum auch, ist ein Overall. Er genehmigte sich eine Zwiebelstulle aus der Auslage, sein Vater nahm das vorbereitete Frühstück.

»Was soll das werden?«, fragte Angela Zieschke.

»Was?«, sagte ihr Mann. »Was denn?«, mit vollem Mund.

Sie verdrehte die Augen und wischte den Tisch ab, drei Mal in fünf Minuten, hob das Geschirr an, knallte mit der Untertasse. Den Zieschke schien das nicht zu tangieren, er starrte auf seine Wettscheine und kaute, wie ärztlich verordnet, dreißig Mal, bevor er schluckte.

Angela Zieschke richtete das Frühstück am Nebentisch nochmal an – vielleicht war der Mieter ein Sehrspätaufsteher? –, verschwand kurz nach hinten, ein Glas holen, und als sie zurückkam, stand ihr Sohn am Nebentisch und strich Marmelade auf die Schrippe, direkt auf die Kruste, nicht auszuhalten, und Angela Zieschke setzte sich kurz das Glas auf den Kopf wie einen Hut.

Zieschke erzählte von dem Rattenfänger. Auch nach einem Mal drüber träumen glaubte er an einen Trick, und dass der Kerl ein Betrüger sei. Allein, wie der angezogen war: Mantel und Hut, ganz klar eine Verkleidung. Ehrliche Menschen verkleiden sich nicht, siehe Rheinland. Den Rheinländern kannst du eigentlich überhaupt nicht trauen, die verkleiden sich permanent, und es ist auch kein Wunder, dass es bei denen die

183

wenigsten Selbstmörder gibt, die betrügen sogar sich selbst mit ihrem Optimismus.

Frau Zieschke hatte nur so halb zugehört, eigentlich wurde es für sie erst interessant, als Mantel und Hut ins Spiel kamen. Noch hatte sie eins und eins nicht zusammengerechnet, aber die Gleichung schien sie schon mal innerlich aufgeschrieben zu haben. Als auch die ersten Kunden über den seltsamen Neuankömmling sprachen, und Hirtentäschel den Käfig erwähnte, worauf sie ihm prompt ein zu großes Stück Käsekuchen abschnitt, löste Angela Zieschke die Gleichung auf: Fürstenfeldes gegenwärtige A-Prominenz war bei ihr eingezogen.

Ihre Neugier hatte dann schnell eine Stufe erreicht, dass sie sich ständig ans Ohrläppchen fassen musste. Auch ein Anlass war ihr eingefallen, um mit dem Untermieter ins Gespräch zu kommen: die Mäuse. Um die hätte sich unter anderen Umständen, unter Umständen von einem Bein mehr, ihr Mann gekümmert. Oder ihr Sohn, unter Umständen von einem anderen Sohn. Seit der Operation saß der Mann aber den lieben langen Tag herum, las Karl May und paffte Elektrozigaretten. Früher hatte er hinten in der Backstube echt geraucht, aber wenigstens noch den Laden geschmissen.

Angela Zieschke nahm es ihm nicht übel. Steckst du nicht einfach weg, so einen Verlust. Schaltest ab, versuchst zu vergessen. Besser mit Indianern als mit Doppelkorn.

Sie fand den Untermieter in der Gartenschaukel. Er las eine französische Zeitschrift, faltete, als die Zieschke den Garten betrat, die obere Hälfte zum Zuhören ein und bremste allmählich ab. Die Schaukel, die sonst immer quietschte, quietschte mit dem Untermieter im Schwung nicht.

»Hallo, guten Tag«, rief Angela Zieschke.

»Bonjour.«

»Wat?«

»Bonjour.«

»Ja. Ich wollte mal fragen, ob Sie das sind. Der Rattenfänger?«

Der Fallensteller nahm wieder Schwung auf und blieb ziemlich im Vagen: Rattenfänger? Könne man nicht unbedingt sagen. Mit Tieren habe er schon etwas am Hut, er kenne einzelne relativ gut.

»Aha. Konkret auch Mäuse?«, sagte Angela Zieschke, das seien ja quasi Miniratten. Und falls ja, ob er die Bekanntschaft nutzen könne, um die aus ihrer Backstube zu beseitigen. Und natürlich, was das kosten würde.

Auf dem höchsten Punkt verharrte der Fallensteller in der Luft, länger als es für das Selbstbewusstsein der Gravitation gut gewesen wäre. Angela Zieschke starrte mit offenem Mund. Dann sprang er zu Boden und trat sehr nah an ihren Trainingsanzug.

Er verlange nicht viel, sagte er leise, müsse ja keine Familie ernähren. Das, was er brauche, könne jeder entbehren. Zuweilen reiche die Nacherzählung seiner Kunst als die alleinige Gunst.

Angela Zieschke hörte zu und dachte: »Der ist ein bisschen verrückt, wie schön.« Was er genau meinte, war ihr recht egal, denn er schien – falls sie es richtig verstanden hatte – nicht mal teuer zu sein, und wann findest du heute einen Fachmann, der dich nicht arm macht?

»Ja«, sagte sie, »die Mäuse also –«, und hielt den Atem an, unsicher, wie sie den Fremden ansprechen sollte. Irgendwie sah er gesichtsmäßig aus wie ein Andreas. Du bittest den eigenen Untermieter um einen Gefallen und weißt nicht mal seinen Namen. Furchtbar. Also sagte sie einfach das, was ihr angesichts seiner Aufmachung am passendsten erschien – »die Mäuse also, mein Herr. Sie sind überall. Ich habe eine elektrische Zahnbürste und höre sie trotzdem in den Wänden. Sie schaben in meinen Träumen. Und in der Backstube kann ich doch nicht mit Gift ran.«

Der Fallensteller hat Angela Zieschke jetzt so gemustert, dass sie gedacht hat, Mensch, der ist aber auf einmal müde! Doppelt unangenehm war, dass er dran war mit Reden und trotzdem schwieg. Du kommst dir vor, als hättest du was Falsches gesagt. Kennt man sich untereinander nicht, antwortet man doch extra fix, sonst wird das nichts mit auch mal zusammen auf einen Eiskaffee bei Manu.

»Ich wollte es zumindest mal versuchen«, seufzte die Zieschke, und es ist schon herzzerreißend, wenn eine Fünfzigjährige mit bunten Strähnchen seufzt.

Auch der Fallensteller muss etwas empfunden haben, denn er hat der Zieschke beinah die Hand auf die Schulter gelegt, aber dann hat er sie gleich wieder zurückgezogen, ein bisschen wie beim Ausüben des Widerrufsrechts, ohne Angabe von Gründen, innerhalb von vierzehn Tagen, wie Frau Zieschke bei dem Luftbefeuchter neulich, wobei sie durchaus den Grund angegeben hat, das Teil brächte rein gar nichts, rechtes Nasenloch nachts trotzdem zu.

Keine Berührung für Angela Zieschke, dafür hielt der Fallensteller plötzlich einen Käfig in der Hand. Die Gitterstäbe waren rostgesprenkelt, zwei tunnelartige Öffnungen aus Draht verjüngten sich ins Käfiginnere.

»Genial«, sagte Angela Zieschke pessimistisch.

Der Fallensteller setzte den Käfig unter die, seit er abgesprungen war, wieder sanft miauende Schaukel und bat um

Käse. Frau Zieschke holte eine Packung Schmelzkäse aus dem Haus. Der Fallensteller aß den Käse und legte die Plastikhüllen in den Käfig. Dann setzte er sich wieder in die Schaukel und schlug seine Zeitung auf.

Angela Zieschke stand jetzt so ein wenig blöd herum, wie sonst soll man herumstehen, wenn jemand nach Käse für eine Mausefalle fragt und den Käse selber isst? Kannst du kaum zufrieden herumstehen.

»Was lesen Sie denn da?«, fragte sie, um unbekümmert zu wirken.

»Nationalismus, Protektionismus... Europas größte Fallen... Sich Ressourcen krallen, bis vor Ort sich Fäuste ballen... Waffen liefern, Kriege schüren, dann verschließen jene Türen, die vom Blutvergießen in Sicherheit führen... Die maroden·Boote derer, die es wagen... Oh, Ägäis, deine neuen, brutalen Sagen...«

Er sprach weiter, bald zu sehr für sich.

Angela Zieschke war in Maßen verwirrt ohne Grund und in Maßen beglückt ohne Grund und wollte gern ohne Grund noch etwas Abschließendes sagen, und sie sagte:

»Sie wohnen jetzt bei mir.«

Bevor sie den Garten verließ, sah sie sich um.

In der Falle säuselten die Plastikhüllen im Wind.

IM ZWEITEN STOCK saß am gekippten Fenster kiffend Lada und notierte das Gespräch zwischen seiner Mutter und dem Betrüger. Nachdem der hineingegangen war, humpelte sein Vater zur Schaukel. Es gelang ihm nicht auf Anhieb, sich zu setzen. Er probierte weiter, glitt weg, fing sich, stöhnte und fluchte. Lada schrieb sich die Mühen seines Vaters auf, hielt sie aber nur zwei, drei Sätze lang aus, lief dann hinunter, half ihm in den Sitz.

»Was sagst du zu dem Spacko in der Einlieger?«

»Frag Mutti.«

»Die hat ihm Käse gegeben.«

»Scheiß auf den Käse.«

Zieschke schlug ein Buch auf.

Ein paar uckermärkisch lange Sekunden vergingen.

»Was liest du?«

»Karl May. Spätwerk.«

»Geil?«

»Hau ab.«

»Nein, sag mal. Worum geht es?«

»Wenn der Typ Angela anfasst, brech ich ihm alle Gelenke.«

Lada grinste.

Er steckte den Finger durch die Gitterstäbe, kam aber nicht an die Plastikhüllen. Sollte er seine Mutter vor dem Fallensteller warnen? Ihr von der abgerichteten Ratte erzählen? Er könnte ihr eine Enttäuschung ersparen.

Was hätte er selbst davon?

Lada zog sich in sein Zimmer zurück und sah fern und onanierte eine Runde und duschte und ging hinunter, und der Fallensteller saß auf der Bierbank und schraubte an einem Metallring herum. Die Ratte assistierte. Transportierte eine Schraube aus einem Schraubenhaufen in des Fallenstellers besamthandschuhte Hand.

Wer war der Typ? Was wollte er? Lada könnte das weiterhin schriftstellerstyle »recherchieren«, sprich beobachten und ihn irgendwann fragen, ob es ihn störte, wenn er das Gespräch aufnahm, oder er erledigte das jetzt sofort ladastyle. Schon war er so nah in das Gesicht des Fallenstellers gebeugt, nicht mal in Tibet würde man sagen, das ist jetzt noch eine höfliche Distanz. Er zog tief die Luft ein, und der Fallensteller tat es ihm gleich.

Was immens grotesk aussah. Aber ist doch egal, wie was aussieht, wenn es was bringt. Lada fand nämlich etwas über den Typen heraus, was er zuvor nicht wusste: Er roch eins a. Er roch nach Raubtier. Lada wusste gleich, nach welchem.

Und dann hat der Fallensteller Lada die Hand gereicht.

Und Lada hat sie genommen.

DIE MAUSEFALLE HAT DIE MÄUSE NICHT INTERESSIERT. Die Mausefalle hat die Menschen interessiert. Sie war ein richtiger Hotspot geworden, wie man das in der Reisebranche sagt. Angela Zieschke ist um die Falle geschlichen wie die Katze um die Maus. Hat ihrem Mann die Schaukel verboten, von wegen, wie sollen die Mäuse sich an die Plastikhüllen trauen, wenn daneben ein Einbeiniger Karl May liest? Schaukelte der Fallensteller, bot sie ihm Quarkbällchen an oder eine Schorle oder was auch immer. Er lehnte alles ab.

Lada ging seit seiner Begegnung mit dem Fallensteller kaum noch fort. Er saß am Fenster, kiffte und bewachte die Falle. Die beiden hatten sich gar nicht so viel zu sagen gehabt. Lada wollte sich die Ratte genauer ansehen, der Fallensteller hatte nichts dagegen, und Lada konnte sich dann überhaupt nicht erinnern, wie die Ratte bei Ulli ausgesehen hatte, um vergleichen zu können. Jedenfalls suchte Lada nicht mehr nach einem Beweis, dass der Mann in der Einliegerwohnung ein Betrüger war, sondern eher nach einem Beweis, dass er keiner war. Bei Ulli hat es nach dem Besuch des Fallenstellers keine Vorfälle mit Beteiligung von Ratten mehr gegeben, das war doch schon mal was.

Günter Zieschke nahm das Schaukelverbot nicht wirklich ernst, zog sich aber dennoch häufig in den Schuppen zurück. Er saß im Dämmerlicht auf dem Bierkasten und las May. Frau Kranz hätte ihre Freude gehabt an diesem Porträt, gibt ja wenig ästhetisch Ansprechenderes als angetrunkene, unrasierte Männer, die in einem kleinen Raum Abenteuerromane lesen, gärende Eifersucht in jedem Blick aus dem kleinen Fenster in den Garten, wenn Angela und der Untermieter dort aufeinandertrafen.

Blaue Ballonseide, das kleine Puma-Tier, zwei Tischtennisschläger über Kreuz als Wappen, hinten auf der Jacke: *TSV Prenzlau*, links ein kleines Loch in Kniehöhe vom Schrubben der Böden. Zieschke hatte Angelas Trainingsanzug gemocht. Einen Trainingsanzug trägst du doch nur, wenn du dich irgendwo wohl fühlst. Neuerdings trug sie nur noch Blusen, einmal gar ein ärmelloses Top.

Am vierten Tag nachdem die Mausefalle aufgestellt worden war, die noch immer keinem Nager auch nur ein witterndes Fragezeichen entlocken konnte, nahm Günter Zieschke im Schuppen eine alte Kommode auseinander. Er wusste nicht genau, warum, aber er hörte der Säge im Holz gern zu, also machte er weiter.

Es klopfte. Vor der Tür regnete es auf den Fallensteller. Grußlos begrüßten die Männer einander. Der Fallensteller zog ein Buch aus dem Mantel. *Im Reiche des silbernen Löwen IV.* Es war nass. Zieschke hatte es in der Schaukel vergessen, der Fallensteller hatte es aus dem Regen gerettet.

»Ja«, bedankte sich Zieschke.

Der Fallensteller griff erneut in den Mantel und überreichte Zieschke ein zweites Buch, dieses war verziert mit einer gelben Schleife. Zieschke kannte die Schleife. Das war seine

Schleife. '98 hatte er tausend gelbe Schleifen besorgt, zum Verschnüren von Geburtstagstortenkartons. Und jetzt band der Vogel irgendwelche Bücher damit, was sollte das?

Das Buch hieß *Ardistan und Dschinnistan* und war ebenfalls von Karl May. Vom rissigen Einband sah eine Frau den Zieschke herausfordernd an. Das Papier roch beige wie die Ordner in der Heimatstube. Zwischen den Seiten ein blaues Zettelchen.

Zieschke nickte, der Fallensteller nickte. Man hätte meinen können, gleich sagt einer was Nettes, und die Sonne kommt raus. Der Fallensteller drehte ab, ging durch den Regen in die Einlieger zurück.

Es regnete stärker. Regen auf Wellblech, Späne, antiquarisches Buch. Zieschke schlug die Seite mit der markierten Passage auf. Las. Schlug das Buch zu und zersägte ein Brett in viele kleine Bretter und las dann die Seite mit dem blauen Zettel ein zweites Mal.

Angela kam in den Garten, die Trainingsjacke degradiert zum mobilen Dach über Gestern-beim-Frisör-in-Schönemark-gewesen. Vor der Tür zur Einliegerwohnung ließ sie die Jacke auf die Bierbank fallen, ein Ärmel rutschte ins Gras.

Sie klingelte.

Nichts tat sich. Sie klingelte erneut.

Bäcker Zieschke las die markierte Passage ein drittes Mal und schloss die Augen. »Heute nun«, flüsterte er, »sah ich mich endlich, endlich vor die Notwendigkeit des Beweises gestellt, nicht mehr Knecht, sondern Herr meiner selbst zu sein.« Er spannte das Buch in den Schraubstock und begann zu kurbeln. Aus dem Augenwinkel sah er: Die Tür öffnete sich, und Angela huschte am Fallensteller vorbei aus dem Regen ins Trockene.

Zieschke zersägte einen Schubladenboden. Er klammerte die Säge so fest, dass sie bluten hätte müssen, wenn sie einen Blutkreislauf gehabt hätte mit Adern und Herz und all dem.

»WO KOMMEN SIE EIGENTLICH HER?«, hatte Angela Zieschke den Fallensteller gefragt. Der antwortete wieder mit einem Reim, den wir jetzt mal nicht wiedergeben, ehrlich gesagt haben wir nicht kapiert, was er sagen wollte, jedenfalls lautete die Antwort nicht »Kassel« oder irgendwie anders konkret. Das war schon in Ordnung. Es geht in Unterhaltungen nicht unbedingt darum, einander zu verstehen, sondern es miteinander auszuhalten.

Der Fallensteller und Angela Zieschke saßen auf dem Sofa mit dem Fantasiemuster in Blau und Grün, und Angela Zieschke wünschte sich, Jugendgeheimnisse mit ihm auszutauschen. Sie fragte, ob er welche hätte, nachdem ein, zwei Minuten einseitigen Smalltalks in den Langflorteppich gerieselt waren.

»Bist du ein Geheimnisbeichter«, sagte er und sah zur Wanduhr, »überlistet dich das Leben leichter.«

Angela Zieschke verstand nicht ganz, und das gefiel ihr. Endlich ein Mann, der mal was sagt, das du nicht verstehst. Sie war auf eine ruhige Art frohgemut, wie manchmal, wenn sie in der Nacht ein Marmeladenbrot ohne Butter aß, und das Brot ihr schmeckte, und jetzt stellte der Fallensteller sogar eine Frage. Er fragte, was sie vorhatte.

Das war schon ein sensationelles Gefühl, diese Frage. Sie hatte so viel vor! War sich sogleich aber unsicher, welchen Zeitraum er meinte. Es war etwas anderes, den Rest des Tages zu planen, oder ein ganzes Jahr oder zehn. Die einzige Konstante blieb komischerweise Günter. Dass sie Grünkohl kochen würde, und dass Günter Grünkohl mochte. Dass sie die Backstube im Frühling streichen wollten, und Günter das übernehmen würde, falls seine Psyche bis dahin wieder auf Vordermann war. Und dass sie irgendwann nochmal vorhatte, mit Günter nach Frankreich zu fahren, ihre längste gemeinsame Reise wiederholen, in drei oder sieben Jahren oder als Rentner, ganz egal.

Bevor sie antworten konnte, landete eine Fliege auf ihrem Oberschenkel. Angela Zieschke holte nach ihr aus, doch der Fallensteller griff nach ihrer Hand, nicht gerade sanft.

»Shhh«, shhhte er.

Die Fliege rieb die Beinchen gegeneinander. Der Fallensteller legte eine Streichholzschachtel offen auf den Sofatisch, und die Fliege flog hinein, ganz selbstverständlich.

Angela Zieschke schüttelte den Kopf. Der Fallensteller hielt immer noch ihre Hand. Der Teppich unter ihren Strümpfen wurde mit einem Mal zu warm, sie dachte: Der Tod ist kein Gefängnis, das Leben kann es sein, und in dem Augenblick flog die Tür auf, und da stand, nass und wütend, Günter Zieschke auf Krücken, und Günter Zieschke brüllte.

DOCH GEHEN WIR, DER SPANNUNG WEGEN, ZWEI TAGE ZURÜCK. Der Rattenfang bei Ulli und das Aufstellen der Mausefalle in Zieschkes Garten hatten sich nach einigem Pro und Kontra als Erfolgsmeldungen etabliert, was dazu führte, dass das Dorf den Fallensteller fast einhellig grüßte im Vorübergehen.

Torben Polle war der Nächste, der dem Fallensteller seine Sorgen mitteilte – Hugo, seines Sohnes Hamster, war abgehauen. Da siehst du mal, wie gut es bei uns flutscht mit dem Vertrauen, wenn einer helfen will, wo sonst immer nur welche da waren, die noch mehr Sorgen installiert haben. Wo du zum Beispiel in Berlin vorherrschend hören würdest: Kamen Fremde, ging es mit meinem Kiez kulturell flussaufwärts. Es sei denn, ein Äthiopier hat dir mal schlechtes Gras verkauft. Bei uns würde man vorherrschend hören: Kamen Fremde, wurde es meistens nur noch mehr Arschkarte. Bei dem Schriftsteller war einiges zum Beispiel einfach erlogen, das gehört ja bei denen zum Berufsbild. Verglichen mit den Folgen russischer Investorenlügen war das aber harmlos: Verhökern von Lebensgeschichten vs. Verhökern von Ackerland.

Torben Polle wurde mit Patrick, seinem sechsjährigen

Sohn, vorstellig. Patrick war in seiner Gesamterscheinung derart feucht und verquollen und Schluchzen und Blick zu Boden, dass du gedacht hast, wenn gegen die Gemütsverfassung in den nächsten Monaten nichts unternommen wird, kann der es aber vergessen, jemals eine Lehrstelle und eine Partnerin fürs Leben zu finden, oder einen Studienplatz und Partner, wir wollen niemanden bevormunden in keiner Hinsicht.

Das Vieh sei abgehauen, aus dem scheiß Käfig raus auf die scheiß Felder, guten Tag, berichtete Vater Polle, ein Mann mit viel scheiß Plusterjacke, wenig scheiß Hals, Lieblingsgetränk Vanille-Proteinshake, und du hast seine Tattoos aus chinesischen Zeichen geahnt, ohne die Tattoos zu sehen.

Sein Sohn war ein Zweiglein mit Brille. Auf seinem T-Shirt surfte ein Surfbrett über dieser Auskunft:

Fast Forward
Summer Fun
Driving in the Sun · Easy Living
New York · Miami

Patrick schluchzte vor sich hin, versuchte dann und wann, seine Hand aus Vaters Griff zu befreien, zog und zog. Irgendwie anrührend, die umfassende körperliche Unterlegenheit in der Auseinandersetzung mit einem nahen Verwandten.

»Jedem, außer dem hier, ist klar, dass das Vieh längst verreckt ist.« Dabei sah Vater Polle auf seinen Sohn runter wie bei Metzger Krone auf die Mittagstisch-Tafel, wenn zwei von drei Gerichten durchgestrichen sind, und es gibt nur noch etwas, das man mit einem Löffel essen muss.

Hat uns schon gewundert. Nicht die Wortwahl, der Polle hielt sich auch dann nicht zurück, wenn er frisch verliebt war, wo du ja dein wahres Gesicht eigentlich für ein paar Wochen versteckst, andererseits, warum sollte er, hat auch so für zwei Ehen gereicht.

Ebenfalls nicht ungewöhnlich war, wie er seinen Sohn, sagen wir mal vorsichtig, verbal nicht respektiert hat. Dass er aber das Zweiglein weiter traumatisiert, indem er das wahrscheinliche Ableben des Hamster ausplaudert, das hätten wir nicht mal Torben Polle zugetraut.

Jetzt sollte der Fallensteller aber doch mal gucken, das habe Patrick sich gewünscht, ob der scheiß Hamster nicht noch lebte. Dabei hat Polle dem Fallensteller zugezwinkert, von wegen: Musst du nicht ernsthaft gucken, kannst auch bloß so tun, Hauptsache, der Blödmann findet sich ab, dass Sense ist mit dem Vieh.

Der Fallensteller hat, und das war überraschend, konspirativ zurückgezwinkert. Patrick gab er eine kleine Drahtkiste auf Reifen mit integriertem Hamsterrad. Liefe der Hamster hinein, könnte er glatt weiterlaufen in dem Rad und so die Kiste fortbewegen. Genaugenommen war das mehr Hamsterfahrzeug als Hamsterfalle.

Patrick legte die Hand auf die Kiste und schluchzte schon mal sporadischer. Zum Dank packte Vater Polle den Fallensteller am Arm und zog ihn zu sich: »Klappt ja schon bestens.«

Der Fallensteller wand sich elegant aus dem Griff des robusten Mannes. »Im Allgemeinen muss bei mir nur jener weinen«, sagte er und streichelte die Ratte auf seiner Schulter, »der es ganz und gar verdient.«

Am Feldrand hinter der Platte hat der Junge die Falle dann fängisch gestellt, so wie der Fallensteller es ihn angewiesen hatte. Er durfte das sogar ohne Vater Polle im Nacken erledigen. Eine kurze Weile kniete er bei der Falle. Schüttelte einmal heftig den Kopf, als hätte das Kornfeld ihm einen Vorschlag gemacht, auf den er, so jung, noch nicht eingehen konnte.

Zuhause warteten Nudeln mit Soße und der Nagellackentfernerduft seiner Stiefmutter. Zurück blieb die kleine Kiste mit integriertem Hamsterrad. Gurke darin, Hoffnung darin, darüber der Nahrungskettenvorsitzende, der Seeadler, majestätisch kreiste.

Vater Polle zechte in der Nacht noch bei Ulli, wankte mit ein wenig Erbrochenem am Pulli als einer der Letzten aus der Garage, querte über den Parkplatz, wo ihm drei in nächtlicher Camouflage im Wege standen. Die Asylanten! So Polle am nächsten Morgen, die blutige Nase ließ leicht sich versorgen, er hatte gar Muße, mit dem Klassiker zu prollen: Hättet mal die anderen sehen sollen.

Ach Polle, welche anderen? Einer war es ohne Konsorte, das weißt du auch. Du weißt auch dessen Worte. Während Polle benommen am Boden lag, verkündete ein Flüstern ihm den Vertrag: Ab sofort habe er den Sohn wie einen Sohn zu behandeln, sonst müsse man neu verhandeln, und dann bliebe es nicht bei einem Schlag.

Doch lernt denn einer wie Polle, als junger Baum selbst mit Schlägen gegossen, lernt so einer, sich Wut zu verkneifen und leisere Töne zu spucken, lernt er Zärtlichkeit und Respekt vor dem, was andere träumen, lernt so einer durch Gewalt? Wahrscheinlich nicht.

Wenigstens hat sich die Hamsterfalle bewährt. Eines Morgens in aller Pendlersfrüh gab Hugo sein Debüt als Chauffeur, lenkte gemach des Fallenstellers Kiste durch das Dorf in Richtung persönliches Happy End.

Gut, vielleicht war das nicht Hugo.

Vielleicht war es einer wie Hugo, wer will das bei Hamstern ernsthaft unterscheiden?

Patrick beschwerte sich nicht. Patrick ließ sich von seinem Vater eine Möhre geben, um sie dem Hamster durch die Gitterstäbe zu reichen. Dann war die Möhre aber zu breit und musste halbiert werden.

STAND ALSO GÜNTER ZIESCHKE in der Tür zur Einliegerwohnung und zeigte mit der Krücke auf den kleinsten gemeinsamen Atemnenner zwischen seiner Frau und dem Fallensteller, und über der Krücke hing Angela Zieschkes Trainingsjacke.

Saß also der Fallensteller auf dem Sofa, quasi Hand in Hand mit Angela Zieschke, die Streichholzschachtel mit der Fliege, die sich mit der Schachtel hörbar nicht abfinden wollte, auf dem Sofatisch.

Angela Zieschke sagte sanft, ein Flüstern fast:

»Mensch, Günter.«

»Ja!«, rief der.

»Feuer dort, hier das Benzin«, grinste der Fallensteller vor sich hin.

»Was macht ihr da?«

»Fliegen fangen, nur Fliegen fangen, Günter.« Angela Zieschke stand auf und ging um den Tisch.

Da erhob sich auch der Fallensteller, er flüsterte den beiden etwas zu, jedem für sich, und verließ die Wohnung.

Die Zieschkes zeigten auf das Flüstern keine Reaktion, überhaupt regten sie sich so lange nicht, bis der Fallensteller aus der Tür war. Hoffentlich kommt das nicht esoterisch rüber, aber weißt du, wie das für uns ausgesehen hat? Als wären Angela und Günter Zieschke kurz in der Zeit stehengeblieben.

Oder es war so: Eine Frau und ein Mann standen einander gegenüber nach fünfunddreißig Jahren Ehe und wussten nicht, was jetzt noch sagen.

Bis sie ein Flüstern hörten: »Weißt du noch?« Und der Zieschke zu reden begann, wie er noch nie geredet hatte.

WEISST DU NOCH, DER WOLF? Der Ladas Nahtoderfahrung im Tiefen See miterlebt hatte? Das haben wir noch gar nicht erzählt: Als Lada mit dem Golf unterging, hat das ganze Rudel derart aufgejault, dass es die reinste akustische Sehenswürdigkeit war für die Radtouristen unterwegs zur Ostsee.

Vielleicht haben die Wölfe Angst um Lada gehabt. Vielleicht kennt auch der Wolf Anhänglichkeit. Lada und der stumme Suzi haben die Wölfe ja überhaupt erst in die Uckermark geschmuggelt. Das hat Lada übrigens dem Schriftsteller anvertraut, und der hat es aufgeschrieben, obwohl in »anvertraut« »vertraulich« steckt. Gab aber keinen Stress für Lada, wahrscheinlich, weil alle gedacht haben, wer sich in der Heimatstube einen Keller ausdenkt, wo kein Keller ist, und einen Ulli, wo ein Torsten ist, der denkt sich Wölfe erst recht aus.

Inzwischen kamen Wölfe längst in der Zeitung. Überregional. Wenn von uns was überregional kommt, dann kannst du einen drauf lassen, dass es Opfer gegeben hat. Wegen Nazis, die sich wie Nazis verhalten, oder eben wegen Raubtieren, die sich wie Raubtiere verhalten.

Wölfe werden uns bald massiv heimsuchen, hat es in der Zeitung geheißen.

Nun ist das jetzt nicht neu oder besonders aufregend, dass die Journalisten die Gefühle der Leserschaft mittels Wortwahl ein klitzekleines Bisschen aufstacheln, um sie in diese oder jene Richtung zu lenken, je nachdem, in welche Richtung sich die eigenen Vorurteile und Ressentiments bewegen, bzw. welche Facebook-Gruppen der Vorstand des Medienunternehmens, zu dem das Blatt gehört, mit Material beliefern möchte.

Fakt ist jedenfalls, dass bei »heimsuchen« unsereiner automatisch mindestens an die Sowjetarmee denkt. Oder eben an daheim auf der Terrasse schön Wäsche aufhängen – ein Geräusch, du drehst dich um, und zack!, hast du Reißzähne an der Backe bzw. Kehle.

»Von Frau Würzel blieben zahlreiche unvollendete Häkel- und Strickprojekte zurück.« Das mal als Vorschlag für eine letzte Zeile, sollte auf diese Weise bald jemand, der gern gehäkelt und gestrickt hat, draufgehen. Um Frau Würzel speziell brauchst du aber jetzt keine Angst haben, sie lebt, obwohl es mehrmals ganz schön knapp werden wird.

Wobei man schon sagen darf, ein Fünkchen Wahrheit funzelt manchmal auch in den reißerischsten Überschriften. Kannst gern Forstrat Fritz fragen. Der hatte neulich höchstselbst eine Begegnung mit einem Wolf. Beziehungsweise, frag ihn lieber nicht. Guck im Internet nach unter: »Nackter Förster verjagt Wolf.«

Obwohl Forstrat Fritz nichts groß passiert ist, und auch dem Wolf nicht, war die Sache natürlich nicht zum Lachen. Außer in der Garage, da schon. Die Garage hat Fritz gern auf den Wolf angesprochen, so in Richtung, dem Wolf ist doch vor Lachen der Jagdinstinkt vergangen, als er dein Pimmelchen gesehen hat, zeig mal usw.

Schlimm.

Gegen das Ernstnehmen von Fritz sprach auch, dass der bisher nicht unbedingt als Sympathieträger par excellence aufgetreten war, eher eigentlich als missmutiger Eremit par excellence und Abonnent von einem Dutzend Modekatalogen für Frauenmode, ohne dass er vermählt war oder mit der Mutter lebte.

Fritz fand die Causa Wolf überhaupt nicht komisch. Zum einen, weil er ein verhärmtes kleines Wiesel war, das allenfalls am Unglück anderer Freude empfand. Und zum anderen, und das war wiederum rührend, weil sein Hund bei der wölfischen Heimsuchung verletzt wurde. Wenn du als Fünfundfünfzigjähriger noch Junggeselle bist, hat dein Hund einen ganz anderen Stellenwert, verständlicherweise.

Der Forstrat sprach nach dem Vorfall über nichts anderes mehr als über den Vorfall, und das mit solchem Eifer, dass sogar diejenigen, die ihn für eine Luftnummer hielten, plötzlich zuhörten. Mit anderen Worten: Forstrat Fritz hatte *so* einen Hals.

Er wandte sich hilfesuchend an Herrn Kessel, den Vorsitzenden der Jagdgenossenschaft und so etwas wie den einzigen »Freund«. Der wiederum hatte zahlreiche Kontakte unter den Viehhaltern, telefonierte mit dem und mit dem und erfuhr, dass die Fritz' Sorgen durchaus teilten. Er meldete sich daraufhin beim Naturschutzbund und fragte nach einer Empfehlung für die weitere Vorgehensweise.

Der Naturschutzbund empfahl den Viehhaltern, Herdenschutzhunde anzuschaffen, Elektrozäune hochzuziehen und für alle weiteren Infos die Broschüre »Mit Wölfen leben – Informationen für Jäger, Förster und Tierhalter in Brandenburg«.

Als die Viehhalter davon erfuhren, empfahlen sie dem Tierschutz direkt ein Hineinstecken der Elektrozäune, der Hunde, und wenn es passte, und es passte sicher, auch der Broschüre, in den Tierschutzhintern.

Da waren die Wölfe nicht mehr bloß Anekdote, sondern schon Problem. Konntest du etwa daran erkennen, dass ortsfremde Straßenbauarbeiter bei Metzger Krone ihr Zwiebelmettfrühstück mit Wolfsgeschichten würzten.

Erst wurde die Mettstulle bestellt, dann die »Flüchtlingskrise« kritisch diskutiert – gerade war in Bad Belzig eine schwangere Somalierin zusammengeschlagen worden, und da stellte sich die Frage, auf welche Weise sie die Schläge provoziert haben könnte –, dann wurde das Frühstück serviert und die Raubtierkrise besprochen. Schließlich kauend in die Auslage geguckt, bis irgendwann einer »Naja« sagte und sich alle wieder an den Straßenbau machten.

Man muss neutral schon sagen: Ist heutzutage alles nicht so einfach. Wir verstehen die Angst der Tierhalter und verstehen den Tierschutz. Der Tierschutz geht gegen die Angst vor dem bösen Wolf vor. Aber was, wenn du zwei Schafe in einer Nacht verloren hast, siehe Armin Mitzschke aus Lychen? Dann hast du Angst, dass die wiederkommen, kannst aber wegen Tierschutz kaum aktiv vorgehen gegen die Angst. Die Jagd wäre nur zulässig, falls gewichtige Gründe vorliegen, etwa wenn eine bestimmte Rudelgröße überschritten wurde oder wenn der Wolf sich dem Menschen aggressiv nähert.

Ja, und dann haben sich Wölfe aggressiv Zugang zu Gölows Anlage verschafft und ein Ferkel gerissen. Die Schafe von Mitzschke, das war in der Pampa. Gölows Ferkel: zweihundert Meter Luftlinie von der Kita.

Olaf Gölow ist ein Uckermärker mit stark behaarten Armen, Fernweh und dem drittgrößten Schlachtbetrieb in der Gegend. Die Frau ist ihm kürzlich an Krebs verstorben, das ganze Dorf kam zur Beerdigung. Jetzt sind da nur zwei Söhne, beide angemessen unverschämt und angemessen unabhängig, falls dich unsere Meinung interessiert, lassen sich also oftmals was sagen, ohne dass es Geschrei gibt, gelegentlich aber auch mal gar nichts.

Gölow ist wirklich keiner, der dir eine Legende auftischt. »Ich behaupte mit hundertprozentiger Sicherheit, dass das ein Wolf war, der mir mein Ferkel weggemacht hat«, hat Gölow nicht gesagt. Hier ist, was er gesagt hat: »Am Morgen haben wir einen Stand offen vorgefunden. Die Sau und die Jungtiere liefen draußen herum. Eins war drinnen tot. Nur tot: Wurde nicht gefressen.«

Was Gölow damit möglicherweise meinte, obwohl er konkret nichts meinte, war einiges:

Dass vielleicht jemand von seinen Leuten den Stand nicht korrekt verschlossen hatte, weil wie sollte ein Wolf einen Riegel öffnen?

Dass, zweitens, das Rudel, inklusive des Wolfs mit der Schlosserausbildung, vielleicht bei der Tat gestört worden war und geflüchtet ist, bevor es das Ferkel fressen oder ein größeres Massaker anrichten konnte.

Dass es, drittens, vielleicht gar kein Wolf gewesen ist.

Gegen Mittag hatte Forstrat Fritz bei Gölow angerufen und seine Dienste als Experte für Spurenlesen angeboten. Es war ganz so, als würde er Gölows Dilemma kennen, und genau danach hat Gölow ihn auch gefragt, woher der Fritz bitteschön wisse, was los sei. Der hat erwidert, spricht sich doch gleich herum so was. Aha.

Vorbeikommen durfte er, und fand, trotz des Regens, dort, wo der Kadaver gelegen hatte, einen Abdruck, der nicht zu

einem Schwein gehörte, sondern – Fritz war sich »zu 95%
sicher« – zu einem Wolf.

Für Gölow hätte der Abdruck zu 95% auch zu einem Hund
gehören können. So oder so, 95% waren ihm 5% zu wenig, und
da sich Gölow nicht nur seiner Sache sicher sein wollte, sondern auch, dass beim Sichersein alles korrekt ablief, bestellte er
einen Rissbegutachter. Bonus: Falls der in den Wunden einen
Wolf identifizierte, würde es eine Entschädigung geben.

Das ist ja übrigens unser aller Problem, wenn wir uns an
dieser Stelle einen kleinen Einwurf erlauben dürfen: dass wir
unsere Schlüsse oft aus einer Überzeugung ziehen, statt aus
Tatsachen. Was für eine gute Welt wäre unsere Welt, um jetzt
mal etwas Idealistisches zu sagen, wenn wir auch bei sonsti-
gen Zweifelsfällen immer erst einen Rissbegutachter bestellen würden, statt gleich Flinte und los, Wolfsjagd? Oder noch
schlimmer, Wolfseisen? Oder gleich mehr als nur Wolf.

Die Nachricht um das gerissene Ferkel verbreitete sich fix
im Dorf, und als Lada den Fallensteller am Abend davon in
Kenntnis setzte, war die Todeszahl auf fünf Ferkel angewach-
sen. Das nur, damit du verstehst, wie bei uns stille Post funk-
tioniert. Wir waren jedenfalls froh, dass bis Mitternacht keine
menschlichen Opfer zu beklagen waren.

Für Forstrat Fritz war das tote Ferkel gefundenes Fressen.
Die Wölfe suchen uns nun auch zu Hause heim, nehmen sich,
was uns gehört. Mit Herrn Kessels Hilfe trommelte er einige
besorgte Bürger aus der Gegend zusammen, vornehmlich
Nutztierhalter. Gölow wurde in der Einladung als Opfer an-
geführt, und wir glauben, er ist nur deswegen hin, weil er eben
ein korrekter Mann ist, der dort, wo ein Zusammenhang zu
seinem Namen hergestellt wird, wenigstens keinen anderen
in seinem Namen über diesen Zusammenhang sprechen lässt.

Das Treffen fand bei Vogel's in Prenzlau statt. Das Vogel's ist keine Gastronomie, sondern offiziell ein Jägerstand zur Wildtierbeobachtung – Rauchen ist also erlaubt, wovon die versammelten Jäger, Landwirte, Tierhalter und -sympathisanten weidlich Gebrauch gemacht haben.

Gölow traf ein, während die Ordnungspunkte vorgestellt wurden. Er schüttelte da und dort eine Hand, da und dort keine, bestellte ein Bier und blieb am Tresen stehen, ohne die Jacke auszuziehen

Erster Punkt der Tagesordnung lautete: »Mitzschke hat etwas vorbereitet zur Sache, zirka fünf Minuten.« Der Schafzüchter aus Lychen war neben Gölow der einzige andere Geschädigte, nimmt man Forstrat Fritz und seinen Hund aus, also die Bissspuren am Hund. Mitzschke ist ein gepflegter Fünfzigjähriger mit überdurchschnittlich gut durchbluteter Nase. Bei Niederschlag pudelt sein Haar, charmant sieht das aus, vor allem, wenn er neben seinen Schafen steht. Es sei denn, er ist besoffen und pöbelt rum, dann helfen auch die Löckchen nicht.

Bei Vogel's war Mitzschke besoffen, aber pöbelte nicht, da er wegen der gerissenen Schafe ehrlich betroffen war. Das erste Motiv der Rede, die er von einem linierten DIN-A4-Blatt stockend vorlas, lautete: Die Wölfe müssen weg. Das zweite lautete: die Kosten für den Herdenschutz sind viel zu hoch. Das führte ihn in der Schlussfolgerung zum dritten Motiv, das ihn selbst zu überraschen schien: Die Wölfe müssen weg.

Mitzschkes Brille rutschte beim Lesen die rote Nase hinab, er schob sie immer wieder hinauf. Er sagte, er habe die beiden gerissenen Schafe schon als Lämmchen gekannt. Und »Lämmchen« ist – wenn es sich um ein tragisches handelt – in der deutschen Sprache derart mit Traurigkeit umwoben wie höchstens noch die Wortfolge: »in Sachsen-Anhalt Weihnachten allein verbringen als alte Frau.«

Die Betroffenheit im Raum hättest du jedenfalls, wie man so schön sagt, schneiden können, hättest du sie unter dem Kippenrauch erkennen können. Entsprechend überdeutlich fiel der Applaus aus. Außerdem schätzten es die Anwesenden hoch, dass ein Mann, der im Leben wirklich nicht viele Gelegenheiten erhalten hatte, etwas öffentlich von einem linierten DIN-A4-Blatt abzulesen, jetzt seinen Standpunkt geradezu verständlich vorgetragen hatte, trotz mehrerer Liter Bier und miserabler Lichtverhältnisse.

Hinzu kam, dass Mitzschke ehrlich war. Sein Aufruf zum Wolfsmord klang an keiner Stelle irgendwie gekünstelt. Die Ehrlichen verdienen immer erst mal Applaus, später kann man immer noch überlegen, was sie eigentlich genau gesagt haben.

Als nächster Redner wurde Gölow vorgestellt. Das war gar nicht vorgesehen gewesen, aber Gölow hatte Herrn Kessel ein Zeichen gegeben, und Herr Kessel, der an dem Abend so etwas wie das Sagen hatte, hatte genickt und stellte jetzt also Gölow dergestalt vor, dass er sagte, man müsse Gölow ja nicht extra vorstellen.

Gölow trank erst in Ruhe sein Bier aus und bezahlte es auch noch. Inhaltlich fackelte er nicht lang. Diejenigen, denen die Wölfe zusetzten, sagte er, trügen selbst Schuld daran, sofern sie die erforderlichen Schutzmaßnahmen nicht getroffen hätten. Er nehme sich selbst da nicht aus. Der Wolf sei ein Raubtier, sein Überleben verdankt sich der Jagd. Also müsse man ihm die Jagd so schwer wie möglich machen.

Das war schon mal ein Einstieg, mein lieber Herr Jagdverein! Die Versammlung hat an ihren Getränken ganz schön

kräftig nippen müssen, um all das Unverständnis runterzuspü-
len, das in ihr aufstieg. Dass ein dramaturgisch wohlgesetztes
›aber‹ kommen könnte, hing noch als Hoffnung in der schweren Luft, gleich neben der Hoffnung, es möge einer mal kurz
ein Fenster aufmachen.

Der Wolf an sich, rief Gölow und zerstörte die Hoffnung, sei gar nicht das Problem. Menschen gebe es, die seien
schlimmer als Wölfe. »Die hetzen erst und schießen dann und
denken nicht erst danach, sondern gar nicht.« Gölow klopfte
mit dem Zeigefinger gegen den Tresen, als wollte er andeu-
ten, wo sich solche gerade aufhielten, das aber nur als Vermutung unsererseits.

Das war es auch schon gewesen. Bisschen abruptes Ende,
aber gut, ein Rhetoriker vor dem Herrn ist hier niemand,
auch Gölow nicht. Er verließ den Jägerstand, nicht ohne sich
öffentlichkeitswirksam in der Tür umzudrehen und in die
Runde zu werfen: »Schönen Abend noch.«

Das war natürlich der entscheidende Tropfen: Ironie. Dem
Letzten wurde nun klar, dass hier einer Kritik geäußert hatte.
Man hätte wetten können, Gölow wäre als Schweinezüchter
automatisch auf der Seite der Schweine, ist ja irgendwo lo-
gisch. Umso schwerer wog, dass er jetzt anderen Züchtern die
Schuld gab. Brudermord, sozusagen. Und Schuld kannst du
uns Deutschen eigentlich in keinem Zusammenhang zumu-
ten, ohne dass es Gegenwind gibt, aber gehörigen.

Normal also, dass die Nutztierhalter gefühlsmäßig ordentlich ramponiert waren und keinen großen gruppendynami-
schen Umweg nehmen mussten, um zu einer negativen Einstellung gegen den Abtrünnigen zu gelangen, das kennt man
ja machtstrukturell aus der DDR oder dem Radsport. Herr
Kessel erklärte Gölow zu einer »Persona non Krater«.

Gölow war zu streng gewesen, finden auch wir. Unfair obendrein, dem Menschen wegen der Natur des Wolfes einen Vorwurf zu machen. Klar, es gibt unter den Wölfen auch welche, die wahrscheinlich nie auffällig werden. Aber wer will das garantieren? Ein Wolf ist ein Wolf, der kann sich doch schon rein von seiner Kultur her nicht an unsere Sitten halten, da kann der Naturschutz noch so viele Broschüren drucken, die liest der Wolf nicht. Der Wolf ist eine Gefahr, und eine Gefahr darfst du nicht schönreden.

Die Weidetierhalter knabberten Salzstangen und berieten, was zu tun sei. Einen Antrag auf Subventionen für den Herdenschutz wollten viele sowieso stellen, das hätte ihnen Gölow nicht an die Nase binden müssen. Für Herrn Faller und Herrn Rößler war's natürlich hart zu erfahren, dass Hobbytierhalter keine Fördermittel beantragen konnten. Die mehr oder weniger rhetorische Frage von Herrn Rößler, was er jetzt mit seiner Ziege machen soll, hing eine Zeitlang im Rauch, wie wenn jemand das Horoskop vorliest, und da steht, dass die Planeten in Bezug auf jene, die im März geboren wurden, zum Beispiel Herrn Rößlers Ziege, nicht günstig zueinander standen.

Viel wichtiger als die Maßnahmen für den Herdenschutz waren den Tierhaltern direkte Maßnahmen gegen den Wolf. Man einigte sich schnell auf einen ersten Schritt: einen offenen Brief an die Landesverwaltung.

Dazu wurde es über mehrere Stunden hinweg kreativ bei Vogel's. Es galt zu begründen, warum man den Wolf am liebsten einfach bejagen dürfen wollte, ohne »am liebsten«, »einfach« und »bejagen wollen« in dem Brief zu verwenden.

Von dreißig heiteren, aber müden Bauersleuten wäre nicht unbedingt zu erwarten gewesen, zu der späten Stunde in einem viel zu heißen Jägerstand auf feinsinnige Formulierungen zu kommen, aber wir waren doch positiv baff von dem Resultat.

Es war Herrn Kessels Idee gewesen, Forderungen nicht direkt zu stellen, sondern Ängste zu artikulieren. Als Kamerad in der *Nationalen Kameradschaft Uckermark* war er ja quasi Experte in Sachen Ängste.

»Die Anwesenheit des Wolfes in unserer Mitte stellt die Weidehaltung in der Nordwestuckermark grundsätzlich in Frage und bedroht die wirtschaftliche Existenz der Tierhalter, gerade der kleinen und der mittleren Betriebsgrößen«, so begann der Brief. »Ein umfassender Herdenschutz stellt, trotz der möglichen Subventionen, eine hohe finanzielle Belastung für die Landwirte dar und verspricht, angesichts der hemmungslos wachsenden Wolfspopulation, keine Dauerlösung. Auch der beste Zaun hält die Eindringlinge nicht immer fern, und der beste Pyrenäen-Berghund hat mal einen schlechten Tag.

Sollten die Wölfe sich weiter unkontrolliert ausbreiten, muss man auch mit Einbußen in der Tourismusbranche rechnen. Ändert sich nichts, wird man dem Radfahrer, der in ein, zwei Jahren unbewaffnet durch unsere wolfsverseuchten Wälder radelt, eine Tapferkeitsmedaille verleihen müssen.

Wie viele Übergriffe braucht es noch, damit die Landesregierung aufwacht? Armin Mitzschke aus Lychen büßte zwei Schafe ein. Olaf Gölow aus Fürstenfelde ein Ferkel. Forstrat Fritz konnte mit dem Leben davonkommen, weil sein Hund sich auf die angreifende Bestie gestürzt hat. Frau Würzel aus Arendsee verlässt ihr Grundstück nicht mal mehr zum Einkaufen, seit sie beim Pilzesuchen einen schlafenden Wolf aufgescheucht hatte.«

Dazu kurz unser Einwurf: Frau Würzels Enkeltochter aus Prenzlau bestellt jetzt für die Oma alles beim Rewe, auch Toilettenpapier und andere Intimitäten, das ist praktisch, aber für Frau Würzel auch irgendwie erniedrigend, und kostet 3,95 Liefergebühr.

»Dass man uns einen Herdenschutz anbieten kann«, so der Brief weiter, »das ist das eine. Kann man uns aber auch einen Menschenschutz anbieten?«

Um halb drei in der Nacht verlas Herr Kessel den Brief vor der immer noch vollzähligen Versammlung. So spät war bei Vogel's seit vor der Wende nicht mehr zustimmend genickt worden. Als das Nicken abebbte, zog in der Ecke ein dunkel gekleideter Herr mit einem lauten Räuspern alle Blicke auf sich.

»Gestatten Sie, werte Herren, einem Externen, mit ›Den Wolf zur Not aus der Natur entfernen‹ eine Wendung vorzuschlagen, die vielleicht ward übersehen? Sogleich gibt die zu verstehen, der Wolf soll fort, und doch ist keine Rede dort von einer Jagd, sondern zart angedeutet die Möglichkeit andrer Wege, etwa eines großen Geheges, oder dass man den Wolf an einen Ort bewege, wo er anderen auf der Tasche läge.«

Die Tierhalter waren ziemlich erschöpft nach dem Abend, aber wenn ein Fremder sich in einem Brandenburger Jägerstand zu einem Thema äußert, obwohl niemand seine Meinung dazu hat wissen wollen, dann kratzt auch noch der Erschöpfteste die Reste seiner Konzentration zusammen.

Leise lockte der Herr: »Ernten Sie für Ihren Schrieb nur Hohn, wenden Sie sich vertraulich an meine Person, ich bin Spezialist in Sachen Deportation, hier die Nummer von meinem iPhone.« Er warf eine Karte auf den Tisch, lüftete den Hut und verschwand im Rauch.

War er der Sache der Landwirte zugetan? Nahm er sie bloß auf den Arm? Wollte gar den Wolf beschützen? Wir hätten gern gewusst, was die Anwesenden glaubten, bekamen aber nur ein müdes »Jo, nimm's rein« mit. Nicht mal zur Verwirrung reichten die Kräfte noch.

Eine Woche später bedankte sich jemand aus Potsdam mit einem unlesbaren Namen »i. A. der Abteilung Naturschutz« für den Brief. Man sei sich der Lage bewusst, schrieb i. A., und dass die Bewerbungen für die Fördermaßnahmen zum Herdenschutz noch bis Januar angenommen würden. Dem Brief lagen drei Exemplare der Broschüre »Mit Wölfen leben – Informationen für Jäger, Förster und Tierhalter in Brandenburg« bei.

BEVOR DER FALLENSTELLER BEI UNS AUFKREUZTE, hatten die Tiere sich normal verhalten und nicht so, als wären wir das Tiersozialamt der Welt. Von den Wölfen hat man im tiefsten Wald mal Kot gefunden und war sogar stolz darauf, weil es eben Kot von Wölfen gewesen ist.

Die Wildschweine blieben für sich, sind ja eigentlich auch schüchterne Zeitgenossen, dem Uckermärker gar nicht unähnlich, vielleicht fühlen sie sich deswegen unter uns so wohl. Stachelt man uns aber an, dann fahren wir schon mal aus der Haut oder nach Schönemark, um uns in Person bei der Gemeinde zu beschweren.

Mit anderen Worten: Hätte Forstrat Fritz wenige Tage nach dem Treffen bei Vogel's keine Treibjagd auf Wildschweine organisiert, wäre am Morgen nach der Treibjagd auch kein Keiler in den Intershop reinspaziert, um sich an einer Sechser-Packung neuseeländischer Äpfel zu bedienen, wobei er mit seinen Hauern aufrichtig Probleme mit der Folienverpackung bekam, wie sollen das denn die Senioren lösen, wenn schon die Wildschweine daran scheitern?

Hätten die Jäger den Keiler also nicht aufgescheucht, wäre der mit einem Stück Folie am Hauer nicht durch die Gegend gegeistert und hätte die Folie auch nicht ausgerechnet am Mülleimer von Frau Würzel abzustreifen versucht.

Frau Würzel war noch immer halb traumatisiert wegen des Wolfs und verließ ihr Häuschen überhaupt nur, wenn der Müll sich olfaktorisch zu Wort meldete. Und jetzt tritt sie an den Mülleimer, und vor ihr ringt der Intershop-Keiler in vergeblicher Mühsal gegen die Folie und den fingerlosen Fluch der Evolution.

Frau Würzel schrie uckermarkerschütternd schrill, der Keiler suchte das Weite und stieß in schierer Panik den Glöckner vom Fahrrad. Das war in der Friedhofsallee. Hab ich's nicht weit, hat der alte Fatalist unter dem Fahrrad liegend gedacht. War aber nichts groß passiert, die Schürfwunden heilte der Schnaps.

Die Würzel und der Glöckner berichteten später beide von der Folie, was die Einzeltäter-These ins Leben rief. Rasch war die Taskforce ›Intershop-Keiler‹ aufgestellt, bestehend aus fünfzehn Köpfen, die schon in der Causa Wolf bei Vogel's zusammengesteckt hatten. An ihrer Spitze: Forstrat Fritz.

Apropos Wolf: Der Rissgutachter hat an Gölows Ferkel keine Einbissspuren feststellen können. Also gar keine, und nicht nur keine von einem Wolf. Die tödliche Wunde am Hals sei lappenartig, die Gewebsbrücken scharf durchtrennt. Eine Axt vielleicht? Er war sich unsicher, und diese Unsicherheit reichte aus, dass Gölow sich ziemlich schlechtgelaunt auf den Weg zum Forstrat Fritz machte, um die Unsicherheit anzusprechen.

Er rannte dem Fallensteller in die Arme. Der musste ihn regelrecht festhalten, um ihn am wütenden Weitergehen zu hindern. Die beiden besprachen sich lange, auch heute können wir höchstens ahnen, worum es gegangen war. Sie gaben einander die Hand nicht nur zum Abschied, sondern auch als würden sie ein Geschäft besiegeln. Dem Fritz blieb dieser Besuch erspart.

Das war kurz nach der ersten Treibjagd gewesen. Wegen des Intershop-Keilers beschloss die Taskforce »Intershop-Keiler« eine zweite, frei nach dem Motto: pars pro toto. Fast konnte man meinen, der Forstrat habe sich ein Ersatzopfer gesucht, um die Wölfe zu verdrängen. Wildschweine darf man ganzjährig töten.

Der Intershop-Keiler überlebte auch die zweite Treibjagd. Man machte das daran fest, dass am folgenden Morgen der Garten von Forstrat Fritz komplett umgewühlt war und auf einer halben Kartoffel Klarsichtfolie lag.

Als der Forstrat daraufhin beim Fallensteller vorgesprochen hat, war seine Stimmung so ziemlich die mieseste, die seit der Stilllegung der Kegelbahn gemessen worden ist in Fürstenfelde. Er stand in der Tür und echauffierte sich über die »schwarze Plage«, die »unsere Ackerkulturen« gefährde und auch vor Menschen keinen Respekt hätte, Stichwort Frau Würzel und der Glöckner. Speziell sei er aber wegen eines aggressiven Wiederholungstäters gekommen, dem mit konventionellen Mitteln –

Der Fallensteller unterbrach den Förster und sagte, ja, er könne etwas unternehmen, bloß bräuchte er diesmal, anders wie sonst, für die Müh und das Material ein Honorar, am besten in bar. Mit den Kröten inklusive Spesen könnte er ein Gehege zusammenlöten für das ungezogene Wesen.

Forstrat Fritz schien erfreut zu sein, ist ja schwer einzuschätzen bei solchen, die Glücksgefühlen eher mit Skepsis begegnen. Er telefonierte kurz und sagte dann: »Die Hälfte gibt es heute, den Rest nach getaner Arbeit.«

So, aber bevor er sich darum kümmern konnte, wurde der Fallensteller mit einem Problem konfrontiert, das ihm ein derart großes ästhetisches Vergnügen bereitet haben muss, dass er sich die nächsten Tage ausschließlich damit beschäftigt hat: Frau Helms, die letzte Apothekerin von Fürstenfelde.

Nicht die alte Dame war das Problem, sie hatte eins. Und wenn du ein Problem hast und dir einer auf der Uferpromenade entgegenkommt, von dem du weißt, er nimmt sich fremder Probleme an, wo du seit zwei Jahrzehnten gegen deines nicht ankommst, dann stellst du dich dem in den Weg und legst unverzüglich los.

»Werter Herr, ich bitte um einen Augenblick!«, rufst du also. »Ich möchte Ihnen einen Traum erzählen, es ist mein einziger seit Jahren. Hören Sie bitte genau zu, denn ich wünsche mir, dass Sie mich von dem Traum befreien.«

Sprach also Frau Helms, Fürstenfeldes letzte Apothekerin, eine vornehme Frau mit einer Auswahl an höflichen Hüten. Im Dorf schien die feine Person stets ein wenig abwegig. Allein das Wörtchen »stets« wirst du von uns sonst selten hören, und diesen Vergleich nie: Frau Helms wirkte, als wohnten eine große Stadt und eine vergangene Zeit ihr inne, so sorgfältig wie sie sich für jede Beschäftigung kleidete, jeden Spaziergang, jeden Einkauf, manche sagen sogar für das Schlafwandeln. Ihre Haltung war das Aufrechte, ihre Anmut das Elegante und Wortgewandte, ihr Zittern und ihre Zerbrechlichkeit die allmählich sich vertiefende Krankheit.

Frau Helms hat eine Verbeugung angedeutet, ohne ihre Augen von seinen zu lassen, und der Fallensteller wusste sofort, was tun; er küsste ihre Hand, und die Sonne warf Schwalben über den See.

»Guter Mann, ich möchte Ihnen meinen Traum –«

Frau Helms, Fürstenfeldes letzte Apothekerin, brach ab und setzte neu an. Sie könne sich nicht beklagen, sagte sie. Sie habe Menschen enttäuscht, aber keine verraten. Fehler begangen, sich aber nicht an den anderen schuldig gemacht. Sie habe beschönigt, aber niemals für einen niederen Zweck.

Frau Helms sagte: »Nur mich. Nur an mir. Nur für mich.«

Sie setzte sich auf eine Bank und glättete die Falten an ihrem Rock. Der Fallensteller beeilte sich mit dem Feuer für ihren Zigarillo. Als sie weitersprach, schmeckten ihre Silben nach Vanille.

»Traumdeutung«, sagte Frau Helms und blies den Rauch zu einem Ring, »alles Unfug, alles Trug.« Sie reichte dem Fallensteller den Zigarillo, er nahm einen Zug. Wir müssen immer an Küssen denken, wenn zwei sich eine Kippe teilen. Frau Helms und der Fallensteller wären ein schönes Paar in dem Sinne, dass du nie mit Bestimmtheit sagen könntest, ob sie zueinander passen. Gäbe also Gesprächsstoff für uns und interessante Konversationen untereinander.

»Ich möchte, dass Sie mir helfen, meinen Traum loszuwerden. Ich möchte«, sagte Frau Helms, »dass Sie meinem Traum eine Falle stellen.«

Der Fallensteller retournierte den Zigarillo.

»Träume fangen? Das verlangen nicht viele. Die Regie für solche Spiele und Gaukeleien wird in den letzten Reihen des Bewusstseins geführt, dorthin lässt einen wie mich niemand gern und billig, zumindest nicht freiwillig.«

Frau Helms zuckte mit den Schultern. Es war ihr völlig egal, was er von dem Auftrag dachte, von ihr, vom Vanillearoma. Hauptsache, er half ihr. Den Zigarillo gab sie nicht mehr her.

Anfang der Achtziger hatte Margarete Helms von ihrem Vater die älteste und schönste Apotheke Prenzlaus übernehmen sollen und – was zu der Zeit immens schwierig war – auch dürfen. In der ganzen DDR gab es keine fünfzig Apotheken mehr in Privatbesitz, und der Staat scheute keine Mühen, ein Weiterbetreiben auf Basis des Erbrechts zu unterbinden, sprich, Frau Helms bekam erst im dritten Anlauf einen Studienplatz für Pharmazie.

»Sind Sie ein geduldiger Mensch, Herr Fallensteller?« Frau Helms ließ ihn nicht antworten. »Ich wollte nach dem Studium nicht warten, dass mein Vater abtrat, bis ich einen eigenen Laden leiten durfte, verstehen Sie? Und ganz und gar nicht wollte ich mich von ihm einstellen lassen, und was dann, zurück in mein Kinderzimmer?«

Wie gut die Esche als Baum doch ist! Wenn unter ihr eine reizende alte Dame von früher erzählt, landen die Vögel auf den tiefsten Zweigen.

Frau Helms verschlug es nach Magdeburg. Dort lernte sie Herrn Michaelis kennen, der damals unser Apotheker war, ein zur Rechthaberei neigender, doch stets gerechter Junggeselle, der Hegel zitierte, wo es sich ergab, und auch, wo es sich nicht ergab. Mit so einem käme sie zurecht, habe Frau Helms damals gedacht und sei, keinen Monat später, bei ihm – bei uns – eingezogen. In dem schönen Haus in der Kirchstraße lebte sie immer noch, heute als Eigentümerin. Ob die beiden je ein Paar gewesen sind, das wissen nur die Ladenregale.

Herr Michaelis starb bald an einem Versagen von etwas, wir haben vergessen, was es genau war, und da er keine Nachkommen hatte, wurde seine Apotheke verstaatlicht. Frau Helms bekam die Leitung zugesprochen.

»Genug davon«, sagte Frau Helms, schnippte den Zigarillo in den See und machte sich auf den Weg, die Promenade hinab. »Ich wollte Ihnen doch den Traum erzählen.« Und sie schwieg. Die eher kleine Frau Helms, der Fallensteller hochaufgeschossen. Sie in Limettentönen, er in Johannisbeere. Sie Vanille und Handcreme mit Aloe Vera – er Wolf. Bald waren sie am Fährhaus angekommen, du weißt schon, dort, wo all unsere Geschichten früher oder später ankommen müssen.

Aber Frau Helms erzählte nicht von ihrem Traum, Frau Helms erzählte von ihrem Vater. Der sei ein geduldiger Mann gewesen. Der Staat wollte seine Apotheke, Vater gab seine Apotheke geduldig nicht her. Drei Generationen, das gab er nicht her, etwas, das er liebte, gab er nicht her.

Offiziell hatte die Verstaatlichung freiwillig zu erfolgen. Vater machte offiziell nicht mit. Anfangs habe er den Widerstand nicht einmal als Widerstand empfunden, so selbstverständlich war ihm sein Eigentum. Zuletzt blieben nur aufreibende Abwehr, Frust und Wut. Er wurde müde. Der verzögerten Medikamentenlieferungen, der Inspektionen, der Drohungen.

»Die Leute bildeten sich stets ein«, sagte Frau Helms, »keiner wäre gegen Krankheiten so gut gewappnet wie ein Apotheker.« Sie schüttelte den Kopf. »Nur ein Medikament hätte den Vater retten können. Seinen Seelenfrieden und die Apotheke.« Frau Helms läutete zärtlich die Glocke am Fährhaus. »Ich.«

Das Flappen von Vogelflügeln hing über dem See.

»Ich wäre die vierte Generation gewesen. Hätte die Apotheke, nach der jede Erinnerung meiner Kindheit riecht, als erwachsene Frau betreten können. Das Walnussholz der hohen Regale, den Stuck...« Frau Helms deutete mit Zeigefinger und Daumen etwas Winziges an: »Eine Bodenfliese hat eine winzige Bruchstelle. Für die bin ich verantwortlich, das heißt, eine Flasche mit Ascorbinsäure und ich. In den Räumen ist heute eine Damenboutique, ich weiß nicht, ob die Fliesen... ob...«

Frau Helms setzte sich auf den Steg, ihre Sohlen baumelten über dem Wasser. Der Fallensteller war ihr Schatten, lautlos, dunkel, nah. Frau Helms sah sich ihre zitternde Hand wie etwas Fremdes, Unbekanntes an.

»Ich habe nein gesagt. Ich wollte die Apotheke nicht.«

Frau Helms ließ sich wieder Feuer geben.

»Ich habe an Fürstenfelde nie sonderlich gehangen. Die Leute sind überall ungern krank. Jedenfalls war das nicht der Grund für mein Versagen. Ja, Versagen.«

Frau Helms trug kleine Schlangen als Ohrringe, Frau Helms sagte: »Mensch, ich wollte Ihnen doch den Traum erzählen! Nicht so zahm, unterbrechen Sie mich doch mal!« Sie schmunzelte, und so keck wie sie das tat, war klar, den Traum würde sie noch immer nicht verraten.

Nachdem er die Apotheke abgegeben hatte, ging Vater Helms auf eine Reise. Er verbrachte viel Zeit in den Masuren, machte Kanutouren. Aus dem Urwald von Białowieża schickte er der Tochter eine Karte. Ein Specht in Nahaufnahme, das Köpfchen in eindringlicher Bewegung leicht verschwommen. Der Text sei merkwürdig gewesen, inklusive zweier polnischer Aphorismen. In allem glaubte Frau Helms Botschaften zu erkennen und konnte keine entschlüsseln.

Ob sie ihm verrate, was auf der Karte stand, fragte der Fallensteller.

»Nein«, sagte Frau Helms.

Nach der Rückkehr aus Polen verließ er Prenzlau bis zu seinem Tod nicht mehr. Sie habe ihn besucht, nicht häufiger als dann und wann. Ob er wegen ihrer Entscheidung einen Groll gegen sie gehegt habe, wusste Frau Helms nicht zu sagen. Gezeigt habe er nichts, gesagt habe er nichts.

Frau Helms zupfte unsichtbare Erinnerungsflusen von ihrer Bluse und streute sie wie Salz zwischen den Fingern auf den See.

Und jetzt! Jetzt erzählte Frau Helms ihren Traum, und das passte, denn in der Abenddämmerung nahm der Wind zu, wie es sich für Träume gehöre.

Frau Helms träumt von Frau Helms in der Apotheke in Prenzlau, und im Traum ist die Apotheke in Prenzlau Frau Helms' Apotheke. Die Walnussvertäfelung, der Geruch, der Stuck, das Klingeln der alten Kasse, der Sprung in der Fliese, alles gehört zuinnerst ihr.

Frau Helms steht hinter dem Tresen, »aber die Regale sind alle leer, sehen Sie, ich muss jeden Kunden wegschicken, alle sind krank, alle riechen säuerlich nach Fieber oder honigsüß nach Tod, ich kann keinem helfen.

Eine Kundin ist meine Mutter, winzig geworden von ihrer Krankheit. Ich sage: Mama, ich habe es geschafft, und ich zeige wie ein Teppichhändler auf all das schöne sinnlose Walnussholz, und meine Mutter sagt, dass sie immer an mich geglaubt habe, was nicht stimmt und mich sehr verärgert. Mutter hat sich für mich nie sonderlich interessiert, und dann starb sie jung und gleichgültig, und in meinem Traum ist sie auch sterbenskrank, aber ich kann nicht einmal ihre Schmerzen lindern. Ich bin wütend, weil meine Mutter sich verstellt oder weil sie sogar wahrhaftig verkennt, wie schlecht es um mich und um sie selbst steht. Ich will aber, dass sie die Lage als Katastrophe begreift und die Katastrophe als mein Versagen. Ich will, dass sie mir zum Versagen gratuliert.«

Der nächste in der Schlange ist ihr Vater. Er hat Kopfschmerzen. Er will ihr zeigen, wo, und er zeigt auf seine Brust. Er sagt, er habe kein Rezept, ob sie ihm diesmal auch ohne etwas mischen könne.

»›Nie hat einer ein Rezept!‹, schreie ich, das schreie ich jedes Mal, dabei stimmt das nicht mal, nur Vater hat keines, alle anderen in der Schlange winken mit den Rezeptscheinen wie mit weißen Tüchern. Ich schicke Vater fort, ich habe keine Zeit für ihn, in meiner Prenzlauer Apotheke gibt es so viel mehr nicht zu tun.

Michaelis steht vor mir, Michaelis ist nicht wegen einer Krankheit gekommen, sondern meinetwegen. Auf seinem Rezept steht mein Name, und das ist das Furchtbarste. Alle Regale sind leer, aber ich bin ja da, mich könnte ich liefern, aber ich versage mich ihm. Michaelis küsst mich auf die Wange, sein Schnurrbart kitzelt wie früher, Michaelis ab, und ich höre mir jede Beschwerde an, obwohl es gar keinen Sinn hat, ich denke: ›Ich bereue mein Versagen nicht‹, und ich muss jedem Kranken mitteilen, dass es mir leid tut, Entschuldigung, ich kann Ihnen nicht helfen, und hoffe doch jedes Mal, dass einer kommen wird, der nicht mich und auch kein Medikament braucht, sondern etwas, was ich geben kann. Ich weiß nicht, was das sein könnte – es kommt niemand, dem ich helfen kann.«

Es war nicht viel dunkler geworden am See, während Frau Helms ihren Traum wachträumte, obwohl wir das wegen der Atmosphäre natürlich gut gefunden hätten. Der Fallensteller bot ihr seinen Arm an und begleitete sie ins Dorf zurück. Auf Höhe der Apotheke, das heißt auf Höhe des Hauses, in dem sechzig Jahre lang die Apotheke gewesen war, hielten sie an.

Der Fallensteller lugte durch die Scheibe.

»Einmal kam eine junge Frau zu mir«, Frau Helms lächelte die Erinnerung an, »die felsenfest davon überzeugt war, auf ihren Mann allergisch zu sein. Ein Jucken plagte sie seit Beginn der Beziehung, war schlimmer geworden, nachdem sie geheiratet hatten und zusammengezogen waren.

Ich sehe sie vor mir, höre die kleine Stimme. Eine scheue, abergläubische, alberne Person. Nicht dumm, aber ungebildet, nicht hübsch, aber heiter. Ein Kind. Hatte ein Tagebuch über das Jucken geführt: krakelige Kritzeleien eines Mädchens, das zu früh Frau hatte werden müssen.

›Hännke kommt von der Arbeit‹, stand da, ›zieht Stiefel und Socken aus und lässt sie liegen. Dann legt er sich hin, so verstaubt wie er ist. Ich räume die Socken weg. Die sind klamm. Und der liegt nur da, und ich muss mich schlimm kratzen.‹«

Frau Helms lachte heiser. »So hatte die sich das notiert, wollte es mir dann auch selbst vorlesen. Wie Hännke Brot in Brühe tunkt und die Fingerspitzen feucht werden. Wie Hännke sie nicht ganz auszieht, nur das Höschen. Wie er pisst, damit es plätschert, statt gegen den Rand. Wie er im Schlaf die Nase hochzieht. So stand es alles da.«

Frau Helms schüttelte den Kopf. Das Eheleben auf dem Land, Mitte des letzten Jahrhunderts. Sie angestellt bei der Molkerei als Putzfrau, er beim Zementwerk. Beide Anfang zwanzig, aus der Gegend.

»Am nächsten Morgen kam sie ganz früh in die Apotheke, um mir mitzuteilen, dass ihr Mann ein guter und fleißiger Mann sei.« Sie presste die Hand gegen das Schaufenster. »Wissen Sie. Ich habe mir nicht viel aus der Liebe gemacht.

Machen Sie nicht so ein Gesicht. Ich empfinde das nicht als Mangel. Statt eine Person sehr, habe ich viele ein bisschen geliebt. Ist in der Summe dasselbe.

Ich hatte mich ein wenig umgehört und konnte der Hännke etwas empfehlen.«

»Sich von ihrem Mann davonzustehlen?«, schlug der Fallensteller vor.

»Seien Sie nicht albern! Man mischt sich nicht ein in das Lieben der anderen. Ich empfahl einen Epikutantest. Und gab ihr schon mal die Prednisolonsalbe mit. Und den Rat, dass ihr Mann sich gründlich waschen solle, speziell nach der Arbeit. Im Prinzip lag sie nämlich richtig. War bloß nicht der Hännke an sich, auf den sie allergisch war, sondern das, was er aus dem Zementwerk anschleppte. Einiges deutete auf die Maurerkrätze hin. Wird durch Chrom ausgelöst. Und wissen Sie, worin Chrom enthalten ist? Genau, im Zement.«

Der Wind kühlte die Farben der Dämmerung, Frau Helms nestelte an ihrem Seidenschal. »Was werde ich träumen?«, fragte sie und ging, ohne eine Antwort abzuwarten, ins Haus.

Der Fallensteller wünschte eine gute Nacht. Seine hat er unter ihrem Fenster verbracht, hat wohl über Frau Helms' Schlaf gewacht wie ein eifrig Verliebter oder ein optimistischer Schamane. Seine Lippen bewegten sich immerfort, Wort für Wort ein fremdartig Flüstern, seltsam lüstern sein Blick zum Himmel, als lockte er jemanden auf die Erde, damit es – so viel können wir verraten – anders bei uns werde. Wie? Krank. Am nächsten Tag gleich kamen die Klagen, Übelkeit, Kopf, Darm und Magen.

Du ahnst, wie es weiterging: Die letzte Apothekerin von Fürstenfelde ließ sich reaktivieren, zuerst nur, um jedem Kran-

ken, der sie rausklingelte, mürrisch mitzuteilen, ja, sind wohl
Viren, aber da Sie es zu mir geschafft haben und meine Tee-
stunde stören, sind die vermutlich nicht allzu gefährlich, ab
ins Bett mit Ihnen, eine Wärmeflasche wird Ihnen Linderung
verschaffen.

Aah, wie gut das tut, wenn eine Apothekerin einem Linderung in Aussicht stellt! Die Hälfte fühlte sich gleich an der
Türschwelle des Hauses in der Kirchstraße gesünder. Frau
Helms murrte weiter, aber bald murrte sie neugieriger. Fragte
nach. Wo gewesen, wen getroffen, was gegessen, wann. Revi-
dierte in der folgenden Nacht, da die Krankenbesuche nicht
abreißen wollten, ihre Diagnose von Viren zu Bakterien. Le-
bensmittelvergiftung, bedauernswert, aber bloß Geduldsache.
Sie mischte Kräuter und kochte Tee die ganze Nacht. Und
der Tee half. Tee, überhaupt viel trinken und Ruhe und gerie-
bener Apfel.

Würde sie weiter ihren Apothekentraum träumen? Wahrscheinlich. Aber nicht in dieser Nacht. Wer nicht schläft,
kann ja schlecht träumen.

Am dritten Tag der Epidemie kamen die Ersten, die sich
bedanken wollten. Frau Helms winkte ab, Frau Helms hatte
nachgedacht, Frau Helms suchte den Fallensteller auf. »Sie
haben die Leute vergiftet«, war ihr Aufmacher. Finden wir
natürlich su-per, nix Vorgeplänkel.

»Krankheit ist in Ihrer Nähe jedes Gesunden Ambition.«

»Sparen Sie sich taktlose Komplimente für jemanden ohne
Takt. Die Backstube war es, nicht wahr? Irgendwas von dort?«

»Ein magischer Ort! Frau Zieschke backt köstliches Zwiebelbrot!«

»Es hätte ein Kind treffen können. Finden Sie das angemessen?«

»Kennen Sie Kinder, die gern Zwiebelbrot essen?«

»Das ist ein Spiel für Sie.«

»Es ging um *Ihren* Traum und war ganz und gar Ihre Partie.«

Der Fallensteller verbeugte sich, mit der Hand aus dem Handgelenk kreiselnd, wie es der Teufel tut nach getaner Arbeit in einem Theaterstück. Es gibt einen Knall, Nebel sprüht auf die Bühne, und wenn er sich wieder gelichtet hat, ist der Teufel verschwunden.

Eine rauchen an der Promenade. Eine Libelle küsste die eigene Reflexion im See. Frau Helms zog eine Postkarte aus der Handtasche. Fjorde haben sich in die Ränder gefressen, das Vergehen der Zeit hat die Farben Kraft gekostet, aber der Specht knallte weiter unermüdlich seinen Schnabel in den Baumstamm, das Köpfchen leuchtete noch immer leuchtend gelb.

Wir haben nicht vorgehabt, zu verraten, was darauf stand. Ein Vater teilt sich seiner Tochter mit, kurze Zeit nach einer familiären Krise, das fanden sogar wir zu intim, zumal die meisten von uns Herrn Helms persönlich gar nicht kannten. Dann hat Frau Helms aber die Postkarte den Eschen vorgelesen, und die Esche, das weiß jeder, ist kein Baum, sondern im Grunde ein Plappermaul mit Rinde.

Liebe Grete,

Unser Führer spricht schlecht Deutsch, er kennt nur die polnischen Namen von Flora und Fauna. Habe mich mit einem Hans Gösche aus Aue zusammengetan. Wollen auf eigene Faust weiter. Überall tote Baumriesen, liebe Grete, überall die tätigen Spechte.

Ich habe polnische Aphoristiker für mich entdeckt.

»Autoverkäufer verkaufen Autos, Versicherungsvertreter Versicherungen. Und Volksvertreter?«

»Nun bist du mit dem Kopf durch die Wand. Was wirst du in der Nachbarzelle tun?«

Die Karte wird dich wohl nicht erreichen. Wenn doch:

Bleib unverzagt, bleib besonnen, meine liebe Grete.

Grüße aus dem letzten Urwald Europas.

Dein Vati.

UND GÜNTER ZIESCHKE ZEIGTE zum Sofa und sprach zum Sofa, wie wenn der Fallensteller noch immer dort säße: »Jetzt hör mir gut zu!« Er wischte sich über den Mund, als hätte er getrunken. »Vor ein paar Jahren haben wir das erste Mal im Ausland Urlaub gemacht. Angela, weißt du noch?«

»Frag nicht so blöd, Günter.«

»Nicht so blöd… Wir waren in Venasque, das ist in Südfrankreich. Wir dachten, warum nicht Südfrankreich, da fahren doch andere auch hin. Ein Dorf bei dem einen Berg, wo es oben aussieht wie auf dem Mond. Ich komm gerade nicht auf den Namen. Wo der eine Radfahrer tot umgefallen ist vom Rad. Whiskey und Aufputschmittel und vierzig Grad im Schatten, nur dass oben eben gar kein Schatten ist.

Wir hatten ein Zimmer mit einem Blick auf alles: auf den Berg, auf das Tal unter uns, auf das Dorf selbst. Das Dorf war ein extra schönes französisches Dorf. Das stand auf der Tafel am Ortseingang: *Les Plus Beaux Villages de France*. So wie bei uns steht *Willkommen in der Uckermark, jetzt wird's schön*. Und das wird was heißen bei den Franzosen, bei so vielen schönen Dörfern. Das ist, wie wenn man bei uns sagen würde, das hier ist eine extra schöne Rübe.

Am ersten Abend haben Angela und ich in einem Restaurant gegessen. Fünf Gänge gab es. Mit Klaviermusik. Nach dem ersten sind wir auf den Balkon, eine rauchen. Haben uns unterhalten, wie wir uns sonst nie unterhalten. Oder, Angela? Ernster und ... höflicher.

Angela wusste, ich weiß noch, das wusstest du, dass die Musik von Chopin gewesen ist. Und ich wusste nicht, dass Angela so was weiß! Ich dachte, Mensch, das ist aber eine gute Information. Dann kam die zweite Vorspeise, die erste war Gänseleber gewesen, das war jetzt Gänseleber noch mal, aber anders. Und wir haben wieder geredet und dann wieder auf dem Balkon geraucht. Das damals waren deine letzten Zigaretten. Hätte ich bloß mitgemacht ... Aber egal, wir waren, das will ich sagen, es ging uns gut da, oder?

Der nächste Gang war ein Ei in einem Glas. Ein Riesenei. Wer weiß, was das für ein extra Vogel war. Da mussten wir ziemlich lachen. Ist doch komisch! Dass jemand Klavier spielt, während du ein Ei aus einem Glas löffelst. Die Franzosen haben ein bisschen geguckt, aber es hat keiner was gesagt, kultivierte Leute. Das nächste Mal auf dem Balkon haben wir uns geküsst statt zu rauchen. Als wir wieder rein sind, dampfte das Essen auf den Tischen, und weil alle – das muss man sich mal vorstellen! – weil alle immer alle Gänge gleichzeitig bekamen, haben die anderen auf uns gewartet! Sogar die Pianistin!

Und wie gut meine Angela geschmeckt hat in der Nacht! Nach dem Restaurant, nach dem Chopin, nach dem Wein.

Am Morgen, weißt du noch, waren draußen überall die Sperlinge gewesen. Hunderte! Auf den Dächern, in den Gassen, auf den Zäunen, ich glaube auch auf einem Franzosen. Überall Sperlinge. Ich habe das Fenster aufgemacht, und die sind alle auf einmal, hunderte Vögel sind in die Luft.

Wie hieß denn der scheiß Berg noch mal? An dem Morgen wollten wir rauf. Wollten zu dem Grab von dem Radfahrer. Sind dann aber im Bett geblieben, weil uns weder Räder noch Gräber interessieren, ganz ehrlich.

Hier ist, was ich sagen will. Uns ging's gut dann und dort. Aber man kann nicht einen Augenblick, wo es einem oder zweien gut geht, für alles sonst verantwortlich machen. Oder ein Dorf in Frankreich. Oder Klaviermusik. Oder Zigaretten. Oder Whiskey und Aufputschmittel. Nur sich selbst, nur das. Dabei kannst du aber auch nicht immer Herr deiner selbst sein. Gibt doch viel zu viel sonst zu erledigen. Ab und zu musst du es aber sein. Entweder ein guter Radfahrer oder ein guter Raucher.

Ich geh jetzt wieder. Du bleibst oder du kommst, Angela.« Günter Zieschke humpelte aus der Einliegerwohnung.

Angela Zieschke atmete durch. In der Streichholzschachtel summte und sang die Fliege. Angela Zieschke schüttelte die Schachtel sachte. Dann öffnete sie ein Fenster und öffnete die Schachtel.

Sie holte ihren Mann ein. Sie gingen zu Manu in die Eisdiele und aßen eine Kugel Eis und tranken je einen Milchkaffee.

›TUT MICH WIEDER AUF MEIN RAD SETZEN‹ hat der sterbende Radfahrer am Mont Ventoux im Sterben noch gesagt. In Wirklichkeit hat er das gar nicht gesagt, aber es ist immer besser, wenn die Leute denken, dass du im Sterben was gesagt hast, als wenn du im Sterben bloß gestorben bist.

Das nur am Rande.

UND HERR SCHRAMM, ehemaliger NVA-Offizier, Förster, Rentner und bis vor kurzem schwarz bei Von Blankenburg Landmaschinen und jetzt nur noch Rentner, weil er mit einer Landmaschine den Zigarettenautomaten umgenietet hat, klingelte an einem Montag den Fallensteller um sechs wach und befahl, anziehen und mitkommen, wir fahren zur Zerweliner Koppel, eine Bundeswehrübung gucken.

Auf einer Anhöhe, von der man einen Teil der Übungsanlage überblicken konnte, baute Herr Schramm sein Lager auf. Der ganze Schramm war in Camouflage. Das Klirren in seinem Rucksack kam von den Bierflaschen, wobei er den Konsum stark auf wenige Bierliter täglich reduziert hat, seit Frau Mahlke und er ein Paar waren. Bist du verliebt, säufst du automatisch nicht mehr so viel, oder viel mehr als zuvor, je nachdem, wie gut es mit der Liebe läuft.

Herr Schramm bot seinem Begleiter einen Klapphocker und ein Bierchen an, der lehnte beides ab, was ziemlich unhöflich war, immerhin hatte der alte Mann die Hocker und das Bier die Anhöhe hinaufgeschleppt, da kannst du noch so sehr mythologische Figur sein und Herumreimen, so ein Angebot schlägst du doch eigentlich nicht aus.

Unten in der Anlage wuselten ein paar Soldaten zwischen ihren Baracken, aber die Übung hatte noch nicht begonnen. Dafür bahnten sich einige Wildschweine ihren Weg durch das Dickicht. Herr Schramm hob die Bierflasche zum Gruß. Die Tiere ließen sich in der Nähe nieder. Frischlinge tollten umher im Dreck unter den wachsamen Augen der Bachen, die recht laut grunzten – wären das Menschen, hätte man sie glatt für eine mecklenburgische Familie auf Picknick halten können.

Sah irgendwie gut aus: Ein bulliger Mann in Tarnkleidung hockt auf einem Klapphocker, Bierflasche auf dem Oberschenkel, und schaut zusammen mit einer Rotte Wildschweine der Bundeswehr beim Waldkampf zu. Bzw. an dem Tag war Häuserkampf dran. Ist auch kurzweiliger. Bei einem Waldkampf gibt es nicht gerade viel zu sehen, vorausgesetzt, man macht es richtig.

Gegen Mittag packte Herr Schramm sein Brot aus, bot dem Fallensteller auch davon etwas an. »Rinderschinken«, erklärte er. »Seit die Wildschweine mitgucken, kann ich ja nicht...« Frau Mahlke jubelte ihm gelegentlich auch etwas Gesundes unter, Putenaufstrich z. B., einmal auch frech Käsebrot mit Tomaten.

In einem der Häuser ratterte ein Gewehr.

»G36«, ratterte Herr Schramm und blinzelte in die Sonne.

Er glaubte, dass die Soldaten von ihm und den Tieren wüssten. Als Soldat merkst du das Ruhen von Augen auf dir. Das spornt dich an. Als Soldat musst du nicht nur dir selbst, sondern immer auch jemand anderem etwas beweisen. Den Vorgesetzten, dem Feind, den Zivilisten.

Herr Schramm trank aus, bei der nächsten Runde machte der Fallensteller mit. Sie stießen an. Auf die Nostalgie. Dann pfiff der Fallensteller in die Finger, und wenig später gesellte ein Keiler sich zu den Männern, ein wenig müde, ein wenig gereizt.

AN DIESEM TAG lebte der Fallensteller seit einem Monat unter uns. Die Tiere, die er in Fallen hätte locken sollen, sah man weiterhin überall. Die Wölfe heulten, die Wildschweine gruben, die Mäuse flitzten durch die Backstube, nur die Ratten bei Ulli blieben fort, dafür wurde die erste bei Vogel's gesichtet.

Die Fähe, die dem alten Binnecke zwei Hühner gerissen hatte, und für die sich der Fallensteller eine brutale Vorrichtung ausgedacht hatte, Stichworte: Schweinsohr, Walzmetall, Haken, wurde nicht aufgespießt.

Im Kühllager beim Krone zwischen den Rinderhälften hing ein altes Sofa unter der Decke, das die Kakerlake zerdrücken sollte, wenn eine sich drunter verirrte. Und hing. Und hing.

Die Mückenfallen an der Seepromenade baumelten an den Eschen bunter als Libellen. Mücken fingen sie nicht, aber sie gaben uns das feierliche Gefühl von Weihnachtsschmuck im Sommer, und da wir Weihnachtsschmuck nicht mal zu Weihnachten draußen anbrachten, zählte das doppelt.

Wir flanierten unter den Fallen auch mal einfach so, in Grüppchen sogar. Überhaupt kehrte die Vokabel ›flanieren‹

mit dem Fallensteller in unseren Wortschatz zurück, und wie schön ist das denn bitte in einem Landkreis mit 14,3 % Jugendarbeitslosigkeit?

Das wilde Feld beim Gershof wurde zu einem Picknick-Treff. Seit die Weißrussen '45 ein paar von uns an der Eiche gehenkt hatten und danach Brot aßen unter den sich sachte im Wind Wiegenden, hatte dort niemand mehr ans Essen gedacht.

Das Feld wurde zum Hotspot, weil der Fallensteller unter der Eiche eine Dohlenhaube installiert hatte. Die Leute pilgerten zu dem Baum auf der öden Brache, weil sie neugierig waren, ob sich der Vogel des Jahres 2012 von der Trockenpflaume überlisten ließe. Fast täglich sah jemand nach, aber in der Gitterhaube war immer noch kein Vogel des Jahres 2012. Egal. Die Trockenpflaume trocknete aus. Auch das: egal. Die Sonne schien, die karierte Picknickdecke aus dem 1-Euro-Shop in Prenzlau lag im Gras mit Speisen und Getränken drauf wie in einer Werbung für Tampons.

Und weil die Flüchtlinge nicht nur zu Hause rumhocken, sondern sich integrieren sollen, hat der Geschichtsverein sie zum Feld gekarrt, damit sie Büsche beschneiden und Wege roden. Erledigten sie ruckzuck, und danach hielt der Geschichtsverein bei der Dohlenhaube eine Sitzung auf Campingstühlen ab, Thema: »Umgang mit Fremden im Spiegel der Jahrhunderte.«

Frau Schwermuth hob hervor, dass sich in Fürstenfelde so einiges Positives getan hat seit den Zeiten, als Landstreicher und fahrende Zigeuner mit der Peitsche aus dem Dorf gejagt worden waren. Sie nickte den Flüchtlingen freundlich zu, und die nickten freundlich zurück.

Auch Herr Schramm besuchte mit Frau Mahlke die Haube.

Ihn interessierte nur die Mache. Er untersuchte den Schnapp-mechanismus. Als er bemerkte, dass Frau Mahlke ihm zusah, hievte er die Haube mit beiden Armen über den Kopf. Er sah aus, als würde er einen exotischen Hut tragen. Frau Mahlke schüttelte lachend den Kopf und sagte das, was sie oft sagte: »Ach, Wilfried.«

»Das ist ganz schön ausgeklügelt, Elisabeth«, flüsterte der, in Gedanken halb beim Schnappmechanismus, halb bei sei-ner Freundin, und gibt es Zufriedeneres als einen alten Mann mit Karohemd und kurzer Hose, der das Mechanische von Dingen lobt und dafür einen Kuss von Elisabeth Mahlke be-kommt?

Ein paar Tage später klingelte Frau Kranz bei Schramm. Sie wollte ihm ihr neuestes Gemälde zeigen. Auf dem Gemälde lugte Wilfried Schramm, ehemaliger Offizier der NVA, jetzt verliebter Rentner, unter der Dohlenhaube hervor.

Wo sich Frau Kranz versteckt hatte, um das zu malen, kön-nen wir ehrlich nicht sagen, und auch Mahlke und Schramm hatten sie nicht bemerkt. Vielleicht ist es wahr, was manche Kunstkritiker sagen, dass du eine Landschaft nur dann malen kannst, wenn du als Künstlerin Teil von ihr bist. Frau Kranz kennt unsere Landschaft so gut wie niemand sonst, schon möglich, dass sie nach Bedarf in ihr aufgehen kann. Eine Malerinchimäre oder Chamäleon oder wie das heißt. Da, guck, die saftige Brombeere, und dann ist es gar keine Brom-beere, sondern Frau Kranz malt den Waldweg, an dem Brom-beeren wachsen, aus der Brombeerperspektive.

Herr Schramm gefiel das Gemälde. Kaufen wollte er es nicht. Das teilte er Frau Kranz mit. »Um einer zu sein, der sich selbst als Gemälde besitzt«, sagte er, »musst du vom im-perialistischen Gedankengut vergiftet sein und auf einem Anwesen leben, das du ›Anwesen‹ nennst, und du musst wissen, wer deine Vorfahren waren, sieben Generationen zurück, und wer die Vorfahren deiner Windhunde waren, vierzehn Generationen zurück.«

Frau Kranz hatte gar nicht vor, das Gemälde zu verkaufen. Sie begann abzuwinken, da war er nicht mal mit der Hälfte des Sermons durch. Am Ende wedelte sie derart dringlich vor Schramms Gesicht, dass man hätte meinen können, Schramms großer Kopf habe Feuer gefangen.

»Wilfried«, rief sie bei der ersten Pause, »hör jetzt mit der Eselei auf und guck hier.« Ob ihm denn etwas Seltsames an dem Gemälde auffiele.

Schramm ist uns nie als jemand aufgefallen, dem Seltsames auffällt. Damit dir Seltsames auffällt, musst du dich für das Normale interessieren, sonst weißt du ja nicht, worin die Abweichung besteht. Herr Schramm aber interessierte sich für Fledermäuse, Skispringen und Flugabwehrraketen.

In der Dohlenhaube putzte ein Vogel sich das Gefieder, sein Köpfchen steckte unter dem Flügel. Uns war der aufgefallen, Schramm suchte vergebens weiter, bis Frau Kranz entnervt mit der Zunge schnalzte und auf den Vogel zeigte. »Da-ha«, rief sie, »das Viech!«

»Das ist eine Dohle«, sagte Herr Schramm richtig und ruhig. Seine Unaufgeregtheit konnte nur bedeuten, dass ihm Frau Kranz' Werkethik nicht bekannt war. Frau Kranz dachte sich Details auf ihren Bildern nicht einfach so aus. Sie war eine Realistin durch und durch, im Leben und in der Malerei – Frau Kranz malte keine Dohle, wo keine Dohle sich das Gefieder putzte. Als Herr Schramm die Haube inspiziert hatte, hatte es in der Haube keine Dohle gegeben.

Wir dachten, wir hätten die Welt verstanden.

Und die Dohle hob das Köpfchen und sah Schramm aus hellen Äugelein an und rief leise: »Jüb-jüb!«

Herr Schramm, ehemaliger Oberstleutnant der NVA, trat einen Schritt zurück, und sagte: »Ja, sag mal!«

DER FALLENSTELLER UND DIE ZIESCHKES hatten sich gut miteinander eingerichtet. Angela Zieschke stand wieder in ihrer Trainingsjacke hinter dem Tresen, Günter Zieschke löste sie nachmittags ab. Eine Woche lang schafften sie es, gemeinsam zu Abend zu essen.

Lada half dem Fallensteller mit den Aufträgen. Die Schriftstellerei hatte, anders als befürchtet, keinen schlechteren Handwerker aus ihm gemacht. Er war auch an dem großen Gehege, dem letzten Fallensteller-Projekt, tatkräftig beteiligt, hatte den LKW für den Transport besorgt. Günter Zieschke fasste ebenfalls mit an, wenn er gebraucht wurde, und er hielt sich gern in der Nähe auf, *um* gebraucht zu werden.

Mittels einer Seilwinde luden sie das Gehege auf den LKW: drei mal drei mal sechs Meter, mit einer Unterlage aus frischer Erde. Lada legte sein uraltes Frischling-Kuscheltier rein.

Sie fuhren zur Zerweliner Koppel, parkten am Rand der Sperrzone, stiegen aus.

»Und jetzt?«

»Immer so gehetzt. Wir warten hier und trinken Bier.«

Bald gesellte sich Herr Schramm dazu. Die drei Männer kletterten auf die Anhöhe, der Wald roch nach Bundeswehr-

243

mittagessen, XY mit Tomatensauce. Drei Wildschweine hock-
ten schon oben.

Heute gab es eine Fallschirmübung. Sirene. Rauch aus
einem Fenster. Zivilisten schrien für 16 Euro die Stunde um
Hilfe. Soldaten setzten die Gasmasken auf, die Lautsprecher-
anlage zur Geräuschsimulation simulierte Hubschrauberge-
räusche. Stimmt nicht, die waren echt, vier Hubschrauber
schwebten über den Bäumen. Soldaten seilten sich hinab, auf
wessen Seite die auch immer waren, die Seite würde sofort gewinnen, rein von der ästhetischen Geilheit des Abseilens her,
meinte Lada.

Weiter oben baumelten Fallschirmjäger in den Wolken. Kurz die Befürchtung, die Fallschirmjäger würden von
den Hubschrauberrotoren zu Fallschirmjägerhack verarbeitet. Und da trat der Keiler aus dem Wald und trottete an die
Männerrunde heran.

Lada rief »Alter!« und grinste und wich ein paar Schritte
zurück. Herr Schramm, der Fels in der Brandung, blieb auf
seinem Hocker. Der Fallensteller ging auf den Besucher zu,
ehrerbietig grunzend. Vieles fällt leichter, wenn man eine gemeinsame Sprache hat, lautet eine billige Weisheit und eine
große Hoffnung. Das Wildschwein folgte dem großen Mann
die Anhöhe hinunter und spazierte in das Gehege auf dem
LKW.

Die Ankunft in Fürstenfelde wäre durchaus spektakulär geworden, wenn Fürstenfelde einige hunderttausend Einwohner
mehr gehabt hätte. So war es live nur der Hirtentäschel, der
den LKW mit dem Keiler gesehen hat. Er bekreuzigte sich
und kiffte an dem Tag nicht mehr.

Die Nacht verbrachte der Keiler auf dem LKW in der
Marx, hinter der Backstube. Am frühen Morgen kamen schon

244

die Schaulustigen. Die Zieschkes, Frau Schwermuth, später auch die Kita, um sich Angst oder Freude einjagen zu lassen, das fiel von Kind zu Kind unterschiedlich aus. Wir schätzen, zirka dreißig Prozent haben geflennt, der Rest hat sich gefreut, einer hat gekotzt, aber das kann tausend andere Gründe gehabt haben.

Forstrat Fritz klingelte gegen Mittag in der Einliegerwohnung mehrmals hintereinander in schneller Folge, missmutig also. Schon jetzt fielen uns diverse Schwingungen auf, und das meinen wir nicht übersinnlich. In seinem Schlepptau machten Torben Polle, Heiko Wibauer und Norbert Tischke O-Beine. Alle drei solche, die skrupellos Unterhemden ohne was drüber trugen. Polle hatte zusätzlich zum Unterhemd ein Gewehr geschultert.

Der Fallensteller machte auf und hatte das Gesicht zu seiner typischen keinen Miene verzogen. Da half auch die Anwesenheit der drei Gorillas nichts, Fritz musste schlucken. Er schluckte gleich zwei Mal. Das! Das meinten wir mit »Schwingungen«. Wie also sein Adamsapfel sich zwei Mal je auf und je ab bewegt hat, während er streng zu klingen versuchte und grußlos mit einem »was soll der Scheiß« loslegte, »was macht das Vieh hier, warum ist es nicht tot?«

Im ersten Stock ging das Fenster auf. Lada, ebenfalls im Unterhemd, streckte sich und gähnte laut genug. Die vier sahen hinauf, er zwinkerte ihnen zu und steckte sich eine an.

Der Fallensteller schob sich, einen Eimer voller Äpfel schleppend, an den Besuchern vorbei. Sie folgten nach einer sehenswerten Kurzverwirrung zum LKW, wo neben den arbeitsuchenden Dorfbewohnern auch einige Radfahrer Pause machten und sich mit dem Keiler nonverbal austauschten.

Der Fallensteller fütterte das Tier, das Tier grunzte behaglich. Nun öffnete er das Gehege und trat hinein, worauf die Anwesenden einen bis fünf Schritte rückwärts gingen. In der Gewissheit, dass jedes seiner Worte von jedem gehört würde, fragte er, ob Fritz gekommen sei, seine Schulden zu begleichen.

Fritz wollte auf die Frage hin wohl demonstrieren, dass er von der Show nur mittelmäßig beeindruckt sei, und stieg selbst auf die Rampe. Es empfing ihn ein Schaben der Hufen, ein Wetzen der Hauer, eine Mauer aus Schnaufen und Drohgebärden. Das Tor zum Gehege war nur angelehnt, Fritz blieb stehen. »Das war nicht abgemacht«, sagte er. »Das Schwein sollte weg. Wenn du es nicht erledigen willst, tun wir's.« Er deutete auf Polle.

Der Vorschlag hob die Laune des Keilers nicht. Der Fallensteller schob ihm zur Beruhigung einen Apfel in die Schnauze. Auch Ladas Blick verfinsterte sich, stellvertretend für den weiterhin ruhigen Fallensteller. Der verließ das Gehege, stellte sich vor Fritz. Er überragte ihn um drei Köpfe und einen Hut. »Gut«, sagte er, »verschwinden. Danach widmen wir uns den finanziellen Dingen.«

Abseits wechselte er ein paar Worte mit Lada, keine zehn Minuten später fuhren die beiden mit dem Keiler aus dem Dorf, und als sie am Nachmittag zurückkehrten, war das Gehege leer. Wohin genau die Reise ging, behalten wir für uns, sonst wollen die Literaturtouristen demnächst den Keiler besuchen, und dann aber gute Nacht.

Lada bot dem Fallensteller an, ihn zu Fritz zu begleiten, um die Schulden einzutreiben. »Der Fritz«, sagte Lada, »ist ein Arschloch«. Lada ist niemand, der über andere urteilt. Der zuschlägt, ja. Der urteilt, nein.

Der Fallensteller lehnte das Angebot ab. Lada ging trotzdem mit, jetzt eben heimlich. Aus seinem Versteck konnte er beobachten, wie Fritz dem Fallensteller den Finger gegen die Brust legte, wie er ihn abfertigte. Ohne seinen Lohn machte der Fallensteller sich auf den Nachhauseweg, Rücken gerade, alles wie immer.

Fast. Lada fiel auf, dass der Fallensteller langsamer als sonst unterwegs war und die Hände hinter dem Rücken verschränkt hielt. »Wie jemand«, notierte Lada später, »ohne Ziel. Oder wie jemand, der von der Geschwindigkeit seiner Schritte durch die Welt nicht am Nachdenken über die Welt gestört werden wollte.« Wir haben Grammatik- und Rechtschreibfehler ausgebügelt, und können anhand solcher Ideen aber kaum sagen, ob Lada es draufhatte mit dem Ausdenken von Literatur.

Am Abend lud er den Fallensteller zu einer Runde *Battlefield* auf der *Play Station*, um auch mal bei was geiler zu sein als er.

»Sie werden nicht zahlen«, sagte er.

»Jeder das, was er verdient«, sagte der Fallensteller.

In der Einliegerwohnung spielte nach dem Abend nur noch Flötenmusik. Der Fallensteller saß nicht mehr in der Schaukel, frühstückte nicht mehr in der Backstube, spazierte nicht mehr an der Promenade. Es war, als hätte er sich in der Flötenmusik aufgelöst, quasi Melodie geworden, das Notenschwarz war ja bereits seine Farbe. Und dann ist Frau Zieschke irgendwann rein und hat den CD-Spieler ausgeschaltet.

Auch der Forstrat verschwand. Also tatsächlich in dem Sinne, dass das Dorf bald von einer Entführung sprach, nicht ohne Stolz, dass solche arabischen oder großstädtischen Vorkommnisse auch bei uns möglich waren. Die erste Anfrage in Richtung, ob Fritz vielleicht verreist wäre, kam vom Briefträger, und das sagt schon alles über Fritz' Stellenwert in unserer Mitte. Das war fünf ganze Tage, bevor die Bundeswehr den Forstrat im Zerweliner Wald aufgabeln würde, gefesselt an eine Eiche und nicht mehr so jungfräulich, was Dinge wie großen Durst, Schlaflosigkeit, Todesangst und Gelenkschmerzen betraf.

Aber das war noch nicht alles. Torben Polle. Der erhielt mehrere Besuche von Nagern in verschiedenen Kontexten. Sein Opel war danach kabelmäßig derart von sich selbst abgeschnitten wie ein sehr verliebter Mensch nach dem Beziehungs-Aus, inklusive Ersatzgefährt für ein paar Tage und warten, dass die Wunden/Kabel heilten/neu verlegt wurden.

Aber auch das war noch nicht alles. Binnen zwei Tagen waren zwölf weitere Menschen nicht mehr nur Menschen, sondern auch Geschädigte. Bestohlene. In die Irre Geführte. Betrogene. Bei der Polizeidienststelle in Schönemark gingen sieben Anzeigen gegen Unbekannt ein. In einigen anderen Fällen lautete die Schadensart »Beschämung«, und die Betroffenen hängten das nicht an die große Glocke. Bei uns wird man lieber beraubt als lächerlich gemacht.

Wir respektieren das und werden zum Beispiel nicht erzählen, dass Herr Kessel von jemandem fotografiert wurde, während er in den Nachbarsgarten kackte, und dass die Fotos mehrere Tage unter den Immobilienangeboten im Schaufenster der Sparkasse hingen, was vor allem eines ganz deutlich zeigt: Wie wenig Interesse bei uns für Immobilienangebote besteht.

Was die Folgen für seine Person anging, konnte Kessel von Glück sprechen, Ansprüche auf Parteiämter in der NPD angemeldet zu haben, wo solche Aktionen vielleicht nicht unbedingt Pluspunkte generierten, es sei denn der Nachbar wäre kein Deutscher, aber sie störten auch nicht weiter.

Nachdem Frau Würzel aus Arendsee nach Wolf und Wildschwein nun auch noch Besuch von einem »Nordafrikaner« bekommen hatte, fiel es den Geschädigten wie Schuppen von den Augen: Man kannte sich. Und zwar nicht nur, weil hier jeder jeden kannte, sondern weil man zu jener Task-Force gehörte, die sich von Wölfen und vom Keiler gestört gefühlt und gegen das Gefühl heftig ankonspiriert hatte.

Die betrügen wollten, fanden sich betrogen.

Die Lügner wurden zu ihrem Nachteil belogen.

Die Überheblichen vorgeführt.

Und Förster Fritz sieben Tage lang entführt.

Den Geizigen wurde genommen, was sie sehr lieben.

Nur Frau Würzel war, anders als zunächst angenommen, verschont geblieben. Sie hätte dem Fallensteller ja die halbe Rente gegeben, um endlich in Ruhe einsam alt zu leben. Ihr dunkelhäutiger Besucher war bloß der Rewe-Lieferdienst.

Aber auch das war natürlich noch nicht alles. Am Tag, als man Fritz fand, spazierte ein Keiler in den Intershop und bediente sich an Möhren und einem kleinen Kürbis. Es sah aus, als wollte er Zutaten für eine Suppe besorgen. Man rief den Jagdpächter an, doch bevor der kam, hatte das Schwein das Weite gesucht.

WIR SIND ÜBERRASCHT UND FROH: Das, was Lada die ganze Zeit aufgeschrieben hat, hat einen Preis bekommen. Einen Literaturpreis. Wir wussten nicht mal, dass man für Literatur noch andere Preise gewinnen kann als den Nobelpreis und den einen, den der Jugo gewonnen hat. Aber es geht! Es gibt richtig Wettkämpfe dafür. Komisch, dass man so etwas wie Literatur gegeneinander vermessen kann, aber vielleicht ist es ein bisschen wie beim Eiskunstlaufen: Niemand kann ehrlich erklären, warum die eine besser ist als die andere, es sei denn, die andere ist auf dem Hintern gelandet.

»Robert Lada Zieschke komponiert in seinem rasanten Milieustück eine Sinfonie der Provinz jenseits der großen Themen und abseits des Mainstreams. Die originelle Musikalität seiner Sprache sucht ihresgleichen in seiner Generation, was sicherlich damit zu tun hat, dass Zieschke ein Autor mit Provinzhintergrund ist.«, Ja, da mussten wir dann mit dem Lesen auch schon aufhören, wir hätten keinen weiteren Genitiv ausgehalten.

Das Preisgeld betrug 900 Euro. Die Verleihung sollte in Hamburg stattfinden – so weit im Westen war Lada noch nie gewesen –, und war mit einer öffentlichen Lesung verbunden.

Das hat ihm nicht geschmeckt, also hat er die Jungs gefragt, ob sie als Support mitkämen, und die Jungs sind selbstverständlich mitgekommen. Der stumme Suzi, Johann, Meerrettich-Micha.

Lada fand am geilsten, dass die Ausrichter die Fahrtkosten zahlen würden. Er hat sich gleich mal vom Tanken-Lütti eine fette Quittung geben lassen. Wenn schon Fahrtkosten, dann richtig doppelte Strecke.

Die Jungs luden sechsundneunzig Biere in den Kofferraum. Günter Zieschke hatte Lada ursprünglich etwas vom Kollegen Karl May schenken wollen, aber er wusste, dass er das Buch danach nie wiedersehen würde, also ließ er es sein. Angela Zieschke stützte ihren Mann und hatte schon zu winken begonnen, bevor Lada überhaupt im Wagen saß. Lada hatte gewonnen. Ihr Sohn!

Keine fünf Kilometer außerhalb von Fürstenfelde stand eine dunkel gekleidete Gestalt am Straßenrand usw., Käfig, Ratte, du weißt schon. Trampte.

»Boah, halt an«, rief Meerrettich-Micha und fing schon mit dem Aggro-Schnaufen an. Lada fuhr rechts ran, stieg aus, alle stiegen aus, Meerrettich-Micha preschte vor, holte zum Schlag aus, Lada riss ihn in letzter Sekunde zur Seite weg.

Der Fallensteller zuckte mit keiner Wimper.

»Du«, schrie Micha, »der war es! Lada! Der hat uns den Floh angepestet!«

Lada war zwei Trainings die Woche kräftiger als Meerrettich-Micha und musste sich kaum anstrengen, ihn davon abzubringen, seinem Gerechtigkeitsempfinden Ausdruck zu verleihen.

»Ach, der Junior-Meerrettich. Möglich, ja, dass ich das war«, gab der Fallensteller zu Protokoll. »Doch dein Groll soll deinem Vater gelten. Die Flöhe sollten ihn gemahnen, künftig etwas besser zu planen, keinen in die Pfanne zu hauen, der zu zäh ist zum Kauen und zu hart zum Verdauen.«

Da hätte sich der Angesprochene natürlich erneut in den Ring werfen mögen, doch Lada gab keinen Zentimeter nach, wandte sich sogar locker dem Fallensteller zu: »Wo willst du hin?«

»Bis wohin reicht das Benzin?«

»Bis ans Ende der Geschichte. Komm schon. Bei uns ist gerade ein Platz frei geworden.« Er stieß Micha zu Boden, und als der sich aufgerappelt hatte, stand der stumme Suzi bei ihm, und wenn der stumme Suzi bei dir steht, ohne dir beizustehen, dann steh dir der Allmächtige bei, würde man woanders sagen, wo man mehrheitlich an solcherlei Wesen glaubt.

Der Fallensteller nahm neben Johann auf der Rückbank Platz. Johann war etwas blass, als hätte das Geschubse ihm gegolten, ein Junge eben.

Er bedankte sich gleich für die Schildkrötenfalle.

»Hat nix erwischt, oder?«, rief Lada und fuhr an.

»N-nein. Eine ist mal rein, hat den Salat gefressen und ist wieder raus.« Johann schwieg eine Weile. Landmaschinenstaub, Weizenwogen, Bushaltestellengraffiti, Heimatland. »Aber darum geht's nicht«, sagte Johann. »Glaub ich. Die Falle konnte gar nix erwischen. War ja nur eine Tonne mit nem Loch. Die Funktionalität«, Johann grinste das Wort an, »die Funktionalität der Falle als Falle war überhaupt nicht vorhanden. Jetzt liegt die da im Sumpf. Eine knallrote Tonne im Sumpf. Das einzige Rot in dem braunen Sumpf.«

Lada überholte einen Trekker.

Der stumme Suzi legte die Manowar-CD ein.

Der Fallensteller ließ die Ratte an seinem Dosenbier nuckeln.

Johann las in Ladas Notizbuch, er hatte es ihm erlaubt, jetzt, wo eh alles öffentlich würde.

War doch ganz gut für den Augenblick. War doch ganz in Ordnung, dass das jetzt so ablief in Ladas Golf auf dem Weg nach Hamburg, zur Preisverleihung.

WIR SIND AUFGEREGT, LADA TRÄGT EIN HEMD. Er ist gleich mit dem Vorlesen dran. Die Jungs sitzen hinten, jetzt schon höflich angetrunken, es gibt Wein für umme, es gibt Häppchen, und der stumme Suzi wusste nicht, dass der Schnaps für nach der Sache gedacht war. Johann schäkert mit einer Lady, die Bücher verkauft, er sagt, er sei Glöckner-Lehrling, in der Großstadt kommt das fantastisch an, aussterbendes Handwerk: Pluspunkt.

So leichtfüßig wie Lada auf die Bühne schreitet, sieht es aus, als wäre das sein hundertster Jubiläumsauftritt und nicht sein erster Jubiläumsauftritt. Er hat sogar auf die Frage der Veranstalter, ob er Mineralwasser während der Lesung trinken möchte, mit »Ja, aber bitte ohne Gas, sonst muss ich aufstoßen« geantwortet.

Lada setzt sich, räuspert sich. »Einen wunderschönen guten Abend«, sagt er, »ich freu mich, dass ich hier bin.« Und weißt du was? Wir glauben Lada das. Wir glauben ihm das.

»Ich fange jetzt an. Das fängt so an:

Über das öde Land, querfeldein, marschiert durch die Dunkelheit einer, verwegen muss er sein, strauchdiebisch oder verwirrt, sonst ginge er hier nicht unbeirrt, hätte überm Kopf ein

Dach, nicht Sterne, miede nicht die Dörfer, ach, jede Laterne, schliche nicht geduckt jenseits unsrer weltlichen Wacht.

Die Nacht ist ihm zugeneigt; der Schleier ihrer schwarzen Tracht deckt seine Züge, das Mondlicht verrät ihm manch eine Lüge im knotig rauen Grund. In seinem Vorübergehen klingt das Knurren des Wildes wie Verstehen, sonst wird die Natur leise, wo der Wanderer auf seiner Reise schreitet.

> Wir ahnen, wer der Fremde ist,
> wissen bloß nicht, wie ihn nennen.
> Alchemist, der nie Gold gebraut,
> Exorzist, der den Teufel getraut,
> Fabulist, der auf die Wahrheit baut,
> Idealist, dem's ideologisch graut,
> Vampir mit Vorliebe für Knoblauchzehen,
> ewiger Richter, dem wir alles gestehen?

Wir wissen, auf so einen bist du nie vorbereitet, mit seinem Gepäck voll Allerlei: Sprache, Mut und Zauberei.

IN DIESEM GEWÄSSER VERSINKT ALLES

Die Scheibe auf der Fahrerseite unseres Mietwagens wurde in der Nacht eingeschlagen, aber es ist ein zu schöner Sommermorgen und wir sind zu verkatert und zu vollkaskoversichert, um darüber ernsthaft in Stress zu geraten.

Marie sagt: »Ich dachte, wir sind in Südfrankreich und nicht in Polen.«

Weder Anna noch ich lachen darüber sonderlich aktiv. Es ist auch gar nichts weggekommen, weil gar nichts drin war, bis auf das Radio, und auch das steckt noch.

Anna sagt: »Sieht aus, als hätte jemand dem Ding eine Ohrfeige verpasst.«

Marie hat das Bier in ihrer Handtasche gefunden, öffnet es, trinkt. »Gibt's hier so was wie einen Dorfbullen? Dorfbäcker, Dorfbrunnen – kann's doch auch einen Dorfbullen geben?« Saufen, rauchen und den Mont Ventoux anschreien heute Nacht haben Maries Stimme aufgeraut, sie klingt so, wie Risse im Glas aussehen.

Wahrscheinlich gibt es einen.

Wahrscheinlich sind wir doch ein wenig angespannt.

»Keine Bullen.« Anna holt den Mietvertrag aus dem Wagen und zückt das Telefon. »Wir rufen bei der Vermietung an, die werden sagen, fahrt in eine Werkstatt, und das werden wir auch machen.«

Als glaubte sie, immun gegen Glassplitter zu sein, beugt Marie sich in das kaputte Fenster und schaltet das Radio ein. Die Wettervorhersage bejaht den Sommer, Sommermusik bejaht den Sommer. Marie dreht sich auf dem Parkplatzschotter, tanzt mit der Morgenhitze, tanzt mit dem Mont Ventoux, tanzt einen Spaziergänger an, ein alter französischer Spaziergänger ist das, Unterhemd, Sonnenhut, kleiner Hund. Er ist älter als dreimal Marie, starr erträgt und genießt er Maries Tanz.

Ich habe heißes Kopfweh, ich brauche Schatten.

Der Alte tapst weiter, Sonnenbrand im U des Unterhemds vorn und hinten. Marie ruft, ihr sei schwindlig, und tanzt weiter.

Anna hat einen Besen aus dem Haus geholt und kehrt die Scherben zusammen.

»Gott, bist du schön«, sage ich zur blassen Marie oder zur fegenden Anna.

Es war getrunken worden und geküsst in der Nacht.

Ach, Alkohol.

Ach, Zypressen.

Ach, Immobilienbesitz in der Provence.

Marie zieht das Haargummi vom Handgelenk, spielt damit, die Verheißung eines Zopfes, trinkt.

Es ist kurz nach neun und schon allumfassend Glut.

Wir laden ein, fahren los. Marie prostet Radfahrern im Vorbeifahren zu, feuert sie an. Wer würde da nicht lächeln, auch im engen Radfahrerdress?

Diskurse auf der Fahrt nach Paris, 700 km:

1) Das Band-T-Shirt: eine nach wie vor zeitgemäße Form

der Behauptung musikalischer Zeitgenossenschaft? Ironie- und nostalgiefrei tragbar auch für uns, Menschen um die 30?

2) Die Dialektik der Sympathie von Menschen für Kühe. Perspektiven und Grenzen der Zuneigung gegenüber einem Wesen, auf das man als Nahrungsmittel nicht verzichten möchte.

»Meine Sympathie für Kühe«, sagt Anna, »ist auch deswegen so groß, weil Kühe das Gras in der Nähe ihrer Scheiße nicht fressen.«

3) Welche Motive für tödliche Gewaltakte gesetzlich zu verurteilen, privat aber gutzuheißen seien.

Anna strikt: Keine. Gesetz ist Gesetz und auch dafür da, dass wir in unserer verdammten Emotionalität nicht maßlos werden.

Marie lacht Anna aus. Keine Überraschungen bei ihr:

1. Den eigenen Vater mit einer Motorsäge (o. Ä.) in kleine Stücke zersägen als Antwort auf Missbrauch durch denselben.

2. Den eigenen Vergewaltiger mit einer Motorsäge (o. Ä.) zersägen.

3. Kinderschütteln. Wer Kinder schüttelt, Füße in Beton und ab in den Main. Oder Motorsäge.

Marie hätte noch mehr aufzuzählen, aber die Hand tut ihr weh. Sie hat sich bei der dämlichen Radioaktion geschnitten, eine Scherbe steckt in ihrem Handballen.

»Schaut«, sagt sie. »Ein winziger Diamant.«

Anna sieht sich die Scherbe aus großer Nähe an, schielt, kratzt mit dem Nagel herum.

4) Die Unfähigkeit (Unwillen?) der europäischen Regierungen, die Flüchtlingssituation in einer Weise zu managen, die zugleich menschenwürdig und effektiv wäre.

Der Beschluss (350 km vor Paris): Wir kümmern uns nach der Rückkehr selbst, treten dem Heer der Freiwilligen bei. Werden irgendwas organisieren, sammeln, irgendwo hingehen, wo Flüchtlinge sind, und etwas tun.

»Du bist doch selbst einer, du kennst dich aus«, sagt Anna.

»Ist jetzt nicht so, dass das ein Talent ist«, sage ich.

200 km vor Paris die Einsicht, dass wir null Zeit haben werden zum richtig Helfen. Vielleicht in zehn Jahren, wenn wir genug verdient haben werden, um niemals wieder verdienen zu müssen. Also: einfach Kohle spenden an irgendwas mit Kindern.

Es blüht: Mohn.

Halten wir an, schlägt jemand vor, pflücken wir!

Wir pflücken Mohn.

»Mon dieu«, sagt Marie, »ich wäre gerne provenzalische Natur, in der ihr als Mohn wachst.«

Ich bin verliebt in die pragmatische Anna, ich bin verliebt in die überdrehte Marie. Beide sind vielleicht in mich verliebt und haben immer wieder was miteinander. Wir führen andere Beziehungen in Frankfurt, Singapur, Marie ist sich wegen Baden-Baden nicht ganz sicher. Wir sprechen aus, was uns gefällt, und meiden, was wir nicht ertragen. Bevor wir uns im Weg stehen, gehen wir uns aus dem Weg.

Anna, zum Beispiel, mag es nicht, wenn sie sich beim Sex aufs Küssen konzentrieren soll. Auf unseren Reisen möchte sie nur an Orten mit Dachterrasse unterkommen.

Marie wäre am liebsten immer barfuß. Bei *memstore* hat sie das längst etabliert. Hast du dir in einem Büro eine gewisse Reputation erarbeitet und bist in der Hierarchie weit oben, dann fragt auch keiner kritisch nach. Marie barfuß auf Kuba, mit einem Mann namens Manuel tanzend zu ostdeutschen

Schlagern. Marie barfuß in Brasilien, eine irre Vogelbeobachtungstante schreit sie an, weil Marie kichern muss, wenn alle schweigen sollen. Paris ist unsere letzte Station dieses Jahr. Eine Auszeit von den Partnern und von den Kunden, von den Bildschirmen und nach der Arbeit noch in den Supermarkt, Milch kaufen und eine Banane.

»Wie schön es wäre«, sagt Marie, »wenn ein Welpe am Straßenrand kauern würde ohne Elternhunde, hungrig und verlassen, sodass wir ihn mitnehmen können.«

Was wir natürlich nicht tun würden, weil wir wissen, dass in unserem Leben kein Platz für das Glück von Welpen ist.

Eine Nachricht auf meinem Telefon:

Bin bei Opa. Es wird schlimmer. Er kann nicht mehr. Wo bist du?
Mama.

Und einmal nahm der alte Mann den Jungen mit zum Fluss und legte eine Kupfermünze auf das Wasser, und die Münze ging nicht unter.

Der alte Mann konnte allerhand Zauberstücke, doch diesmal staunte der Junge sehr, denn in diesem Gewässer versank sonst alles, Steine sowieso, aber auch Bälle, Bäume, Kühlschränke, einmal ein Ochse mitsamt dem Karren, der blöde Fluss, Kanarienvögel flogen hinein und versanken, ein Fahrrad, das dem Jungen versprochen worden war, im Sommer die Wolken, Schnee im Winter und zur Schneeschmelze einmal eine Brücke und im Frühling einmal ein Vater. Das hat der Junge aber nicht selbst gesehen, er hätte aber Anspruch darauf gehabt, denn es war sein eigener.

»Schau!«, der Junge zeigte auf das Kupferstück, das an seinen Knöcheln vorbeitrieb, und der Sommer war ein unruhiger, mit vielen Gewittern und Streitereien im Dorf und im

Fernsehen, aber an dem Tag schien die Sonne, und der Alte nahm die Münze aus dem Wasser und trocknete sie an seinem Ärmel und sagte: »Jetzt du.«

»Was ich?« An dem Fluss wurde doch schweigen gelernt, nicht schwimmen. Das Wasser war zu schnell und zu tief und würde dich hinabziehen, und das einzige Gute wäre, dass du in der Tiefe vielleicht den Vater wiederträfst bei den Krebsen und den Fischen.

Der alte Mann breitete sein Hemd auf dem Wasser aus, das blaue, feste Eisenbahnerhemd, ohne das ihn der Junge kaum je sah, und auch das Hemd ging nicht unter, noch trieb es ab.

»Hältst du mich?«, fragte der Junge und legte sich zögerlich, nachdem ihm Halten versprochen wurde, in das Hemd. »Lass nicht los«, rief er, da war er schon im Tiefen, »lass ja nicht los!« Doch er sah den Alten gar nicht mehr und hörte bloß den Fluss. Also schrie er und strampelte und lachte dann, denn das Hemd trug ihn auf der Strömung wie auf einem Floß, und über ihm glänzten die Libellen.

»Hast du es gesehen«, rief der Junge, »hast du?«, da war er wieder in Ufernähe.

»Ja, du warst mutig«, sagte der Alte und balancierte auf seinem Handrücken eine Libelle. Er trocknete den Jungen ab, bald schon schlief der im kühlen Gras ein. Mut kostet Kinder Kraft, das weiß jeder. Durch seine besonnten Träume gluckerte der Fluss, tanzte die Libelle, schwebte das Hemd.

Es dämmerte, als er aufwachte. Der Alte hatte ihn in das Hemd gewickelt und trug ihn über der Schulter nach Hause wie eine Beute.

»Opa, ich habe geträumt, das ist mein Hemd«, sagte der Junge, und der alte Mann kratzte sich zufrieden am Bauch und sagte, alles, was er selbst besaß, gehöre auch dem Jungen, er dürfe das Hemd behalten.

Zuhause überließ er ihn den immerwährenden Sorgen der Mutter, wo wart ihr, warum kommt ihr so spät, hat der Junge gegessen. Sie strich dem Jungen Joghurt auf das Gesicht und die spitzen Schultern gegen den Sonnenbrand. »So rot«, flüsterte sie, »so rot.«

Mutter war eine blasse Frau, ihr Birnenkuchen einst berühmt, an einem Ort mit Birnen und sonst keiner Frucht zählte das viel. Seit der Fluss ihren Mann ertränkt hat, backte sie oft schluchzend, und der Teig geriet zu süß.

Sie wusch sich den Joghurt von den Händen, der Junge leckte ihn sich von der Lippe. Er erzählte ihr von der Münze auf dem Fluss, von dem Hemd auf dem Fluss. Er erzählte ihr nicht von sich auf dem Hemd auf dem Fluss.

Er dachte: »*Mir* hat der Fluss nichts getan.«

Er sagte: »Opa hat mir sein Hemd geschenkt.«

Er erzählte von den Libellen, fragte, ob Mutter wisse, was Libellen im Leben erreichen wollen und ob er eine Libelle als Haustier halten dürfe und warum nicht. Er sagte, er müsse ein Gedicht auswendig lernen, wieder mal eines von Soldaten und Kanonen in der Schlacht.

Irgendwann füllten Mutters Augen sich mit Tränen, sie vergrub das Gesicht in den Händen, konnte mit dem Kochen nicht weitermachen, legte sich hin, der Junge aß Joghurt auf Brot.

Abends weinte Mutter, das war so. Sie weinte, wenn der Junge schwieg, weinte, wenn er sprach. Eine Zeitlang glaubte er, sie weinte, weil er da war, bei ihr, also versteckte er sich im Wald. Als er nach Mitternacht zurückkehrte, weinte Mutter aber schlimmer denn je, das Haus war voll mit Nachbarn und Fackeln, und er musste ein Niemalswieder schwören.

Er ging auf sein Zimmer und zog das Hemd des alten Mannes an. Der kam spät am Abend noch mal vorbei. Mit dem Hemd traute der Junge sich endlich, die Frage zu stellen:

»Opa, warum ist Mama so traurig?« Der Alte tupfte sich mit einem Taschentuch den Schweiß von der Stirn. Er schwieg.

»Ich war auch traurig. Wegen Papa. Weil er weg ist.«

»Mama ist auch traurig, weil er weg ist. Und auch, weil er weg ist, ohne ihr zu sagen, warum. Und auch, weil er weg ist, ohne dass sie sich von ihm verabschieden konnte.«

»Warum ist das wichtig? Dass sich Menschen verabschieden?«

»Ist es dir nicht wichtig?«

»Bleibst du heute Nacht bei uns?«

»Möchtest du das.«

»Möchtest du ein blödes Gedicht hören, fünfzig Mal.«

»Ja, ja, das möchte ich.«

»Gut. Dann müssen wir uns auch nicht verabschieden.«

Waren sie still, hörten sie die Mutter schluchzen. Also wiederholte der Junge das Gedicht oft und oft. Ob er wisse, fragte der alte Mann, was da für Schlachten besungen wurden. Gewonnene, sagte der Junge. Genau müsse man es nicht wissen, das gebe keine bessere Note.

In der Nacht schrieb der Junge selbst ein Gedicht. Mutter hatte zu weinen aufgehört, schlief vielleicht. Im Wohnzimmer schnarchte der Alte.

In diesem Gewässer versinkt alles hieß das Gedicht. Mit dem Gewässer waren die Tränen in Mutters Augen gemeint, ein See, in dem alles versank. Die Fragen des Jungen gingen darin unter, in so einer Tiefe hörst du nichts. Seine Schulnoten, sein Mithelfen im Haushalt an Tagen wie heute, manchmal versank die ganze Mutter darin, vergaß zu kochen, sich zu waschen, stand am offenen Kühlschrank minutenlang, verbrachte Tage im Bett.

Er lernte die paar Zeilen in der Morgendämmerung auswendig, dann zerriss er das Gedicht in hundert Stücke.

Marie findet den Automechaniker gut. Er sieht aus wie Cola-Werbung. »Was können Sie denn noch so reparieren?«, fragt sie.

Ich bitte Marie, den sexuellen Überschwang ein wenig einzudämmen.

Sie fragt sofort, was los sei.

»Nichts.« Hinter der kleinen Werkstatt rufe ich Mutter an. Sie erwidert meinen Gruß nicht, sie sagt:

»Ich kann nicht mehr.«

»Mama, wie geht es *ihm*?«

»Er isst kaum und behält auch das nicht.«

»Ja, Mama, dann musst du mit Dr. Kulić sprechen! Hast du das gemacht? Die müssen wieder Infusionen machen.«

Mutter hört zu und hört nicht hin. Er nehme ab, sagt sie. Seine Wangen ... sie könne ihm beim Verschwinden zusehen.

Ich stelle mir vor, wie mein Großvater kleiner und kleiner wird und –

Anna ruft meinen Namen.

»Er ruft deinen Namen«, sagt Mutter. »Moment ... ich geb ihn dir ...«

Marie schreit von irgendwo: »Der Mechaniker will mit nach Paris!«

Mein Großvater sagt: »Junge?« Er schmatzt mit den Lippen, als schmecke das, was er sagt. »Mein Junge?« Seine Stimme bricht. Marie und der Automechaniker lachen. Ich sage, ja, ich bin es. Ich warte, aber er spricht nicht weiter.

Was jetzt? Was frage ich jemanden, der verschwindet? Ich will nicht fragen, wie es ihm geht. Solange nicht er mir sagt, dass es ihm schlecht geht, geht es ihm nicht schlecht. Das Schmatzen genügt, das Schmatzen ist alles, Leben, Krankheit, Tod.

Mutter ist wieder dran: Ob ich noch in Kuba sei, sie habe die Postkarte bekommen, danke. Ach, Frankreich, und dass sie immer schon mal nach Frankreich wollte, ob es in der Provence Birnen gebe, ob ich auch nach Paris, und ich will die Fragerei nicht unterbrechen, antworte ehrlich und knapp und frage mich, wie sie sich für meine Reise jetzt so begeistern kann, neben sich den kranken alten Mann?

Ich bin genauso. Ganz genauso, hier sprechen zwei, die nicht über das sprechen wollen, was auf der Hand liegt, dass ein Mensch stirbt, was für ein Konzert in Paris, und ich möchte jetzt doch noch mal mit Großvater reden, aber ich spreche den Wunsch nicht aus, ob ich auf Kuba heimlich geheiratet hätte, fragt Mutter, ich muss lachen und hasse, dass ich lachen muss, ich sage, bitte rufst du Dr. Kulić an, und wir legen auf.

Anna sagt: »Da bist du.«

Ich denke: eigentlich nicht.

Ein anderes Mal hievte der alte Mann einen ausgewachsenen Kommunisten über den Kopf und schüttelte ihn so lange, bis aus den Taschen seines Sakkos gestohlene Münzen auf die Erde rieselten, gekaufte Unterschriften, unerfüllte Versprechen, Geschichtsverfälschung, Schuldscheine, Privilegien, ein Mundspray, Vaseline und ein Stück Brot. Dann schulterte er ihn wie im Frühsommer den Jungen und warf ihn aus der Stadt.

Am späten Nachmittag, als das Tal an Duft verlor, saßen die Leute auf ihren Terrassen, aßen Birnenkuchen und tranken Kaffee und hörten dem Horizont zu und warteten, dass der ausgewachsene Kommunist mit Verstärkung zurückkehrt, um sich zu rächen. Er würde in einem weißen Mercedes mit offenem Verdeck auf den Marktplatz vorfahren, hinten ein Richter mit glänzender Haut und eine junge Frau mit Netzstrümpfen, vorn ein Parteifunktionär mit Orden bis an die Wangen.

Es dämmerte, und er war immer noch nicht da. Die Kinder spielten Irak gegen Kuwait, die Erwachsenen kamen spontan auf dem Marktplatz zusammen, wer weiß, vielleicht hielt jemand eine kluge Rede. Tatsächlich erhob ein Professor seine gekämmte Stimme und fragte, was denn eigentlich überhaupt genau los sei. Was habe der Kommunist gewollt, und was habe er dem alten Mann, oder der alte Mann ihm getan. Und schließlich, was das Städtchen damit zu tun habe.

Die Leute schlugen sich gegenseitig die Mücken von der Haut. Eine Antwort schien keiner zu haben.

Da rief vom Kirchturm der alte Mann: »Genau das ist das Problem! Wir fressen zu viel Fettiges und Süßes und wundern uns später, dass wir am Fettigen und Süßen gestorben sind!« Er sagte noch einiges mehr, aber das fand der Junge wegen Sterben am besten und merkte sich alles andere nicht. Seine Mutter wollte ohnehin nicht, dass er lauschte, wenn Politik sprach. Sie schickte ihn nach Hause, und das fand er gut, dass Mutter mal etwas von ihm nicht wollte.

An dem Abend sah der Junge ein Musikvideo, das ihm sehr gefiel: Wunderkerzen bei einem Riesenkonzert, Soldaten an einer Mauer und marschierend und Menschenmassen, und ein Mann im weißen Hemd klettert auf einen Panzer. Der Sänger trug eine kleine Mütze und eine Lederjacke, er pfiff und sang und pfiff. Der Junge pfiff gleich mit und fragte später, ob er auch eine Lederjacke haben könne, aber Mutter zuckte bloß mit den Schultern.

Sonst machte er sich in dieser Zeit die meisten Gedanken über den Tod und über ein Mädchen. Er hatte noch keinen echten Toten gesehen, und auf einen ersten echten Kuss auf den Mund hatte er vergeblich gewartet, zwei Stunden nach dem Termin, der ihm versprochen wurde. Er war nicht wirklich enttäuscht, weil, wer weiß, was ein Kuss mit einem anstellte.

Das blaue Eisenbahnerhemd war ihm noch immer viel zu groß. Er trug es aber gern im Haus, gern an Sonntagen, wenn der Alte zu Besuch kam. Schwimmen konnte er inzwischen auch ohne das Hemd.

Einmal zimmerte der alte Mann im Garten unter einem Birnbaum einen kleinen Tisch. Der Junge sah zu und reichte ihm dieses und jenes Werkzeug und lernte nichts oder viel, er hätte es nicht sagen können, über das Zimmern von Tischen. Er lernte, dass Großvater nicht viele Worte brauchte, um etwas gut zu können.

Später lud er Freunde ein, damit sie daran saßen, aber was sollte man sich an einem Tisch unter einem Birnbaum lange aufhalten, wenn man schnelle Beine hatte und einen Ball? Die Freunde bedankten sich für den Kuchen und zogen weiter.

Mutter und ihre Zigaretten setzten sich dazu. Mutters Haar

war ein Nest. Jedes Mal, wenn sie den Zigarettenrauch ein-
atmete, hörte sie für eine winzige Weile auf zu atmen.

Im Zimmer des Jungen eine Couch, im Kasten Bücher
statt Bettzeug: Ćopić, Jack London, Andrić und Kiš, Dumas,
Kulenović, Jonathan Swift. Vater hatte ihm die ersten geschenkt, der alte Mann alle weiteren. Der Junge lag in den Bü-
chern, Schlittenhunde zogen die Couch, oder sie erlitt Schiff-
bruch auf einer Insel, bewohnt von sehr kleinen Menschen.

»Lies«, hatte der alte Mann gesagt. »Lies alles, und was du
nicht sofort verstehst, erfrage oder lies in einem Jahr wieder.
›Zu schwer für dich‹, das sagte er nie und wusste auf die wenigsten Fragen eine Antwort zu geben.

Einmal fand der Junge einen Satz in einem Buch und konnte
ihn nicht vergessen:

Dass jemand, der abwesend ist, in einem Augenblick derart anwesend
sein kann, anwesender als anwesend.

Er warf das Buch in den Fluss, damit sein Vater es las.

»Es geht. Echt«, sage ich.

»Nein, du bist komisch.« Anna schüttelt den Kopf.

»Wirklich. Alles okay.« Ich pelle ein Ei.

Marie beißt in den Honigtoast. »Thank God for grapefruit
juice«, sagt sie.

Wir frühstücken am Montmartre. Zwei Polizisten fahren
auf Rollerblades vor und setzen sich in voller Montur um-
ständlich an den Nebentisch. Französische Polizisten in ihren französischen Polizistenuniformen bestellen koffeinfreien
Kaffee.

»Ist euch aufgefallen«, fragt Anna, »dass die Männer in
Paris sofort ihre Smartphones verstecken, wenn ihnen eine
gutaussehende Frau entgegenkommt, vulgo ich?«

»Mehr Romantik geht heute kaum.« Marie zwinkert den Polizisten zu.

Montmartre knattert aus hundert Mopedauspuffen. Wasserstriemen entlang der Bordsteine. Ein japanischer Tourist oder ein deutscher Tourist mit japanischen Vorfahren isst sein Brot im Stehen, ein Regenschirm in der Armbeuge und keine Wolke am Himmel. Mit den Bildern, die man von Paris hat, ist alles in Ordnung, auch nach der Gewalt.

Anna sagt das so: »Statt jedes Jahr herzufahren, würde es vielleicht reichen, wenn wir uns Paris zu Hause den ganzen Tag mit Google Earth ansehen, dabei reden wir über Paris, essen französisch und betrinken uns langsam mit Kronenbourg. Also alles wie heute, nur ohne die Mopeds.«

»Die kann man runterladen und nebenbei abspielen«, sagt Marie. »Ich brauch das aber in echt. Ich finde Paris therapeutisch. In keiner anderen Stadt werde ich so angenehm mit meinen Ängsten konfrontiert. Wenn ich mir aussuchen könnte, wo man mich ausrauben darf, wäre das ganz klar Paris.« Sie sucht Augenkontakt mit den Polizisten. Vergeblich. Die beiden lesen sich gegenseitig aus der Zeitung vor. Der eine hat eine Sportillustrierte, der andere *Le Figaro*.

»Eheleben, Symbolmoment«, flüstert Anna.

Ich esse Eigelb, salze nach, bestelle ein Kronenbourg.

»Die Möglichkeit eines anderen Lebens, zum Beispiel als Bulle in Paris?«, fragt Marie unbestimmt. Die Antwort interessiert sie nicht, die Frage ist ihr Reisebegleiter, egal wohin die Reise führt.

Wir sind Existenzgründer ohne Existenzsorgen. Wir haben unser Start-Up nicht in den Sand gesetzt. Wir sind seine Goldkinder und haben uns Freiheiten bewahrt. Bei uns hat es gereicht, sich in einer Sache richtig gut auszukennen.

»Heute«, sagt Marie ernster als sonst, »bin ich mit der Frage aufgewacht, ob es jemanden gibt, der mich gelegentlich aufrichtig vermisst. Der sagt, ach, wäre Marie jetzt...!«

Ich kratze an der Eierschale entlang.

»Mein Gott, M, in deiner Frage schwingt ja das baldige Gebären von Kindern mit«, sagt Anna.

»Sollte ich jemals eins haben«, Marie trinkt von meinem Bier, »möchte ich, dass ihr beide der Vater seid.«

Ein anderes Mal kehrte der ausgewachsene Kommunist nach Jahren als frisch geschlüpfter Nationalist tatsächlich zurück mit einem Gewehr und einem Gefolge ihm ähnlicher Gestalten mit Bart. In seinem Wagen saßen ein Offizier, der nur stumpfe Messer als Waffen trug, ein Blauhelmsoldat und eine schöne Frau mit Netzstrümpfen.

Der frisch geschlüpfte Nationalist ließ die Leute zum Marktplatz bringen, ließ Namen ausrufen und aufreihen, auch der Name des alten Mannes erklang. Der versteckte sich und seinen Namen und den Jungen und die Schwiegertochter im Kirchturm. Die anderen Namen wurden in einer langen Kolonne zum Fluss gebracht, und der Junge durfte nicht hinsehen, aber was macht man gegen hinhören?

Der Junge trug das blaue Hemd. Wenn er die Ärmel umkrempelte, passte es schon fast gut.

»Wir können hier nicht bleiben.« Mutter war das, und der alte Mann pflichtete ihr bei. Im Schutz der Nacht führte er sie über Umwege zu einer ruhigen Stelle am Fluss, weitab der Stadt, wo sie sich sicher wähnten, vielleicht eine Minute lang, dann hörten sie aus dem Wald das Bellen der Hunde.

In diesem Gewässer versank noch immer so ziemlich alles, selbst der Krieg: Handgranaten, Lebende und Tote, gesprengte Brücken, Geschichte und das daraus Gelernte, der blöde Fluss, ganze humanitäre Hilfsladungen, blubb-blubb, Kindheiten, noch mehr Väter, die aber unfreiwillig, der schöne Fluss. Das Bellen versank nicht, sondern wurde lauter, und Mutter sagte: »Ich kann da nicht rein, ich kann das nicht. Geht.«

Der alte Mann nickte und sagte, das komme absolut nicht in Frage. »Du rührst dich nicht vom Fleck«, befahl er ihr, und dem Jungen: »Du hältst dich fest, bis ich sage, loslassen, den Rest schaffst du allein, du weißt wohin. Das ist für dich kein Problem.«

»Kein Problem.« Der Junge war nur noch Echo, was war hier los? Die Mutter blieb zurück, und auf halbem Weg zum anderen Ufer flüsterte der Großvater dem Enkelsohn ins feuchte Haar: »Keine Verabschiedung, wir sehen uns wieder.«

Der Fluss trug den Jungen über vier Grenzen zu einem Gastarbeiteronkel und vor eine Tür, an der *drücken* stand, das waren Buchstaben, *d r ü c k e n*, und der Junge zog, und zog durchs Abitur, mit 1,3, und in eine Vorliebe für House, *erste DJ-Gage: 120 DM*, und in eine Privatuniversität, *Scholarship*, und zur Auszeichnung für die beste Abschlussarbeit seines Jahrgangs, *Neural Decoding of Memories*, und zu einer ersten Idee für ein *Brain-Computer-Interface*, das aus Splittern der Erinnerung Geschichten konstruiert, und in die Gründung von *memstore*, und auf mehr Reisen als *Gulliver*, und zum Erwerb einer *Immobilie in Venasque* mit Dachterrasse im Vorhof des Mont Ventoux, und in ein *kleines Café am Montmartre*.

Meine Erinnerungen sind bisher gut umgegangen mit mir, die bitteren blieben folgenlos, glaube ich. Das Leben meiner

Mutter und meines Großvaters ließ sich gut wegtelefonieren, und ein Mal im Jahr, wenn Mutter nach Frankfurt kam, wegbesuchen. Mutter hatte es in Deutschland nicht lang ausgehalten, das zerstörte Land war ihr lieber, ich war siebzehn, als sie dahin zurückkehrte.

Großvater war immer dort geblieben. Besucht hat er mich nicht. Warum eigentlich nicht? Ich habe nie nachgefragt. Seine Gesundheit ist seit Jahren nicht die beste gewesen, vielleicht war es das. Am Telefon wollte er gelegentlich, dass ich beschreibe, wie ich aussah. Fotos misstraute er. Und immer: Was ich las.

Seit der Flucht habe ich ihn nicht gesehen. Auch all die Jahre auf seine Frage gewartet, warum ich nicht kam. Ich hatte die Antwort parat: Weil ich in das Land des Hasses nicht zurückwollte, den Tätern, die frei herumliefen, nicht in die Augen sehen wollte. Was für eine egoistische Ausrede.

Mein Großvater liegt im Sterben. Das blaue Eisenbahnerhemd ist in Frankfurt irgendwo auf dem Dachboden.

Im Dämmer des Lagerfeuers, umringt von grauen Birken, der alte Mann und der Junge. Zum Abendbrot gab es einen Hasen, über dem Feuer kross gebraten. Nur der alte Mann aß, der Junge hatte daneben geschossen.

»Ich wollte treffen.« Was sonst hätte er sagen sollen?

Im Frühling zogen Bären aus dem Gebirge ins Tal. Es war Frühling. Der Junge hoffte und hoffte nicht, dass sie einem Bär begegneten. Er würde sich beim Schuss mehr Zeit lassen, auch weil ein schlechter Treffer den Bären wütend machte. Den alten Mann sowieso.

Mit der Axt stückelte der alte Mann behutsam das Tier auf seinem Schoß, spießte ein Stück Fleisch auf die Blattspitze und reichte es dem Jungen durch das Feuer. Es schmeckte ihm. Salz war dran, sonst nichts.

Einen Bären, der sich näherte, würde man doch hören.

Die Gewehre lehnten gegen den Felsen. Er setzte sich neben den Alten. Mal fütterte der eine das Feuer, mal der andere. Sie legten sich zum Schlafen ins Zelt. Bald schnarchte der alte Mann, der Junge lag wach. Was, wenn er pinkeln musste?

Der Fluss rauschte, war, wie überall, nicht weit.

Tote tauchen nicht auf und sind dein Vater und wollen dich umarmen und mitnehmen in die Tiefe. Es gibt keinen Teufel und keine Dämonen, außer den Dämonen in den Menschen.

Wer einen Hasen traf, traf erst recht einen Dämon, dachte der Junge, und falls Vater wirklich auftauchte, dann würde der erst ein paar Fragen beantworten müssen, bevor irgendjemand mit ihm in den Fluss stieg.

Der Junge schlief ein. Der alte Mann räusperte sich in der Dunkelheit.

Bei einem Herrenausstatter in Saint-Germain-des-Prés sage ich zum Schneider mit Schnurrbart und heiler Haut: »Ich möchte, dass Sie für meinen Großvater ein Hemd schneidern, aber hören Sie erst zu, was mein Großvater für ein Mann war.« Meine heisere Stimme versinkt dramatisch in meinem Anliegen, alles versinkt in meinem Anliegen, mein schlechtes Französisch, Anna und Marie, Paris, dieses scheiß Anliegen, alles versinkt darin, alles, meine Anrufe, die Mutter nicht entgegennimmt, sodass ich nicht weiß, lasse ich das Hemd für einen Toten anfertigen?

Der adrette Schneider überschlägt die Beine und hört mir zu.

»Ein anderes Mal«, rufe ich, »hatte der Alte genug von Mutters Trauer. Er zog die Gardinen auf und öffnete die Fenster, klopfte die Kissen aus und putzte das Haus. Er sagte: ›So geht es nicht weiter.‹ Er trug Mutter über der Schulter zum Fluss, dorthin, wo man die Schuhe meines Vaters gefunden hatte.

›Ja‹, hat er gesagt, ›hier ist er hinein. Und ja, der Fluss ist gefährlich, aber er verfolgt keine Absichten. Es tut auch mir weh, mein einziger Sohn war das! Und des Jungen Vater! Du hast nicht das Recht auf allen Schmerz.‹

Er brachte sie die nächsten zwanzig Tage hin, holte sie von der Arbeit ab, entführte sie. Am Ende ging sie freiwillig mit.

Ich will Ihnen kein Märchen erzählen: Die Mutter wachte nicht eines Morgens singend auf und ging fortan lachend durch die Welt. Mutter war krank. Aber jetzt wenigstens sah sie es ein. Heute geht es ihr viel besser.«

Der Schneider sitzt da mit großen Augen, wie jemand, der durchaus damit rechnet, im nächsten Augenblick verprügelt zu werden.

»Blau soll das Hemd sein, Monsieur, bitte, und der Stoff fest. Haben Sie so etwas? Einen sehr guten, festen Stoff?«

Der Schneider lässt mich Stoffe fühlen.

Ich rufe Mutter an. Diesmal geht sie ran.

»Vermiss Großvater, bitte.«

»Was?«

»Miss ihn, vermiss ihn«, sage ich lauter. »Miss seinen Brustumfang, seine Schultern, seine Taille, hörst du?«

Hier ist, was der Junge nicht weiß: Mehr als einmal klopften die Leute dem alten Mann auf die Schulter. Dein Enkel! Ein Studierter! Jaja! Ein Erfinder! Uiui! Chef in der eigenen Firma!

Oho! Sie waren stolz und auch ziemlich neidisch, wie es sich auch gehörte.

Aber der alte Mann fragte ehrlich erstaunt, was es da zu beglückwünschen gäbe. »Er ist doch nicht der erste Studierte«, sagte er. »Jeder ist Erfinder«, wurde er idealistisch. Er rief: »Beruflichen Erfolg kann auch ein Schlachtschwein haben. Es geht darum, schwimmen zu lernen, nachdem dein Vater ertrunken ist. Es geht darum, jagen zu lernen, wenn du nicht töten willst. Und bald will ich meinen Enkelsohn auf das Alter vorbereiten, da kenne ich mich inzwischen am besten aus.« Bloß wisse er nicht, wann der Junge kommen könne.

Das war der Frühling, in dem der Junge in Tokyo war, in Hong-Kong, drei Mal in New York. In Havanna trank er einen Cocktail am Strand, und als das Telefon in seinem Frankfurter Büro klingelte, legte er einen Peso aufs Meer, aber die Wellen holten ihn sich.

Anna und Marie ziehen sich für das Konzert und füreinander an. Ein Vier-Gänge-Menü zu vierhändiger Klaviermusik an der Seine. Schuberts *Lebensstürme*, Applaus, zweiter Gang Pâté de Foie gras, dann Poulenc. Die Pianisten schütteln sich, wenn es leidenschaftlich wird. Marie trennt sich von Baden-Baden per SMS. Eine Katze liegt auf dem schwarzen Flügel und leckt sich die Pfoten.

Aus der Musik taucht Großvater auf – oder ist es Vater? – als junger Mann in weißer Hose und mit freiem Oberkörper auf seinem Moped. Vater ist das, er singt, es ist meine einzige Erinnerung an ihn als glücklichen Mann. Ich weiß nicht einmal, warum er singt.

Mutter taucht auf in unserem lichtdurchfluteten Haus, in

dem in Wirklichkeit die Gardinen eine halbe Kindheit lang zugezogen waren. Mutter schläft, sie ist warm und hell.

Großvater taucht auf, aus dem Fluss, ich liege auf seinem Arm.

Am Nachmittag habe ich das Hemd, blau mit weißem Kragen, express verschickt.

Ein anderes Mal richtet sich der alte Mann mühsam im Bett auf. Er ist nur noch Haut und Knochen. Seine Schwiegertochter reicht ihm ein blaues Hemd.

»Von dem Jungen.«

Die wässrigen Augen des alten Mannes. Auf seinem Oberschenkel liegt das warm gebügelte Hemd. Er steckt die Hand in den Ärmel. So sitzt er auf dem Bett und ruht sich erst mal aus.

Er hat es allein angezogen. Danke.

Mama.

Vor dem Spiegel drückt er den Rücken durch. Korrigiert den Sitz des Stoffes über den Schultern. Wischt sich über den Mund. Kämmt mit den Fingern das Haar.

»Zum Fluss«, murmelt er und lässt Wasser in die Wanne ein.

INHALT

Mit großem Dank an Katja Sämann, Johann Christoph Maass, Martin Mittelmeier und Christof Bultmann für das Entfesseln und das Bändigen.

An die Kulturbehörde Hamburg für die Förderung der Arbeit an diesem Buch.

Fragmente und frühe Fassungen einzelner Erzählungen sind in
der Zeitschrift *Chiméra* (»Billard Kasatschok«), dem Fotoband
Grey Skies Black Birds (»Die Fabrik«) in der *Süddeutschen
Zeitung* (als »Die glückseligen deutschen Flüsse«), in der
Anthologie *Acht Betrachtungen* sowie auf *Zeit Online* (als
»Die Falle muss mit einem Köder aus Hartwurst versehen sein«)
und in der Anthologie *Dänen lügen nicht*
(»Mo und ich für die Dauer der Reise«) erschienen.

Die auf den Seiten 118 und 129 zitierten Sätze stammen aus
Franz Kafkas Parabel »Der Aufbruch«.

MIX
Papier aus verantwor-
tungsvollen Quellen
FSC® C014496
www.fsc.org

Verlagsgruppe Random House FSC® N001967

1. Auflage
Genehmigte Taschenbuchausgabe Dezember 2017
Copyright © 2016 by Luchterhand Literaturverlag, München,
in der Verlagsgruppe Random House GmbH,
Neumarkter Str. 28, 81673 München
Umschlaggestaltung: semper smile, München
nach einem Entwurf von buxdesign, München,
unter Verwendung einer Illustration von © Ruth Botzenhardt
Druck und Einband: GGP Media GmbH, Pößneck
cb · Herstellung: sc
Printed in Germany
ISBN 978-3-442-71579-4

www.btb-verlag.de
www.facebook.com/btbverlag

Saša Stanišić

Vor dem Fest

Roman

320 Seiten, btb 74989

Ausgezeichnet mit dem Preis der Leipziger Buchmesse

Fürstenfelde, Brandenburg. Einwohnerzahl: ungerade.
Bei uns am Ortseingang steht ein Schild.
Herzlich willkommen in der Uckermark: Jetzt wird's schön.
Anzahl der auf der aktuellen Wanderkarte als »sehenswerter
Einzelbaum« gekennzeichneten Bäume: zwei. Was auch
immer du über uns gehört hast, das nicht von uns selbst
kommt: es stimmt nicht.

»Weltliteratur aus der Uckermark.«
Andreas Platthaus, FAZ

»Es ist wild, lässig, komisch und allen Ernstes ein großes,
trauriges Glück.«
Thomas Pletzinger, FAS

»In der Literatur geht alles, wenn man es kann.
Saša Stanišić beweist mit *Vor dem Fest*: Er kann.«
Richard Kämmerlings, Die Welt

btb

Saša Stanišić

Wie der Soldat
das Grammofon repariert

Roman

320 Seiten, btb 73762

Aleksander wächst in der kleinen bosnischen Stadt Višegrad
auf. Sein größtes Talent ist das Erfinden von Geschichten.
Als der Krieg mit grausamer Wucht über seine Heimat
hereinbricht, muss die Familie fliehen. In der Fremde eines
westlichen Landes erweist sich Aleksanders Fabulierkunst
als lebenswichtig: denn nur so gelingt es ihm, sich an diesem
merkwürdigen Ort namens Deutschland zurechtzufinden und
sich eine Heimat zu erzählen.

»Deutscher Buchpreis-Gewinner der Herzen!«
Gerrit Bartels, Tagesspiegel

»Diesen Roman muss man lesen, wie man Schokolade isst:
nicht zu schnell und nicht alles auf ein Mal. Damit man zu
jeder Zeit spürt, wie gut und besonders das ist, was man zu
sich nimmt.«
Christine Westermann, WDR

btb